L'interrégulation

Logiques Juridiques
Collection dirigée par Gérard Marcou

Le droit n'est pas seulement un savoir, il est d'abord un ensemble de rapports et pratiques que l'on rencontre dans presque toutes les formes de sociétés. C'est pourquoi il a toujours donné lieu à la fois à une littérature de juristes professionnels, produisant le savoir juridique, et à une littérature sur le droit, produite par des philosophes, des sociologues ou des économistes notamment.

Parce que le domaine du droit s'étend sans cesse et rend de plus en plus souvent nécessaire le recours au savoir juridique spécialisé, même dans des matières où il n'avait jadis qu'une importance secondaire, les ouvrages juridiques à caractère professionnel ou pédagogique dominent l'édition, et ils tendent à réduire la recherche en droit à sa seule dimension positive. A l'inverse de cette tendance, la collection *Logiques juridiques* des Éditions L'Harmattan est ouverte à toutes les approches du droit. Tout en publiant aussi des ouvrages à vocation professionnelle ou pédagogique, elle se fixe avant tout pour but de contribuer à la publication et à la diffusion des recherches en droit, ainsi qu'au dialogue scientifique sur le droit. Comme son nom l'indique, elle se veut plurielle.

Dernières parutions

Sébastien EVRARD, *Les Tables de la loi : de l'argile au numérique. La diffusion des la règle de droit à travers les âges*, 2014.
Laura TALLET-PREUD'HOMME, *L'articulation des voies de droit dans le contentieux de la commande publique à l'initiative des tiers au contrat*, 2014.
Guillaume MALLEN, *L'appréhension des pratiques restrictives par les autorités françaises et européennes de la concurrence, Analyse des pratiques contractuelles abusives entre professionnels à l'épreuve du droit des pratiques anticoncurrentielles,* 2014
Philippe SEGUR, *C'était la démocratie*, 2014.
Laurie SCHENIQUE, *La Réforme de la phase préparatoire du procès pénal*, 2014.
Valérie DA SILVA, *De l'incapacité à la protection en matière personnelle,* 2014.
Salma ABID MNIF, *L'option entre la responsabilité contractuelle et la responsabilité individuelle. Comparaison des droits français et tunisien,* 2014.
Marcelle BONGRAIN, *Cent familles et sans famille*, 2014.

Sous la direction de
Gabriel Eckert et Jean-Philippe Kovar

L'interrégulation

Actes des 5es Journées européennes de la régulation
à Strasbourg les 31 janvier et 1er février 2013

L'Harmattan

5-7, rue de l'Ecole-Polytechnique, 75005 Paris

http://www.harmattan.fr
diffusion.harmattan@wanadoo.fr

ISBN : 978-2-343-05672-2
EAN : 9782343056722

Sommaire

Préface

Cet ouvrage rassemble une série de contributions[1] présentées à l'occasion d'un colloque qui s'est tenu à l'École nationale d'administration à Strasbourg le 31 janvier et le 1er février 2013, dans le cadre de la cinquième édition des Journées européennes de la régulation. Les Journées européennes de la régulation créées en 2009 à l'initiative de deux centres de recherche en droit public et en droit privé de l'université de Strasbourg – l'Institut de recherches Carré de Malberg (EA 3399) et le Centre du droit de l'entreprise (EA 3397) – et organisées, depuis 2011, avec le soutien de la Direction des affaires européennes de l'École nationale d'administration et du Centre d'études européennes et internationales de l'université de Strasbourg (EA 7307), réunit, chaque année, des chercheurs spécialistes de la régulation économique et financière et des professionnels des secteurs régulés. Ces Journées ont pour objet d'étudier les grandes questions du droit de la régulation économique et financière, au travers des analyses croisées de praticiens et d'universitaires et dans une perspective de droit comparé. Elles reposent sur une triple comparaison des autorités de régulation, des secteurs régulés et des droits nationaux et européen de la régulation.

Les précédentes éditions des Journées européennes de la régulation ont ainsi eu pour thèmes :

- La responsabilité des autorités de régulation économique et financière (2009) ;
- Les autorités de régulation économique et financière face aux garanties du procès équitables (2010) ;
- Les autorités de régulation économique et financière : convergence ou divergences ? (2011) ;

[1] Les textes des contributions sont à jour à la date du colloque.

– L'indépendance des autorités de régulation bancaire et financière : une approche comparée (2012).

Les actes de ces colloques ont été publiés dans des revues scientifiques de premier plan en vue d'en assurer la plus large diffusion[2]. Le comité de pilotage des Journées européennes de la régulation a souhaité toutefois que les contributions à la cinquième édition des Journées européennes de la régulation, et aux prochaines éditions, soient réunies en un seul ouvrage. Il espère ainsi que ces Journées contribueront à faire du droit de la régulation économique et financière, dans sa double dimension institutionnelle et matérielle, un objet d'étude et de recherche à part entière. Le comité de pilotage des Journées européennes de la régulation remercie le Professeur Gérard Marcou qui a permis cette publication par les éditions L'Harmattan dans la collection « Logiques juridiques ».

Le sujet de cet ouvrage collectif est du au professeur Hubert Delzangles qui s'attache, dans sa contribution introductive, à définir la notion d'interrégulation d'un point de vue juridique et à exposer les causes ainsi que les principales caractéristiques du phénomène de l'interrégulation en matière économique et financière. Le choix de ce sujet procède du constat que les secteurs régulés (banque, finance, assurance, communications électroniques et audiovisuelle, énergie et transports ferroviaires) ne sont plus cloisonnés et convergent au gré des évolutions technologiques et financières. Les opérateurs agissant dans les secteurs régulés ont, en outre, une tendance croissante à se diversifier sur ces marchés qui débordent du cadre national sous le double effet de la construction européenne et de la mondialisation économique. Les régulateurs sont donc amenés à interagir avec des autorités de régulation d'autres secteurs ou d'autres pays. Il en résulte un besoin d'interrégulation entendue comme un ensemble de procédés permettant d'organiser les relations entre ces autorités de régulation.

Le plan de l'ouvrage correspond aux thèmes des trois demi-journées du colloque.

La première partie met en lumière les rapports entre le droit de la concurrence, conçu comme une forme de régulation générale et transversale des marchés, et les droits sectoriels de la régulation en s'attachant, plus particulièrement, aux relations entre les autorités de concurrence et les autorités de régulation sectorielle dans trois systèmes juridiques correspondant à des modèles

[2] Les actes de la première et de la deuxième édition des Journées européennes de la régulation ont été publiés dans la Revue de droit bancaire et financier (2/2009 et 3/2010). Les actes de la troisième édition sont parus dans la Revue de droit bancaire et financier (4/2011) et la Revue juridique de l'économie publique (692/2011). Les actes de la quatrième édition des Journées européennes de la régulation ont fait l'objet d'une publication dans la Revue française d'administration publique (143/2012).

d'organisation différents : les États-Unis qui se caractérisent par l'importance accordée au juge dans la sanction des pratiques anticoncurrentielles, le partage du pouvoir de poursuite entre une autorité judiciaire (*Departement of Justice*) et une autorité administrative (*Federal Trade Commission*) ainsi que le rôle des États fédérés dans l'exercice de la régulation sectorielle ; le Royaume-Uni où les autorités de régulation sectorielle peuvent appliquer le droit de la concurrence à l'instar de l'autorité générale de concurrence ; l'Allemagne dotée d'un régulateur fédéral multisectoriel des réseaux (*Bundesnetzagentur*) et d'une puissante autorité de concurrence (*Bundeskartellamt*).

La deuxième partie de cet ouvrage, qui porte sur l'interrégulation sectorielle, s'ouvre par une présentation des modalités de l'interrégulation saisies au travers des différentes configurations institutionnelles de la régulation : collaboration ponctuelle d'autorités autonomes, rapprochement des autorités de régulation sectorielle, création d'autorités de régulation plurisectorielles ou multisectorielles. Cette présentation générale des modalités de l'interrégulation sectorielle est complétée par deux contributions, limitées au cadre français, traitant, respectivement, de l'interrégulation entre les secteurs des communications électroniques et de la communication audiovisuelle et de l'interrégulation entre les secteurs de la banque, de l'assurance et de la finance. Sont ainsi étudiés le Pôle « Assurance, banque, épargne » commun à l'Autorité de contrôle prudentiel et de résolution et à l'Autorité des marchés financiers qui fait figure de modèle de rapprochement institutionnel entre deux autorités de régulation et la question, toujours actuelle, du rapprochement de l'Autorité de régulation des communications électroniques et des postes et du Conseil supérieur de l'audiovisuel.

La dernière partie de l'ouvrage, qui traite de l'interrégulation territoriale, insiste sur les tensions existant entre les différents processus de régulation à l'échelle nationale et les difficultés de la coopération internationale des autorités de régulation, au travers de l'exemple de la régulation financière. Cela justifie l'organisation, voire l'institutionnalisation, d'une interrégulation transnationale. La création, au sein de l'Union européenne et dans le domaine des communications électroniques, d'un réseau formé par la Commission européenne, l'Organe des régulateurs européens des communications électroniques et les autorités de régulation nationales ou la mise en place, dans la zone euro, d'un mécanisme de surveillance unique des établissements de crédit les plus importants réunissant la Banque centrale européenne et les superviseurs ou les banques centrales des États membres – deux exemples étudiés dans cet ouvrage – sont des formes d'interrégulation particulièrement élaborées visant précisément à réduire ou à supprimer les effets perturbateurs de la coexistence des régulations nationales.

Tous les intervenants au colloque organisé à Strasbourg le 31 janvier et le 1er février 2013 n'ont pas souhaité, ou n'ont pas pu, publier leur communication dans cet ouvrage. Le comité de pilotage des Journées européennes de la régulation tient néanmoins à les remercier pour la qualité et la pertinence de leurs interventions qui ont contribué au succès de ce colloque. Les conclusions générales, prononcées par le professeur Gérard Marcou, permettront au lecteur de retrouver leurs analyses et réflexions exprimées lors des différentes tables-rondes qui ont marqué ces trois demi-journées.

Gabriel ECKERT et Jean-Philippe KOVAR[3]

[3] Professeurs à l'université de Strasbourg

INTRODUCTION

La notion d'interrégulation

Hubert DELZANGLES[1]

L'interrégulation est un néologisme dont les premières traces peuvent être dégagées, comme pour la notion de régulation, dans le domaine médical[2]. Il a ensuite été utilisé dans le domaine juridique par le truchement de l'économie[3]. Il est possible, par exemple, d'évoquer les écrits de Marie-Anne Frison-Roche dès le début des années 2000 sur la thématique[4]. Sans en avoir exactement la même perspective qu'aujourd'hui, l'auteur explique dans la revue internationale de droit économique que : « la défaillance d'Enron, [...] montre à rebours que sans interrégulation, l'absence de régulation sectorielle efficace et l'absence de connexion entre les divers types de régulation engendrent une catastrophe qui n'épargne personne [...][5] ». Mais si le terme est récent, la technique est plus ancienne. En effet, dans le décret du 29 décembre 1986, il était déjà prévu que le Conseil de la concurrence devait communiquer toute saisine entrant dans le champ de leur compétence à la Commission des opérations de bourse, à la Commission bancaire et à la Commission nationale informatique et libertés[6]. L'interrégulation est donc nécessaire pour adapter

---

[1] Professeur à l'institut d'études politiques de Bordeaux.

[2] Régulation des sécrétions pancréatiques et intestinales : (mécanisme d'interrégulation au cours de la digestion), A. RIBET, F. SENEGAS BALAS, J. LAVAL, Rapport, 1979.

[3] Voir notamment M. AGLIETTA, *Régulation et crises du capitalisme*, Odile Jacob, 1997, p. 13.

[4] Voir aussi, notamment, S. ABOUDRAR, « Les rencontres du Forum de la régulation : l'interrégulation », *LPA.*, 23 avril 2004, n° 82, p. 5 ; A. BAUDRIER, « De la régulation à l'interrégulation : la gouvernance des télécommunications à l'épreuve des principes démocratiques », in *La Démocratie à l'épreuve de la société numérique*, Gemdev-Karthala, 2008, p. 100 ; M.-A. FRISON-ROCHE, « L'hypothèse de l'interrégulation », in M.-A. FRISON-ROCHE (dir.), *Les risques de régulation*, Droit et économie de la régulation, vol. 3, Presses de Sciences-Po, Dalloz, 2005, p. 69 ; L. GRARD, « L'interrégulation pour accompagner la libéralisation de l'énergie et des télécommunications », in L. GRARD (dir.) : « Autorités de régulation et droit européen », Journée d'études Jean Monnet, 20 février 2004, *JCP E*, n° 2, supplément à la *Semaine juridique* n° 19, du 6 mai 2004, p. 12 ; J. ZILLER, « L'interrégulation dans le contexte de l'intégration européenne et de la mondialisation », *RFAP*, 2004, n° 109, p. 21. *La coordination des autorités de régulation*, Atelier de la concurrence du 26 janvier 2010, sous la direction de Laurence Idot et Christophe Lemaire.

[5] M.-A. FRISON-ROCHE, « Le besoin conjoint d'une régulation analogue des relations sociales et des marchés globalisés », *RIDE*, 2002/1 (t. XVI, 1), p. 67-82.

[6] Décret n° 86-1309 du 29 décembre 1986 fixant les conditions d'application de l'ordonnance n° 86-1243 du 1er décembre 1986 relative à la liberté des prix et de la concurrence (*JORF*,

les méthodes de régulation à l'évolution des marchés, à leur complexité, à leur interdépendance ou à leur internationalisation. Dès lors, avant d'évoquer la notion même d'interrégulation, il convient de définir les contours de celle de régulation et les notions qui gravitent autour d'elle.

Il est très difficile d'apporter une définition juridique de la notion de régulation[7] sans se centrer sur le titulaire actuel de cette fonction : l'autorité de régulation. Ainsi circonscrite[8], la régulation, peut être envisagée comme l'activité prise en charge par des autorités de régulation. Ces dernières seront à la fois définies par leurs fonctions et par leurs modalités d'action. Il s'agit des entités publiques qui ont pour objectif soit de faciliter l'introduction de la concurrence sur des marchés de services publics en réseaux, soit de garantir la sécurité voire la concurrence effective sur certains marchés, le tout en assurant le respect d'autres impératifs d'intérêt général[9].

Leur action est mise en œuvre grâce à l'ensemble des moyens suivants : elles disposent de pouvoirs administratifs traditionnels, comme le pouvoir

---

30 décembre 1986).

[7] Voir par exemple : G. TIMSIT, « La régulation, la notion et le phénomène », *RFAP*, 2004/1, n° 109, p. 5. M.-A. FRISON-ROCHE, « Le droit de la régulation », *D.*, 2001, chron. p. 610, ainsi que sa mise en perspective : L. Boy: « Réflexions sur "le droit de la régulation" (à propos du texte de M.-A. Frison-Roche) », *D.*, 2001, chron., p. 3031 ; M.-A. FRISON-ROCHE, « La régulation, objet d'une branche du droit », in M.-A. Frison-Roche (dir.) : « Droit de la régulation : questions d'actualité », Rencontres *Petites Affiches*, 6 février 2002, *LPA*, n° 110, 3 juin 2002, p. 3 ; G. MARCOU, « La notion juridique de régulation », *AJDA*, 2006, p. 347.

[8] En effet, la fonction de régulation envisagée au sens large inclut, selon le législateur notamment, le ministre en charge du secteur. Par exemple, selon l'article L 32-1 I 3° du Code des postes et communications électroniques : « La fonction de régulation du secteur des communications électroniques est indépendante de l'exploitation des réseaux et de la fourniture des services de communications électroniques. Elle est exercée au nom de l'État par le ministre chargé des communications électroniques et par l'Autorité de régulation des communications électroniques et des postes ».

[9] Cette définition, inspirée des écrits de Stéphane Braconnier, S. BRACONNIER, « La régulation des services publics », *RFDA*, 17, janvier-février 2001, spéc., p. 47 et 48. Selon Jean-Yves Chérot, « La régulation n'a pas pour fonction d'établir les missions de service public, d'en fixer le contenu ou même d'en contrôler le respect par les opérateurs. Cela relève des tâches du législateur et du pouvoir réglementaire général ou éventuellement de l'autorité organisatrice du service public dans le cas des missions de service public pilotées par convention de service public. La régulation économique n'a pour mission que de veiller à ce que la concurrence ne soit pas faussée compte tenu de ces missions de service public », J.-Y. CHÉROT, « Rapport introductif », in *La régulation : quelles structures ? Quels objectifs ?*, journée d'études du 21 avril 2004, faculté des sciences juridiques de Tunis, p. 13. La question se pose de savoir quelle est la place des autres objectifs d'intérêt général dans les missions du régulateur, en ce sens, sur la protection de l'environnement : « Les autorités de régulation indépendantes de marché et la prise en compte de l'environnement : l'exemple de l'énergie », in *Marché et environnement. Le marché, menace ou remède pour la protection internationale de l'environnement, Droit(s) et environnement*, Bruylant, à paraître.

normatif, de nature technique, et celui de sanctionner certains comportements. Elles peuvent être habilitées à régler des différends entre opérateurs. Elles emploient des méthodes de gestion quotidienne des marchés qui supposent une concertation avec le secteur régulé et l'édiction de recommandations susceptibles d'orienter les comportements. Une connaissance spécifique des secteurs leur permet de conseiller utilement les pouvoirs publics pour adapter le cadre juridique à l'évolution technique et concurrentielle. Le cumul de l'ensemble de ces prérogatives, qui ne relèvent pas toutes des modalités habituelles de l'action publique, et de la complexité des secteurs régulés, implique la création ou la désignation d'un groupe de personnes spécialisé dans la gestion quotidienne de ces équilibres. Des considérations juridiques ou politiques impliquent le plus souvent l'indépendance de ces autorités face, au moins, au secteur régulé[10].

Il est donc possible de citer, en exemple, plusieurs types d'entités qui répondent à cette définition mais qui se distinguent par leurs tâches ou leur niveau d'action : les autorités de régulation dans le domaine des services publics en réseaux ; les autorités de régulation dans le domaine de la surveillance des marchés financiers, bancaires ou d'assurances ; les autorités de la concurrence, parfois appelées, à tort ou à raison selon le point de vue, autorités de régulation de la concurrence, mais qui ont une place centrale lorsque le sujet de l'interrégulation est abordé ; les autorités de « régulation » européennes[11]... Ces dernières se sont multipliées depuis la fin des années 2000 dans les trois champs précédemment évoqués[12].

Avant d'entrer plus en avant dans l'explication de la notion d'interrégulation, il convient aussi d'évincer deux éléments qui n'en relèvent pas. Il s'agit, d'une part, de l'acte d'auto-régulation. Il peut être défini comme « la possibilité pour les opérateurs économiques, [...] d'adopter entre eux et pour eux-mêmes des lignes directrices communes[13] ». Il semble que seule l'Allemagne,

[10] Pour de plus amples développements : H. Delzangles, *L'indépendance des autorités de régulation sectorielles, communications électroniques, énergie et postes*, Thèse dactyl., Bordeaux IV, 2008, p. 4 et s.

[11] L'utilisation des guillemets est justifiée car la qualification de régulation est controversée pour certaines autorités européennes disposant de très faibles pouvoirs. Voir par exemple : rapport du Parlement européen, Commission des affaires constitutionnelles, sur la communication de la Commission « L'encadrement des agences européennes de régulation » (COM (2002) 718 final), du 4 décembre 2003, A5-0471/2003.

[12] La question de la place de la Commission européenne en tant qu'autorité de régulation de la concurrence peut être posée même si l'objet de cette contribution n'est pas d'en trouver une solution.

[13] L'autorégulation a fait l'objet de la définition suivante : « On entend par autorégulation la possibilité pour les opérateurs économiques, les partenaires sociaux, les organisations non gouvernementales ou les associations, d'adopter entre eux et pour eux-mêmes des lignes directri-

dans le domaine de l'énergie avant 2005, a choisi une méthode d'ouverture des marchés associant droit commun de la concurrence, sous l'autorité du *Bundeskartellamt*[14], et autorégulation par les opérateurs. Il s'agit, d'autre part, de la co-régulation. Elle se caractérise par le fait que l'autorité de régulation et les acteurs du secteur coopèrent activement afin d'élaborer des règles de comportement. Le système des consultations publiques est un exemple intéressant de co-régulation mais, lorsqu'il est trop poussé porte en lui le problème de la capture des autorités de régulation par le rapprochement avec le secteur régulé.

Après avoir exclu ces éléments il est possible d'avancer une définition de l'interrégulation[15]. Il pourrait s'agir, dans un sens assez large, de la capacité pour une autorité de régulation de nouer des relations avec une autre autorité de régulation afin de prendre une position ou de produire une décision interrégulée. Ceci n'exclut pas que ces relations se fassent au sein d'une seule et même autorité régulant plusieurs secteurs.

Trois questions se posent donc à ce stade. Tout d'abord, quelles nécessités ont conduit les autorités de régulation et les pouvoirs publics à devoir penser des mécanismes d'interrégulation (I.) ? Quelles sont ensuite les techniques d'interrégulation (II.) puis enfin quels sont les niveaux d'interrégulation que l'on peut envisager (III.) ? Ces trois points seront donc abordés de façon successive afin de cerner le champ de cette notion d'interrégulation.

I. – La nécessité de l'interrégulation

L'interrégulation trouve son fondement dans la nécessité d'éviter les risques de recoupement de compétences ou de divergences d'interprétation entre autorités de régulation sur des situations semblables ou connexes[16].

ces communes au niveau européen (notamment codes de conduite ou accords sectoriels) », in *Accord interinstitutionnel entre le Parlement européen, le Conseil et Commission*, « Mieux légiférer » (*JOCE*, nº C 321, du 31 décembre 2003, p. 1). Voir aussi : F. Cafaggi, « Le rôle des acteurs privés dans les processus de régulation : participation, autorégulation et régulation privée », in *La régulation, nouveaux modes ? Nouveaux territoires ?*, colloque organisé par l'ÉNA, le 29 janvier 2004, RFAP, nº 109, p. 23.

[14] L'Autorité de la concurrence en Allemagne.

[15] Sur les différentes modalités de l'interrégulation voir : H. Delzangles, *L'indépendance des autorités de régulation sectorielles, communications électroniques, énergie et postes*, précitée, p. 545 à 841.

[16] Comme le soulignait déjà André Delion, les recours aux régulations sectorielles peut « entraîner des risques de recouvrements de compétences entre régulateurs sectoriels (C.S.A. et ARCEP) qu'accroîtront de nouvelles alternatives technologiques (téléphonie classique ou par Internet, télévision Hertzienne ou par téléphonie) ou encore entre régulateurs sectoriels et régulateurs généraux », voir A. Delion, « Notion de régulation et droit de l'économie », in *Annales de la Régulation*, vol. I, 2006, (Bibliothèque de l'institut André Tunc, t. 9), LGDJ., 2006, p. 23.

Trois raisons peuvent être avancées pour justifier le caractère impératif de l'interrégulation. La première tient à la particularité de la régulation et sa proximité d'objectifs avec la garantie d'une concurrence effective sur les marchés (A). La seconde porte sur la porosité entre certains secteurs régulés (B). Il convient de rajouter, en tant que facteur impliquant une interrégulation approfondie, l'européanisation croissante des marchés régulés (C).

A. La proximité entre concurrence et régulation

La proximité entre concurrence et régulation implique des difficultés de délimitation justifiant une application parfois cumulée de deux corps de règles aux délimitations respectives floues.

1. L'intervention cumulée des règles sur un même marché

La libéralisation des services publics organisés en réseaux implique la mise en œuvre d'une régulation *ex ante* ou *ex post*, mais aussi la sanction des comportements anti-concurrentiels des opérateurs. Dès lors, sur un même domaine interviennent à la fois les règles du droit de la régulation et celles du droit des pratiques anti-concurrentielles, qui s'avèrent complémentaires. Mais l'application de deux types de règles sur un même secteur n'est pas censée poser de problèmes si leur champ d'application est strictement défini. Or, théoriquement, le droit de la régulation et le droit des pratiques anticoncurrentielles n'ont pas les mêmes objectifs. Le premier devrait introduire, de manière volontariste, la concurrence sur un marché, l'autre la maintenir en l'état en sanctionnant ses possibles atteintes. Ils seraient donc complémentaires dans la mesure où le droit de la régulation interviendrait principalement *ex ante* et le droit de la concurrence *ex post*[17]. Dès lors, les premières règles sont censées prévenir l'application des secondes[18]. Cependant, elles ne les excluent pas. En Europe, le droit de la régulation ne conduit pas à écarter, dans les secteurs qui y sont soumis, le droit général de la concurrence, l'inverse est aussi vrai. Il est d'ailleurs possible de relever dans

---

De même, selon Dominique Berlin, la consultation entre autorités de régulation évite les divergences d'interprétation et par conséquent le recours au juge dans sa fonction d'harmonisation, D. BERLIN, « L'accès au marché français », in Droit des télécommunications : entre déréglementation et régulation, AJDA, 1997, p. 244.

[17] Sur ces points, voir par exemple : L. IDOT, « Règles de concurrence et régulations sectorielles » in *La régulation des Services Publics en Europe*, t. I, TEPSA, Paris, 1998, p. 229 ; J. DE GUILLENCHMIDT, « Le sectoriel et le général dans le droit de la régulation », in M.-A. Frison-Roche (dir.), *Droit de la régulation : questions d'actualité*, Rencontres Petites affiches du 6 février 2002, *LPA*, 3 juin 2002, nº 110, p. 58 ; P. CHONÉ, « Droit de la concurrence et régulation sectorielle. Entre *ex ante* et *ex post* », in M.-A. Frison-Roche (dir.), *Les engagements dans les systèmes de régulation*, Droit et économie de la régulation, vol. 4, Presses de Sciences-Po, Dalloz, 2006, p. 49.

[18] En ce sens, L. IDOT, « Règles de concurrence et régulations sectorielles », précité, p. 229.

les premières directives de libéralisation des formules comme « considérant que les dispositions de la présente directive n'affectent en rien l'application du traité, et notamment de ses dispositions relatives [...] à la concurrence[19] ». Cette idée a aussi été mise en relief par la Commission européenne qui considère à la même époque que « les règles de la concurrence et la réglementation sectorielle forment un ensemble cohérent propre à assurer un environnement de marché libéralisé et concurrentiel[20] ». L'affaire *Deutsche Telekom* (D.T.)[21] est l'exemple type d'« *hypothèse de compétence cumulée entre autorités de régulation nationales [ci-après ARN] et autorités de concurrence*[22] ». En sens inverse, l'application des règles *antitrust* n'empêche pas l'intervention postérieure d'une régulation sectorielle. La conception européenne de la régulation sectorielle, qui vise à n'introduire de mesures de régulation *ex ante* que lorsque le droit de la concurrence ne suffit pas à assurer l'existence d'un marché ouvert, va dans ce sens. Dès les débuts de la régulation, l'Autorité de régulation des télécommunications estime, par exemple, dans sa décision du 2 mars 2001, qu'« il ne découle ni de la lettre, ni de l'esprit des dispositions législatives [...] que l'existence d'une décision du Conseil de la concurrence puisse faire obstacle à ce que l'autorité exerce ses pouvoirs[23] ».

2. Les convergences entre concurrence et régulation

En outre, il convient aussi de noter que le droit de la concurrence inclut une part de régulation et le droit de la régulation fait appel à des considérations issues des règles *antitrust*. L'Autorité de la concurrence française, en faisant usage de la théorie des « facilités essentielles[24] », ne se limite pas à

---

[19] Directive 96/92/CE du Parlement Européen et du Conseil du 19 décembre 1996 concernant des règles communes pour le marché intérieur de l'électricité (*JOCE*, L 027, 30 janvier 1997), considérant n° 3. Dans le même sens, voir le considérant n° 6 de la directive 98/30/CE du Parlement européen et du Conseil du 22 juin 1998 concernant des règles communes pour le marché intérieur du gaz naturel (*JOCE*, L 204, 21 juillet 1998). Voir aussi le considérant n° 59 de la directive 2008/6/CE du Parlement européen et du Conseil, du 8 février 2008, modifiant la directive 97/67/CE en ce qui concerne l'achèvement du marché intérieur des services postaux de la Communauté (*JOUE*, L 52, 27 février 2008, p. 3).

[20] Communication de la Commission relative à l'application des règles de concurrence aux accords d'accès dans le secteur des télécommunications, (*JOCE*, C 265, 22 août 1998, p. 2), pt. 149.

[21] TPICE, 10 avril 2008, *Deutsche Telekom c. Commission*, aff. T-271/03.

[22] « Hypothesis of cumulative jurisdiction of NRAs and competition authorities », N. Petit, « *The proliferation of national regulatory authorities alongside competition authorities : a source of jurisdictional confusion ?* », in D. Geradin, R. Muñoz, N. Petit, *Regulation through Agencies in the EU. A new paradigm of European governance*, Edward Elgar, 2005, p. 192.

[23] Décision n° 01-253 de l'Autorité de régulation des télécommunications en date du 2 mars 2001 se prononçant sur un différend entre Liberty Surf Télécom et France Télécom relatif aux conditions tarifaires de l'offre ADSL Connect ATM, p. 6.

[24] Pour une première application de cette théorie en France, voir : CA Paris, 1er ch., sect. H,

sanctionner un abus de position dominante, mais participe à l'ouverture de l'accès aux réseaux[25]. De même, les pouvoirs d'injonction[26], de suppression ou de modifications de stipulations contractuelles, d'engagements ou de mesures conservatoires peuvent être très utiles pour participer à l'ouverture d'un marché régulé[27].

Le droit de la régulation implique aussi, sans aucun doute, une part de concurrence. En témoigne de manière frappante la possibilité pour l'ART, selon le Conseil Constitutionnel, de « trancher des litiges relevant du droit de la concurrence[28] » qui, « au cas où les opérateurs n'auront pas choisi de saisir l'Autorité de régulation, [...] seront portés [...] devant le Conseil de la concurrence[29] ». De plus, le droit de la régulation emprunte les principes et méthodes du droit de la concurrence entendu au sens large, lorsqu'il s'agit d'analyser les marchés pertinents et de désigner les opérateurs bénéficiant

---

30 juin 1998, *Héli-Inter assistance*, n° 97/24419 ; M. Maleurie-Vignal, *Contrats Concurrence Consommation*, 1998, n° 12, p. 11 ; dans le domaine des communiations électroniques : CA Paris, 1er ch., sect. A, 1er septembre 1998, *SFR c. France Télécom*, n° 98/12345, *D.*, aff. 1998, p. 1559 ; dans le domaine de l'électricité : CA Paris, 1er ch., sect. H, 27 janvier 1998, *EDF*, n° 97/04323, *BOCCRF*, 17 février 1998 ; S. Blazy et C. Adam, *AJDA*, 1998, n° 5, p. 435 ; P.Sablière, *CJEG*, 1998, n° 544, p. 251, *D.*, aff., 1998, p. 326. Voir : G. Dezobry, *La théorie des facilités essentielles, essentialité et droit communautaire de la* concurrence, LGDJ, (Bibliothèque de droit international et droit de l'Union européenne, t. 124). Sur la notion d'infrastructures essentielles qui « irrigue les régulation sectorielles », voir : « La notion d'infrastructure essentielle dans la régulation sectorielle », *La Lettre de l'ARCEP*, janvier-février 2008, p. 21 ; M. Bazex, « Entre concurrence et régulation, la théorie des facilités essentielles », *Rev. conc. et consom.*, 2001, n° 119, p. 37. En droit communautaire : CJCE, 6 avril 1995, *RTE et ITP c. Commission*, dit « *Magill* », aff. C-241/91, concl. C. Gulmann C., 1er juin 1994, *Rec.*, p. I-743 ; J. B. Blaise, C. Robin-Delaine, *RAE*, 1995, n° 3, p. 107 ; J. B. Blaise, *RTDE*, 1996, p. 747 ; G. Bonnet, *RTDE*, 1995, p. 835 ; C. Carreau, « Droit d'auteur et abus de position dominante: vers une éviction des législations nationales? (À propos de l'affaire *Magill*) », *Europe*, juillet 1995, p. 1 ; voir aussi : F. Wengarten, « La théorie des infrastructures essentielles et l'accès des tiers aux réseaux en droit communautaire », *CJEG*, 1998, p. 472 ; M. Furese, « *The "essential facilities" doctrine in community law* », *ECLR*, 1995, p. 469. D. Glasl, « *Essential facilities doctrine in EC antitrust law: a contribution to the current debate* », *ECLR*, 1994, p. 306.

[25] En ce sens, J.-Y. Chérot, « Rapport introductif », in *La régulation : quelles structures ? Quels objectifs ?*, précité, p. 3 ; L. Boy, « Le droit de la concurrence : régulation et/ou contrôle des restrictions à la concurrence », European University Institute Florence, Working Paper Law, n° 2004/9, p. 7.

[26] CA Paris, 9 avril 2002, n° 2002/04508. Décision n° 02-MC-03 du 27 février 2002, relative à la saisine et à la demande de mesures conservatoires présentée par la société T-Online France.

[27] Articles L. 464-1 et suivants du Code de commerce.

[28] Décision n° 96-378 du 23 juillet 1996, *loi de réglementation des télécommunications*, considérant n° 23.

[29] *Ibid.*

d'une position dominante[30] afin de leur imposer certaines obligations et d'ouvrir le secteur.

La deuxième raison justifiant le recours à des techniques d'interrégulation tient à la porosité toujours croissante entre secteurs régulés.

B. La porosité entre les secteurs

La porosité entre les secteurs est la conséquence de l'interpénétration des marchés qui est provoquée par les évolutions technologiques et la diversification des activités des opérateurs. Dès lors, la nécessité de l'interrégulation résulte de l'éventuelle application de deux droits sur un même secteur. En effet, l'ensemble d'un secteur ne peut pas toujours être pris en charge par une seule et même autorité de régulation. Il n'est pas nécessaire de démontrer la porosité entre le secteur bancaire, celui des assurances et celui des produits financiers. Il en va de même pour le secteur de l'électricité et celui de l'approvisionnement en gaz. Cette « porosité » prend aussi toute son ampleur dans le domaine des communications électroniques, intimement lié à l'audiovisuel[31]. On pourrait parler des offres multi-services[32], de la télévision par internet ou de la vidéo à la demande depuis le début du siècle. De façon moins prégnante, il convient aussi de relever que les nouvelles technologies permettant d'utiliser les réseaux électriques à basse tension pour acheminer des communications impliquent désormais la rencontre du droit de l'électricité et du droit des communications électroniques. Enfin, les réseaux ferrés ne sont pas étrangers aux secteurs précédemment évoqués dans la mesure où certains ouvrages de haute tension, détenus par des sociétés de transport ferroviaire, font partie du réseau électrique[33]. De même, mais de façon plus marginale, les gestionnaires et/ou propriétaires de réseaux ferroviaires disposent d'infrastructures de communications électroniques[34]. Pour finir, la protection du climat a fait

[30] Voir l'article L 37-1 du CPCE.

[31] Voir par exemple l'étude du CSA : « Les opérateurs télécom, nouveaux acteurs du secteur audiovisuel », *La Lettre du CSA*, nº 217, juin 2008.

[32] Les offres multiservices impliquent par exemple dans le domaine des communications électroniques l'accès ADSL, la télévision, la téléphonie fixe et mobile. Dans le secteur énergétique, elle s'étend au gaz, à l'électricité et services associés pour les industries.

[33] Sur ce point, voir L. Richer, « Accès au réseau de transport d'électricité : les ouvrages de la SNCF font partie du réseau de transport d'électricité », in *Actualités du droit de la concurrence et de la régulation*, AJDA, 2004, p. 78. Voir aussi : CA Paris, 10 décembre 2002, *Régie autonome des transports parisiens c. EDF*, précité, et T. Tuot, *Régulation du marché de l'électricité : une année de règlement de différends*, RFDA, 2003, p. 319. Voir aussi le conflit ayant opposé en France la SNCF à EDF sur la question de la cession des 4 000 km de lignes à haute tension à RTE en 2006.

[34] Réseau ferré de France, comme ses homologues européens, dispose d'un réseau de télécommunications numériques dédié aux besoins des professionnels du transport ferroviaire. Le

intervenir un nouveau champ dans l'interrégulation entre l'énergie en les marchés financiers qui est celui des marchés de quotas de Gaz à effet de serre[35].

C. L'européanisation des marchés

Un troisième et dernier phénomène a fait émerger la nécessité de l'interrégulation : il s'agit de l'européanisation des marchés. La coopération entre régulateurs est un passage obligé pour l'intégration de marchés au sein de l'UE. En effet, alors même qu'ils ont été ouverts à des degrés divers à la concurrence, certains secteurs restent relativement cloisonnés par exemple par des barrières physiques aux frontières. Ils nécessitent donc une nouvelle forme d'interrégulation efficace afin de développer, par exemple, les interconnexions, notamment dans le domaine de l'énergie[36]. Avec une certaine déception, la Commission soulignait ainsi dans son rapport de 2009 que les marchés des communications électroniques des États membres étaient de plus en plus ouverts mais restaient nationaux[37]. La crise financière européenne a fait quant à elle émerger non pas le cloisonnement des marchés mais plutôt l'interdépendance entre ces derniers et la propagation rapide des risques systémiques. Dès lors, à partir de 2008, la nécessité d'une interrégulation à l'échelle européenne s'est fait sentir avec beaucoup d'acuité. Au-delà d'être nécessaire, il est possible d'apprécier le fait que cette interrégulation peut aussi être protéiforme.

II. – Les techniques de l'interrégulation

Avant d'entamer l'étude des contours des modalités de l'interrégulation, il convient d'exclure une procédure de ce champ puisqu'elle ne relève pas vraiment de l'interrégulation : il s'agit des renvois entre autorités. En effet, le renvoi d'une affaire déposée devant une autorité vers une autre autorité

GSM-R (*Global System for Mobile Communication Railway*) permet de connecter le système français avec les autres réseaux européens.

[35] Voir l'article L 134-17 CE.

[36] La Commission relevait en 2007 que « les régulateurs tendent à être trop focalisés sur des préoccupations nationales à court terme, au lieu d'être proactifs et d'essayer de développer des marchés intégrés ». Communication de la Commission au Conseil et au Parlement européen, du 10 janvier 2007, perspectives du marché intérieur du gaz et de l'électricité, COM (2006) 841 final, p. 8.

[37] Communication de la Commission au Conseil, au Parlement européen, au Comité économique et social européen et au Comité des régions, du 29 juin 2006, concernant le réexamen du cadre réglementaire pour les réseaux et services de communications électroniques, COM (2006) 334 final, p. 9. Voir plus récemment : Communication de la Commission au Parlement européen, au Conseil, au Comité économique et social européen et au Comité des régions, « Pour un bon fonctionnement du marché intérieur de l'énergie » COM (2012) 663 final.

ne suppose aucune prise de contact. Une simple déclaration d'incompétence implique de diriger le ou les requérants vers l'autorité apte à statuer sur le cas[38].

L'interrégulation peut embrasser plusieurs modalités ou techniques de coopération : elle peut être exogène (A) ou endogène (C). Néanmoins, l'étude des solutions mises en place démontre aussi l'existence d'une solution mixte, qui ne consiste ni à coopérer tout en restant complètement indépendants, ni à collaborer en fusionnant les activités en question. En effet, les autorités de régulation se sont lancées, avec ou sans influence du législateur, dans la création d'instances principalement dédiées à l'activité d'interrégulation (B).

A. L'interrégulation exogène

L'interrégulation peut tout d'abord être exogène. Autrement dit, les autorités de régulation ne se rapprochent que par le biais de procédures formalisées de collaboration. Le droit de l'Union européenne (UE) a été un facteur clé de cette collaboration. En effet, dès les directives de 2002 et 2003, les autorités de régulation ont été tenues de collaborer entre elles et avec l'autorité de la concurrence. Plusieurs procédures peuvent être distinguées. Elles relèvent de formules cloisonnées ou décloisonnées d'interrégulation selon le degré de coopération exigé.

1. L'interrégulation cloisonnée

Dans le cadre de l'interrégulation cloisonnée, il est possible de noter, tout d'abord, les simples obligations de transmission d'informations. C'est le premier degré de la coopération : une autorité de régulation nationale doit transmettre, sur demande d'une autre autorité de régulation, les informations dont elle dispose et qui sont nécessaires à son homologue[39].

De manière plus spécifique, lorsqu'une autorité sectorielle a l'intention d'imposer à certaines entreprises puissantes sur un marché des obligations réglementaires qui auraient des incidences sur les échanges entre les États membres, elle est tenue de mettre le projet de mesure ainsi que les motifs de celui-ci à la disposition, notamment, des ARN des autres États membres[40]

[38] Voir par exemple l'article L 36-10 CPCE.

[39] Article L 134-17 CE : « La Commission de régulation de l'énergie et l'Autorité des marchés financiers coopèrent entre elles. Elles se communiquent les renseignements utiles à l'accomplissement de leurs missions respectives ».

[40] Article 7 de la directive 2002/21/CE telle que modifiée par la directive 2009/140/CE du Parlement européen et du Conseil, du 25 novembre 2009, modifiant les directives 2002/21/CE relative à un cadre réglementaire commun pour les réseaux et services de communications électroniques, 2002/19/CE relative à l'accès aux communications électroniques et aux ressources associées, ainsi qu'à leur interconnexion et 2002/20/CE relative à l'autorisation des réseaux et services de communications électroniques, (*JOUE*, L 337, 18 décembre 2009, p. 37) : « dans les

2. L'interrégulation décloisonnée

Au-delà d'une simple information ou mise à disposition, certaines décisions nécessitent une consultation entre les autorités de régulation indépendantes (ci-après ARI) des États membres. C'est la procédure classique de l'avis[41]. Il s'agit ici d'un degré de plus dans la coopération puisqu'il y aura un échange d'impressions sur un cas déterminé. Mais la consultation doit être distinguée clairement de la concertation. En effet, dans le premier cas, l'autorité sollicitant l'avis ne sera pas liée par lui ou elle devra seulement le prendre en compte. Cela ne veut pas dire que cette procédure est inefficace. À ce titre, par exemple, l'ARCEP s'est félicitée début 2013 du fait qu'après un de ses avis rendu à l'autorité de la concurrence à propos des opérateurs mobile virtuels, les MNVO, cette dernière ait repris pour l'essentiel les analyses du régulateur des communications électroniques[42]. En revanche, dans le cas de la concertation, la décision qui en sortira devra réellement refléter un consensus entre les deux autorités de régulation. Un stade abouti de l'interrégulation endogène est donc atteint par la procédure de concertation, que l'on peut qualifier de véritable procédure de coordination.

La dernière et ultime étape de l'interrégulation exogène porte donc sur la coordination des vues des régulateurs. Dénommée concertation dans les directives européennes, par exemple[43], elle impose que les ARI compétentes sur le secteur collaborent entre elles de manière intégrée. Un tel système de concertation implique, non pas l'avis de son homologue, mais son accord sur le point discuté. La procédure de concertation prend généralement corps sur

---

cas où une autorité réglementaire nationale a l'intention de prendre une mesure qui : a) relève de l'article 15 ou 16 de la présente directive, ou de l'article 5 ou 8 de la directive 2002/19/CE (directive "accès") ; et b) aurait des incidences sur les échanges entre les États membres, [...] elle met à disposition de la Commission, de l'ORECE et des autorités réglementaires nationales des autres États membres, simultanément, le projet de mesure ainsi que les motifs sur lesquels la mesure est fondée, conformément à l'article 5, paragraphe 3, et en informe la Commission, l'ORECE et les autres autorités réglementaires nationales. »

41 Voir par exemple l'article L 134-16 CE : « L'Autorité de la concurrence communique [...] peut également saisir la commission, pour avis, de toute question relative aux secteurs de l'électricité ou du gaz naturel », ou l'article L 621-21 du Code monétaire et financier : « L'Autorité des marchés financiers saisit la Commission de régulation de l'énergie, pour avis, de toute question entrant dans le champ des compétences de celle-ci ».

42 Communiqué de presse de l'ARCEP du 22 janvier 2013.

43 Voir l'article 13 ter de la directive 2009/140/CE précitée : « [...] Dans le cas de marchés transnationaux recensés dans la décision visée à l'article 15, paragraphe 4, les autorités réglementaires nationales concernées effectuent conjointement l'analyse de marché en tenant le plus grand compte des lignes directrices, et se prononcent de manière concertée sur l'imposition, le maintien, la modification ou la suppression d'obligations réglementaires sectorielles visées au paragraphe 2 du présent article [...] ».

des marchés transfrontaliers ou transnationaux[44]. En effet, dans ces cas, les systèmes de régulation, du fait de l'existence d'une autorité dans chaque État membre, connaissent une mise en œuvre séparée. Il convient donc d'éviter sur ces marchés que des obligations différentes, peut-être même incohérentes entre elles, soient imposées par des régulateurs nationaux à un même ensemble d'opérateurs, et constituent ainsi un frein au développement du marché intérieur. Par conséquent, au-delà de la coopération classique, émerge la nécessité d'une coordination de l'action des ARI pour que les opérateurs agissant dans un cadre transnational soient soumis à un ensemble d'obligations cohérentes.

La concertation s'avère certes nécessaire, mais elle peut aussi porter en elle-même l'inconvénient de l'inefficacité en cas de divergences de vues. En effet, la question peut être posée de savoir ce qu'il pourrait se passer dans le cas où les régulateurs nationaux ou européens n'entendraient pas de la même manière l'issue d'une question. Seule une solution d'interrégulation mixte ou endogène pourrait y faire face.

B. L'interrégulation mixte

L'interrégulation mixte peut prendre une forme plus ou moins institutionnalisée. En effet, de façon assez informelle, les autorités de régulation, voire de la concurrence parfois, ont créé des organes de rencontre, sous la forme associative, groupes de liaison en quelque sorte, dans lesquels leurs représentants se réunissent périodiquement pour évoquer les affaires qui empiètent sur leurs champs de compétences respectifs. Il est possible de citer en exemple le GLAC entre l'ARCEP et le CSA[45], le *Joint Regulators Group*[46] ou le *Concurrency Working Party*[47] entre les autorités britanniques.

[44] Dans le domaine énergétique, sur les questions transfrontalières, l'article 38 de la directive 2009/72/CE du Parlement européen et du Conseil, du 13 juillet 2009, concernant les règles communes pour le marché intérieur de l'électricité et abrogeant la directive 2003/54/CE (*JOUE*, L 211, 14 août 2009, p. 55) prévoit sur certains thèmes spécifiques que les actions sont menées par l'autorité de régulation nationale en étroite concertation avec les autres autorités nationales concernées et sans préjudice des compétences de ces dernières.

[45] Ce Groupe de liaison a fait l'objet de peu de références, il est à peine évoqué dans : Rapport d'information de M. Bruno Retailleau, fait au nom de la Commission des affaires économiques du Sénat, « Dix ans après, la régulation à l'ère numérique », 27 juin 2007, n° 350, 150 p.

[46] Le *Joint Regulators Group* (JRG) a été conçu sans aucune intervention législative ni ministérielle, mais à l'initiative des autorités qui se considéraient comme des « régulateurs économiques » dans le domaine des *public utilities*. Cette instance est informelle dans la mesure où elle n'a aucun cadre juridique particulier. Elle est simplement l'occasion de réunions périodiques des autorités de régulation dans une optique d'échange de bonnes pratiques et de coopération (Voir *House of Lords, Select Committee on Regulators*, « *UK Economic Regulators* », vol. I, HL Paper 189 I, 13 novembre 2007, pt. 6.7). Voir aussi *Joint Regulators Group*, *Terms of reference*, disponible sur : http://www.caa.co.uk/docs/2552/20120316ToRv1%200.pdf.

[47] Créé en 1997, le CWP réunit tous les deux mois l'ensemble des représentants des régulateurs

De la même manière, le pôle commun entre l'AMF et l'ACPR constitue un lieu de rencontre entre régulateurs des marchés financiers, bancaires et des assurances[48]. De façon plus institutionnalisée désormais, les institutions de l'UE ont aussi utilisé cette formule de l'interrégulation mixte en créant des agences de régulation réunissant les autorités sectorielles nationales de façon périodique afin « de faciliter la consultation des organes de régulation des États membres et la coopération et la coordination[49] » entre eux.

C. L'interrégulation endogène

Pour terminer, l'interrégulation peut aussi être endogène. Certains États membres ont en effet intégré l'idée d'interrégulation et ont créé des autorités de régulation qui peuvent être bi-sectorielles ou multisectorielles. En ce qui concerne les autorités bisectorielles, il s'agit par exemple du cas de la CRE ou de l'ARCEP en France. Dans la même logique, la *Comisión del mercado de las telecomunicaciones* en Espagne réunit à la fois la compétence relative aux communications électroniques et celle relative à l'audiovisuel. Cette idée permet d'ailleurs de mettre d'ores-et-déjà en relief la problématique récurrente en France de rapprochement entre l'ARCEP et le CSA.

Il semble que le seul État membre qui ait opté pour l'autorité de régulation multisectorielle soit l'Allemagne. La *Bundesnetzagentur* réunit, en effet, à la fois les compétences de régulation du secteur de l'énergie, des communications électroniques, des postes et des transports. Dès lors, au regard de cet exemple, il est possible de se poser la question de savoir si cette façon d'internaliser l'interrégulation ne peut pas offrir une option intéressante dans une perspective lointaine de régulation. Que gagnerait-on en termes de pouvoirs, d'indépendance et d'efficacité en concentrant la régulation dans en une seule entité qu'il serait possible de qualifier d'« autorité de régulation des services publics en réseaux[50] » ?

---

sectoriels disposant de compétences concurrentes dans la mise en œuvre du *Competition Act 1998*. Le groupe est présidé par un représentant de l'*Office of fair trading*. Ces entrevues permettent de faciliter le processus d'accord, prévu par le *Competition Act 1998 (Concurrency) Regulations 2004* (SI, 2004, n° 1077) tout en étant un vecteur de discussions sur les affaires d'intérêt commun. L'objectif recherché est la mise en œuvre cohérente, par toutes les autorités, des règles relatives aux comportements *antitrust*. Voir : http://www.oft.gov.uk/about-the-oft/legal-powers/legal/competition-act-1998/Concurrency/#named3.

[48] Voir le rapport d'activités du pôle commun disponible sur : http://www.abe-infoservice.fr/uploads/media/201303-RA-pole-commun-ACP-AMF.pdf.

[49] Considérant n° 2 du règlement n° 713/2009, du Parlement et du Conseil du 13 juillet 2009, instituant une agence de coopération des régulateurs de l'énergie, (*JOUE*, L 211, 14 août 2009, p. 1).

[50] Sur ce point, voir les propositions in H. Delzangles, *L'indépendance des autorités de régulation sectorielles, communications électroniques, énergie et postes*, Thèse Dactyl., Bordeaux IV,

Après avoir évoqué les techniques de l'interrégulation, il convient de se pencher, dans un troisième temps sur les niveaux d'interrégulation.

III. – Les niveaux d'interrégulation

L'interrégulation peut, pour l'instant[51], être appréhendée à deux niveaux, national (A) et européen (B), le tout étant de plus en plus organisé dans une logique de réseau[52].

A. L'interrégulation nationale

L'interrégulation nationale peut être croisée ou intersectorielle.

1. L'interrégulation croisée

L'interrégulation croisée décrit l'ensemble des procédures de collaboration entre une autorité dont les compétences s'exercent de façon transversale et une autorité ayant une compétence sectorielle, autrement dit verticale. Il s'agira donc de la collaboration entre une Autorité nationale de la concurrence (ci-après ANC) et une ARN. Les États membres, face à la nécessité de collaboration entre autorités de la concurrence et autorités de régulation sectorielle ont fait des choix différents. Le choix allemand, de l'intégration de la régulation dans les compétences de l'autorité de concurrence combiné avec une auto-régulation du secteur de l'énergie, ne sera pas évoqué car, faute de succès, il a été abandonné avant 2005[53].

2008, p. 618 et s.

[51] Sur la question de l'interrégulation internationale, voir : A. Ott, « *EU Regulatory agencies in EU external relations : trapped in a legal minefield between european and international law* », *European Foreign Affairs Review*, 13, 2008, p. 515 ; G. Schusterschitz, « European agencies as subjects of international law », *International organizations Law Review*, 1, 2004, p. 163 ; R. Bismuth, *La coopération internationale des autorités de regulation du secteur financier et le droit international public*, Bruylant, 2011.

[52] Voir sur ce point L. Idot, « La mise en réseau des autorités de régulation », *Revue de droit public et de la science politique en France et à l'étranger*, 1er mai 2008, nº 3, p. 787.

[53] De 1998 à 2005 l'autorité de la concurrence (« *Bundeskartellamt* ») a pris en charge la régulation. En effet, la loi du 24 avril 1998 (loi du 24 avril 1998 définissant les nouvelles règles juridiques applicables au secteur de l'énergie, « *Gesetz zur Neuregelung des Energiewirtschaftsrechts* », (BGBl, I, p. 730)), ne s'est pas souciée de la création d'un régulateur spécialisé pour le domaine énergétique. La doctrine allemande considérait, en effet, que le contrôle à exercer sur les opérateurs historiques, mis en valeur par la directive électricité, existait déjà dans la loi sur l'énergie de 1935 (oi du 13 décembre 1935 d'aide au secteur de l'énergie, « *Gesetz zur Förderung des Energiewirtschaft* » (RGBl, I, p. 1451) comme dans celle de 1998. En France, la question a été posée. Le rapporteur de la loi de réglementation des télécommunications de 1996 y répond ainsi : « Désigner le Conseil de la concurrence pour exercer la plénitude de ces missions techniques ne serait guère pertinent au vu de l'expérience néo-zélandaise dont on a rappelé le bilan. [...] il serait dommageable d'instaurer deux droits distincts de la concurrence, l'un pour les télécommunications, l'autre pour les secteurs connaissant déjà une pluralité d'of-

L'ensemble des pays de tradition romano-germanique a opté pour une spécialisation des autorités. Ainsi, en France[54], en Italie et depuis peu en Espagne, les ARI n'ont pas à connaître des questions de répression des atteintes au droit de la concurrence. En Allemagne, les choses sont sensiblement différentes. Depuis 2005, l'ANC applique les règles *antitrust* sauf en ce qui concerne les abus de position dominante et les discriminations prohibées, qui restent de la compétence de l'ARI, si elles relèvent strictement du cadre de la loi sur l'agence de réseau fédérale.

En revanche, au Royaume-Uni, le système se caractérise par la concurrence des organes chargés de mettre en œuvre le *Competition Act* de 1998[55]. Par conséquent, à l'heure actuelle, tant les régulateurs sectoriels que l'autorité de concurrence peuvent avoir à connaître des abus de position dominante et ententes susceptibles de fausser la concurrence. Consensualisme et répartition des affaires au cas par cas sont les deux traits caractéristiques de ce système. D'une part, des actes bilatéraux organisent la concertation entre les ARI et l'ANC pour déterminer quel droit sera le plus efficace sur une affaire déterminée[56]. D'autre part, un acte de valeur législative vient aussi organiser la répartition préalable des dossiers relevant du droit de la concurrence entre les régulateurs sectoriels et l'autorité *antitrust*[57]. L'ensemble de cette procédure est supervisé par un groupe composé des représentants de toutes les autorités qui se réunit tous les deux mois dans l'optique de donner une certaine cohérence

---

fres. Le consommateur s'y perdrait. En outre, à l'achèvement du processus de libéralisation, le Conseil de la Concurrence a, selon votre rapporteur, vocation à être la seule instance de régulation d'une branche de l'économie que rien ne distinguera plus des autres. » in *L'avenir de France Télécom, un défi national*, Rapport du Sénateur Gérard Larcher, Commission des affaires économiques et du plan, 1995-1996, titre II, chapitre II. Sénat, annexe séance du 29 mai 1996, Doc. Parlem. n° 260.

[54] En France, le législateur a opéré une stricte spécialisation des compétences entre les autorités sectorielles et générales. La loi de réglementation des télécommunications du 26 juillet 1996. Loi n° 96-659 du 26 juillet 1996, de réglementation des télécommunications. (*JORF*, 27 juillet 1996, p. 11384). La même logique a été adoptée pour la CRE au regard de la loi de 2000, loi n° 2000-108, du 10 février 2000, relative à la modernisation et au développement du service public de l'électricité, modifiée (*JORF*, n° 35, 11 février 2000, p. 2143).

[55] *Competition Act 1998* (1998, c. 41). En ce sens, D. Géradin, « L'ouverture à la concurrence des entreprises de réseau, analyse des principaux enjeux du processus de libéralisation », *CDE*, 1999, p. 46.

[56] Ces accords bilatéraux prennent la forme de *Letters ou Memorandum of Understanding*, qui n'engagent que les parties signataires. Si le droit de la concurrence est le plus à même d'apporter une solution au litige, il faut dès lors déterminer quelle entité doit l'appliquer. S'il s'agit du droit de la régulation, l'autorité sectorielle a une compétence exclusive.

[57] *Competition Act 1998 (Concurrency) Regulations 2004* (SI, 2004, n° 1077) qui remplace l'ancien cadre juridique : *Competition Act 1998 (Concurrency) Regulations 2000* (SI, 2000, n° 260).

aux activités des ARI dans le domaine du droit de la concurrence. Il s'agit du *Concurrency Working Party* (CWP) évoqué précédemment. Finalement, le système de compétences concurrentes implique, dans une situation où droit de la concurrence et régulation *ex ante* ont vocation à s'appliquer, de choisir la mesure la plus adaptée et l'autorité la mieux à même de la mettre en œuvre.

2. L'interrégulation intersectorielle

L'interrégulation intersectorielle correspond aux procédures mises en œuvre entre deux ARN de secteurs différents afin d'aboutir à une conception interrégulée du cas en question. Celle-ci peut prendre deux formes.

En premier lieu, les autorités sectorielles peuvent se saisir mutuellement pour une demande d'avis et ainsi faire valoir leurs positions lorsqu'une décision dépend de plusieurs secteurs. Il en est ainsi entre la CRE et l'AMF dans le cas des marchés d'échanges de quotas d'émissions de gaz à effet de serre[58]. Parfois, cette procédure légale peut être complétée par la création d'un groupe assurant en permanence la liaison entre les autorités sectorielles concernées. Il en va ainsi, par exemple, avec la création d'un Groupe de liaison ARCEP-CSA qui a été créé entre les deux autorités en 2002[59]. Il se réunit environ une fois par mois sous la co-présidence d'un membre du collège de chaque autorité. De manière informelle, il « atteste de la nécessité d'un dialogue entre les deux autorités[60] ». Selon les propos du CSA, le Groupe de liaison est un lieu d'échanges qui « aborde des sujets de fond ou des points de doctrine d'intérêt commun[61] ». De plus, « l'ensemble des travaux s'effectue dans le respect des règles de fonctionnement et d'indépendance de chacune des deux instances[62] ».

[58] Voir le point 39 de la directive 2009/72/CE précitée : « Le marché intérieur de l'électricité souffre d'un manque de liquidité et de transparence qui entrave l'attribution efficace des ressources, la couverture des risques et l'entrée de nouveaux arrivants. Il faut renforcer la compétitivité et la sécurité de l'approvisionnement en facilitant l'intégration des nouvelles centrales électriques au réseau électrique dans tous les États membres et en encourageant en particulier les nouveaux venus sur le marché. Compte tenu de la nécessité d'augmenter la confiance dans le marché, la liquidité de ce dernier et le nombre d'acteurs, la surveillance réglementaire des entreprises actives dans la fourniture d'électricité devrait être renforcée. Ces exigences devraient être sans préjudice du droit communautaire existant concernant les marchés financiers, et compatibles avec celui-ci. Les régulateurs de l'énergie et les régulateurs des marchés financiers devraient coopérer afin de s'aider mutuellement à avoir une vue d'ensemble des marchés concernés ». Voir aussi l'article 37-4 c). La transposition française de cette procédure se trouve à l'article L 134-17 CE précité.

[59] Voir supra.

[60] *Dix ans après, la régulation à l'ère numérique*, Rapport d'information n° 350 de M. Bruno Retailleau, précité, annexe 2.

[61] CSA, Rapport public, 2006, p. 146.

[62] *Ibid.*

En deuxième lieu, cette procédure d'interrégulation intersectorielle peut être complétée par un mécanisme visant à assurer une cohérence de l'ensemble des actions menées par les régulateurs nationaux dans le cadre d'un groupe se réunissant périodiquement. Il s'agit par conséquent d'une interrégulation multilatérale. L'exemple du Royaume-Uni, seul État membre à avoir choisi cette solution semble-t-il, peut servir à avancer l'hypothèse d'une propagation de ce modèle avec la création du Joint Regulatory Group à l'initiative des autorités qui se considéraient comme des « régulateurs économiques[63] » dans le domaine des *public utilities*. Cette instance, hors cadre juridique particulier, est simplement l'occasion de réunions périodiques des autorités de régulation dans une optique d'échange de bonnes pratiques et de coopération.

En troisième et dernier lieu, le problème de l'interrégulation intersectorielle peut être résolu, comme évoqué précédemment, par la technique de l'interrégulation endogène. Il s'agit ici d'une interrégulation intersectorielle, internalisée en quelque sorte, au sein d'une même structure[64].

B. L'interrégulation européenne

L'échelle européenne est le deuxième niveau, devenu pertinent, d'interrégulation. Cette interrégulation peut prendre plusieurs formes : elle peut être solidaire (1.), supervisée (2.) ou institutionnalisée (3.).

1. L'interrégulation solidaire

L'interrégulation solidaire[65], tout d'abord, concerne les cas de collaboration entre ARN de même secteur mais d'États membres différents. Dans le cadre des directives de 2002 et 2003, autrement dit avant la création d'agences de régulation, il était possible de retrouver une multitude d'exemples et de domaines d'interrégulation solidaire imposés par le droit de l'UE. Ainsi, selon l'article 23 de la directive 2003/54 relative à l'électricité, « les autorités de régulation nationales contribuent au développement du marché intérieur et à la création de conditions de concurrence équitables en coopérant entre elles et avec la Commission dans la transparence[66] ». La coopération entre

[63] Voir *House of Lords, Select Committee on Regulators*, « *UK Economic Regulators* », vol. I, HL Paper 189-I, 13 novembre 2007, pt. 6.7.

[64] Voir supra.

[65] Par référence à l'obligation de solidarité entre États membres tirée de l'ancien article 10 du TCE l'expression « *interrégulation solidaire* » est empruntée à Loïc Grard (« L'interrégulation pour accompagner la libéralisation de l'énergie et des télécommunications », in L. Grard (dir.), *Autorités de régulation et droit européen*, Journée d'études Jean Monnet, 20 février 2004, *JCP E*, n° 2, supplément à la *Semaine juridique*, 19, 6 mai 2004, p. 12).

[66] Directive 2003/54/CE du Parlement européen et du Conseil du 26 juin 2003 concernant des règles communes pour le marché intérieur de l'électricité et abrogeant la directive 96/92/CE (*JOCE*, L 176, 15 juillet 2003, p. 37).

autorités de régulation sectorielles d'États membres différents[67], s'avère être un signe précurseur de la mise en réseau de ces instances lorsque des problèmes ponctuels se posent. Désormais, avec le paquet de 2009, les ARN, dans le secteur de l'énergie par exemple, doivent coopérer sur les questions transfrontalières avec la ou les autorités de régulation des États membres concernés ainsi qu'avec l'Agence de coopération des régulateurs[68]. Dans un cas particulier, cependant, la Commission européenne bénéficie d'une place prépondérante qui fait apparaître l'ébauche d'un réseau supervisé.

2. L'interrégulation supervisée

Il s'agit ici d'une procédure spécifique connue sous le nom de procédure de l'article 7 de la directive cadre relative aux communications électroniques[69].

Il en ressort que lorsqu'une ARN décide, par exemple, de désigner une entreprise comme disposant d'une puissance significative sur le marché et de lui imposer certaines obligations, dans la mesure où cela peut affecter les échanges entre les États membres, elle en informe les autres ARN, l'ORECE[70] et la Commission[71].

Cette procédure qui semble assez classique peut cependant être qualifiée de supervisée lorsque l'on apprécie le fait que la Commission, au-delà de ses pouvoirs en matière de concurrence, peut estimer que le projet ferait obstacle au marché unique ou peut émettre de graves doutes quant à sa compatibilité avec le droit de l'UE. Dans ces cas, elle peut ordonner la suspension de la mesure pendant deux mois puis, le cas échéant, exiger que l'ARN retire son projet de mesure[72]. Il s'agit donc ici d'une véritable ébauche d'une organisation

---

[67] L'expression « interrégulation solidaire » est empruntée au professeur Loïc Grard (« L'interrégulation pour accompagner la libéralisation de l'énergie et des télécommunications », in L. Grard (dir.), *Autorités de régulation et droit européen*, Journée d'études Jean Monnet, 20 février 2004, *JCP E*, nº 2, supplément à la *Semaine juridique*, 19, 6 mai 2004, p. 12).

[68] Article 37 directive 2009/72 précitée.

[69] Article 7 de la directive 2002/21 tel que modifié par la directive 2009/140/CE précitée.

[70] Organe des régulateurs européens des communications électroniques, voir règlement nº 1211/2009, du Parlement et du Conseil du 25 novembre 2009, instituant l'Organe des régulateurs européens des communications électroniques (ORECE), ainsi que l'Office, (*JOUE*, L 337, 18 décembre 2009, p. 1).

[71] Article 7 de la directive 2002/21 tel que modifié par la directive 2009/140/CE précitée : « Les autorités réglementaires nationales contribuent au développement du marché intérieur en travaillant entre elles et avec la Commission et l'ORECE, de manière transparente, afin de veiller à l'application cohérente, dans tous les États membres, des dispositions de la présente directive et des directives particulières. À cet effet, elles œuvrent en particulier avec la Commission et l'ORECE à déterminer les types d'instruments et de solutions les plus appropriés pour traiter des types particuliers de situations sur le marché ».

[72] Article 7 de la directive 2002/21 tel que modifié par la directive 2009/140/CE précitée.

des ARN en réseau, le tout supervisé par la Commission européenne disposant d'un pouvoir de veto. Pour autant, cette procédure, assez extraordinaire, ne peut pas encore être qualifiée d'organisation institutionnalisée de l'interrégulation. En effet, l'interrégulation solidaire, qui avait trouvé ses limites à la fin des années 2000, a changé d'enceinte pour prendre place dans un cadre institutionnalisé. Désormais, la structure principale de l'interrégulation devient l'agence européenne.

3. L'interrégulation institutionnalisée

L'interrégulation institutionnalisée est le stade le plus abouti de l'interrégulation qui s'est généralisé au sein de l'UE à la fin des années 2000. Le phénomène n'était pas nouveau et a connu une évolution allant vers un approfondissement de l'institutionnalisation. En effet, d'une part, d'autres agences avaient été créées dans des secteurs variés même si peu d'entre elles avaient une compétence de régulation ou même de réels pouvoirs décisionnels. D'autre part, les autorités de régulation avaient une certaine habitude de coopérer dans le cadre d'évènements informels (forum de Madrid et de Florence), de structures associatives (*Independent Regulatory Group* (IRG)[73] et *Council of european energy regulators* (CEER)[74]) ou créées par les institutions de l'Union (*European Regulatory Group* (ERG)[75] et *l'European Regulatory Group on Electricity and Gas* (ERGEG)[76]).

Mais la nécessité d'approfondir le marché intérieur et celle de lutter efficacement contre la crise ont impliqué la création de réelles agences de régulation. Dans le domaine des communications électroniques il s'agit de l'Organe des régulateurs européens des communications électroniques[77] ; dans le domaine de l'énergie une Agence de coopération des régulateurs de l'énergie[78] a aussi été créée. Pour l'instant, rien n'a été fait dans le domaine des postes ou des transports, notamment ferroviaires dans le domaine de la régulation. On peut seulement noter la création déjà ancienne de l'Agence

[73] http://www.irg.eu.

[74] http://www.ceer.eu.

[75] Décision 2002/627/CE de la Commission, du 29 juillet 2002, instituant le groupe des régulateurs européens dans le domaine des réseaux et services de communications, (*JOCE*, L 200, 30 juillet 2002, p. 38).

[76] Décision 2003/796/CE de la Commission, du 11 novembre 2003, instituant le groupe des régulateurs européens dans le domaine de l'électricité et du gaz, (*JOUE*, L 296, 14 novembre 2003, p. 34).

[77] Règlement n° 1211/2009 précité.

[78] Règlement n° 713/2009, du Parlement et du Conseil du 13 juillet 2009, instituant une agence de coopération des régulateurs de l'énergie, (*JOUE*, L 211, 14 août 2009, p. 1).

européenne de la sécurité aérienne[79] qui, si elle a des pouvoirs certains, ne les exerce pas dans le domaine de la régulation.

En revanche, il convient de se pencher sur l'interrégulation institutionnalisée dans le domaine de la surveillance financière. Il s'agit, pour l'instant, du stade le plus abouti d'interrégulation institutionnalisée en réseau à l'échelle européenne. Ce type d'interrégulation s'insère dans le système européen de surveillance financière. Ce système allie interrégulation institutionnalisée au niveau de l'UE, des États membres mais aussi une forme d'interrégulation sectorielle entre autorités de secteurs différents. En effet, les autorités de régulation nationales des 27 États membres collaborent à l'échelle européenne en réunissant leurs présidents respectifs dans trois instances différentes : l'Autorité européenne des marchés financiers[80], l'Autorité européenne des banques[81] et l'Autorité européenne des assurances[82]. Les présidents des trois Autorités européennes de surveillance coopèrent entre eux par le biais d'un système d'interrégulation sectorielle institutionnalisé à travers le Comité mixte des Autorités européennes de surveillance. Ces diverses instances gèrent le risque micro-prudentiel et rendent des comptes, pour faire face au risque macro-prudentiel au Conseil européen du risque systémique (CERS)[83] chargé d'assurer la stabilité du système financier de l'UE. Ce dernier garantit la coopération de l'ensemble des acteurs du système (en incluant la représentation de la BCE), surveille et évalue le risque systémique et contribue à améliorer la résistance du système financier aux chocs. Dans ce cadre, il avertit le Conseil de toute situation urgente et lui fournit une analyse détaillée des éléments lui

[79] Règlement n° 216/2008 du Parlement européen et du Conseil, du 20 février 2008, concernant des règles communes dans le domaine de l'aviation civile et instituant une Agence européenne de la sécurité aérienne, et abrogeant la directive 91/670/CEE du Conseil, le règlement n° 1592/2002 et la directive 2004/36/CE (*JOCE*, L 79, 19 mars 2008, p. 1).

[80] Règlement n° 1095/2010, du Parlement et du Conseil du 24 novembre 2010, instituant une Autorité européenne de surveillance (Autorité européenne des marchés financiers), modifiant la décision n° 716/2009/CE et abrogeant la décision 2009/77/CE de la Commission, (*JOUE*, L 331, 15 décembre 2010, p. 84).

[81] Règlement n° 1093/2010, du Parlement et du Conseil du 24 novembre 2010, instituant une Autorité européenne de surveillance (Autorité bancaire européenne), modifiant la décision n° 716/2009/CE et abrogeant la décision 2009/78/CE de la Commission, (*JOUE*, L 331, 15 décembre 2010, p. 12).

[82] Règlement n° 1094/2010, du Parlement et du Conseil du 24 novembre 2010, instituant une Autorité européenne de surveillance (Autorité européenne des assurances et des pensions professionnelles), modifiant la décision 716/2009/CE et abrogeant la décision 2009/79/CE de la Commission, (*JOUE*, L 331, 15 décembre 2010, p. 48).

[83] Règlement n° 1092/2010, du Parlement et du Conseil du 24 novembre 2010, relatif à la surveillance macroprudentielle du système financier dans l'Union européenne et instituant un Comité européen du risque systémique, (*JOUE*, L 331, 15 décembre 2010, p. 1).

permettant d'évaluer la nécessité d'en avertir les Autorités européennes de surveillance[84].

La question se pose de savoir si ce dernier système, qui a ses raisons propres, préfigure de l'évolution d'autres agences au niveau européen. Par ailleurs, et à titre conclusif, il est possible d'envisager les problématiques à venir dans le domaine de l'interrégulation. Il pourrait s'agir de la question de savoir si l'interrégulation intersectorielle au niveau de l'UE est d'ores-et-déjà nécessaire entre les secteurs dans la mesure où certaines formes existent déjà[85]. L'interrégulation mondialisée est aussi un phénomène à envisager en tant qu'aboutissant à une décision interrégulée[86]. La question de la généralisation de l'interrégulation endogène doit aussi être approfondie, que ce soit au niveau national ou européen. De nouvelles formes d'interrégulation pourraient aussi apparaître, et l'on pense aux convergences entre, d'une part, énergie et communications électroniques et, d'autre part, santé et environnement. Pour terminer, l'hypothèse de l'influence de l'interrégulation sur les compétences et l'indépendance des autorités de régulation nationales devrait aussi être envisagée avec le recul qui est désormais le nôtre sur cette pratique, sommes-toutes assez nouvelle, de l'interrégulation européenne en réseau[87].

---

[84] Article 3, § 2 e) du règlement 1092/2010, précité.

[85] Sur ce point, voir la coopération entre l'ACRE et le comité européen des régulateurs des marchés de valeurs mobilières, pt. 40 de la directive 2009/72/CE précitée : « Avant l'adoption, par la Commission, d'orientations définissant plus en détail les exigences en matière de conservation des données, l'agence de coopération des régulateurs de l'énergie [...] et le comité européen des régulateurs des marchés de valeurs mobilières [...] devraient se concerter et conseiller la Commission sur leur teneur. L'agence et le CERVM devraient également coopérer afin de déterminer s'il y a lieu de soumettre les transactions effectuées dans le cadre de contrats de fourniture d'électricité et des instruments dérivés sur l'électricité à des obligations de transparence préalables ou postérieures aux échanges, de donner leur avis sur ce point, et, dans l'affirmative, d'étudier la teneur de ces obligations ».

[86] Dans le cadre du droit international public, voir : R. Bismuth, *La coopération internationale des autorités de regulation du secteur financier et le droit international public*, Bruylant, 2011.

[87] Pour une ébauche, voir : H. Delzangles, « L'émergence d'un modèle européen d'autorités de régulation », contribution au colloque « Les autorités de régulation économique et financière : convergences ou divergences ? », 25 février 2011, ÉNA, *RJEP*, décembre 2011, n° 692, p. 3.

Première partie
Approche transdisciplinaire

Les relations entre les autorités de concurrence et de régulation aux États-Unis

Thomas PERROUD[1]

Pour pouvoir analyser correctement la question, il faut d'abord comprendre le paysage institutionnel américain, qui présente certains éléments de complexité.

Du côté du droit de la concurrence, deux autorités se partagent l'essentiel du travail. La sanction des pratiques anticoncurrentielles est entre les mains de deux agences, très différentes : la division droit de la concurrence du ministère de la Justice (DoJ) et la *Federal Trade Commission* (FTC). La DoJ, qui serait l'équivalent d'une division du parquet en France, est historiquement la première autorité en charge de l'application du droit de la concurrence. En 1890, le *Sherman Act* a confié la sanction de ce droit au parquet et une division antitrust n'apparaît qu'au début du XXe siècle, avant que la FTC ne soit créée. Cette autorité dispose d'une compétence exclusive pour poursuivre les pratiques anticoncurrentielles devant le juge pénal. Les pratiques couvertes dans ce cas requièrent la preuve d'une intention et concernent essentiellement les cas d'entente (sur les prix, sur une répartition de la clientèle, trucage des offres lors d'un marché). La division antitrust peut aussi poursuivre les pratiques prohibées devant le juge civil. La FTC fut mise en place sous la présidence Wilson en 1914. Elle est composée de cinq commissaires, nommés par le président pour une période de sept ans, nomination qui doit être confirmée par le Sénat. Elle est compétente pour poursuivre l'ensemble des pratiques anticoncurrentielles dans le cadre du *Clayton Act* (qui prohibent certaines pratiques dans la mesure où elles restreignent la concurrence comme la discrimination par les prix, les ventes exclusives et les ventes liées, les concentrations). Elle n'a pas en revanche de compétence pour poursuivre les manquements au Sherman Act. Cependant, la loi qui l'a créée lui a donné la compétence pour réprimer les pratiques concurrentielles déloyales (« *unfair method of competition* »), ce qui a été interprété comme lui permettant de sanctionner indirectement les pratiques prohibées par le *Sherman Act*. La création d'une autorité concurrente du parquet pour réprimer les manquements au droit de la concurrence s'explique par la croyance, très répandue au début du

[1] Professeur à l'université d'Aix-Marseille.

xxe siècle aux États-Unis, en la supériorité de la bureaucratie et de l'expertise[2]. Enfin, le droit de la concurrence peut être mis en œuvre par les personnes privées victimes de pratiques, devant le juge civil, sous la forme d'une action de groupe.

En regard, le paysage de la régulation est plus simple : la régulation des communications électroniques est du ressort de la *Federal Communications Commission* (FCC)[3], celle de l'énergie de la *Federal Energy Regulatory Commission* (FERC), celle des marchés financiers de la *Securities and Exchange Commission* (SEC), entre autres, celle des chemins de fer est confiée au *Surface Transportation Board* (STB).

Tel est le paysage institutionnel au niveau fédéral. Il faut rajouter à cela le caractère fédéral du pays qui explique, la régulation sectorielle étant avant tout du ressort des États – le niveau fédéral n'ayant compétence que pour les questions qui concernent les problèmes qui ne peuvent être traités par un seul État – qu'il faut rajouter à ces acteurs les *Public Services Commissions* qui réglementent les services publics au niveau local.

La question des relations entre les autorités de concurrence et de régulation aux États-Unis est donc compliquée par ces considérations institutionnelles. Ces relations ont aussi évolué très nettement au cours des trente dernières années[4].

L'intérêt d'étudier ce sujet sous l'angle américain est qu'il mobilise largement le droit administratif. Le sujet amène à constater que l'interrégulation est comprise de manière très différente selon les systèmes juridiques. Les comparatistes ont pu utiliser la notion de style pour définir et regrouper les droits en famille[5]. On peut parler ici aussi, nous semble-t-il, de style d'interrégulation, tant la question est ici influencée par les spécificités du droit administratif américain. Le droit administratif des États-Unis est en effet un droit essentiellement procédural, qui a pris sa forme actuelle sous l'influence de la loi de procédure administrative de 1946 (*Administrative Procedure Act* ou APA). Or, l'interrégulation étant essentiellement occupée de questions procédurales, qui vont finalement régler les relations entre autorités administratives indépendantes, il semble logique que la spécificité du modèle

---

[2] Daniel A. CRANE, *The institutional structure of antitrust enforcement*, OUP, 2011, p. 27 ; H. HOVENKAMP, *Federal antitrust policy: the law of competition and its practice*, West, 2011.

[3] V. pour une présentation en français : D. CUSTOS, *La Commission fédérale américaine des communications à l'heure de la régulation des autoroutes de l'information*, Paris, L'Harmattan, (Logiques juridiques), 1999. V. aussi J.-P. SIMON, *L'esprit des règles, réseaux et réglementation aux États-Unis : câble, électricité, télécommunications*, Paris, L'Harmattan, 1991.

[4] V. Creating Constructive Relationships Between Competition Policy and Sectoral Regulators (Latin American Competition Forum July 2006).

[5] K. Zweigert et H. KÖTZ, *An Introduction to Comparative Law*, 3e éd., Clarendon Press, 1998.

américain d'interrégulation procède des caractéristiques distinctives de son droit administratif.

De même l'intérêt du sujet est qu'il permet de renouveler l'étude des relations entre droit de la concurrence et droit de la régulation. Le sujet est bien connu, mais sous un angle seulement : la Cour suprême américaine, comme nous le verrons, a jugé que là où les autorités de régulation interviennent le droit de la concurrence ne peut s'appliquer de manière concurrente. Or, les relations entre les autorités de concurrence et les autorités de régulation sont plus riches que l'exposé de cette jurisprudence peut le laisser penser. C'est ce que nous tenterons de montrer.

Nous étudierons donc le sujet sous deux angles : un angle historique et un angle institutionnel. Nous verrons d'une part comment historiquement la question de la concurrence est venue s'installer dans les secteurs régulés (I), et nous analyserons d'autre part comment les relations entre ces deux droits s'organisent (II).

I. – L'établissement progressif des relations entre autorités de concurrence et de régulation avec la déréglementation des services publics en réseaux

L'interrégulation ne peut s'expliquer que si l'on comprend le rôle éminent et central que le droit de la concurrence va être amené à jouer dans les secteurs en réseaux à partir des années 60-70. Pour comprendre l'importance du droit de la concurrence et le rôle central qu'il a pu jouer dans les secteurs régulés, comme dans celui des télécommunications, il faut revenir au préalable sur l'histoire de la déréglementation.

Les États-Unis ont en effet connu une évolution assez similaire à l'Europe dans la réglementation des services publics en réseau. Ce pays a eu certes moins recours à la gestion publique directe, sauf dans le domaine postal[6], mais dans l'ensemble des secteurs le monopole – le plus souvent d'ailleurs local – était de mise.

L'évolution qui mène aux États-Unis, de l'activité exercée en monopole sous la protection d'un droit exclusif, à la déréglementation totale dans certains cas comme l'aviation ou à la reconfiguration de l'intervention de l'autorité

---

[6] Ce monopole dans le secteur postal est d'ailleurs à l'origine de l'engagement d'un des plus célèbres « libertarien » américain, Lysender Spooner, qui avait créé son entreprise de transport et de distribution de courrier, dont il se vit privé par le Congrès qui vota une loi instituant un monopole étatique dans le domaine postal. V. L. Spooner, *The unconsitutionality of the laws of congress prohibiting private mail*, New York, Printing Establishment, 1944, cité dans S. Caré, *La pensée libertarienne : genèse, fondements et horizons d'une utopie libérale*, Paris, PUF, (Fondements de la politique), 2009.

administrative, ne peut s'expliquer sans référence à l'évolution profonde de la pensée économique qui caractérise ces années[7]. Les économistes se mirent à remettre en question les postulats économiques de la réglementation classique : tant la justification même de la réglementation (la théorie du monopole naturel) que ses effets ou ses buts (le bénéfice du consommateur), que ses deux outils majeurs (la restriction à l'entrée sur le marché par l'intermédiaire des droits exclusifs[8], et la réglementation des prix).

L'innovation de la politique américaine, qui naît dans le secteur des télécommunications et de l'énergie, résulte d'une double prise de conscience : la concurrence est nécessaire dans les secteurs régulés (A).

Nous verrons ensuite le rôle central des autorités de concurrence dans l'ouverture du secteur des télécommunications (B).

A. La concurrence devient nécessaire dans les secteurs régulés

Ce changement dans la conception de la concurrence, qui n'est plus considérée comme étant forcément néfaste résulte d'une triple remise en question.

D'une part, les économistes prennent conscience du hiatus entre le monopole véritablement naturel et le monopole juridique (1). D'autre part, ceux-ci vont concentrer le feu de leurs critiques sur les instruments juridiques d'encadrement des secteurs : l'autorisation administrative préalable qui ferme le marché et la police des prix (2). Enfin, le renouvellement de la conception du marché va permettre, avec les deux facteurs précédemment évoqués, de donner un rôle au droit de la concurrence dans ces secteurs (3).

1. La remise en question de la notion de monopole naturel ouvre le champ au droit de la concurrence pour jouer un rôle dans les secteurs régulés

D'une part, l'existence d'un monopole naturel[9] est, dans certains domaines, remise en question. À la fin du XIXe et au début du XXe siècle, la concurrence

---

[7] V. l'affirmation très nette de l'influence de la pensée économique sur la réforme in M. Derthick, P. J. Quirk, *The politics of deregulation*, Washington, D.C., Brookings Institution, 1985, p. 36 ; V. aussi C. D. FOSTER, *Privatization, public ownership and the regulation of natural monopoly*, préc., p. 373 suiv. ; R. B. HORWITZ, *The irony of regulatory reform: the deregulation of American telecommunications*, New York, Oxford, Oxford University Press, 1989, p. 206 (cet auteur montre l'alliance entre le monde des affaires et les économistes à travers les financements importants que des fondations comme la Fondation Ford ont pu attribuer à la recherche dans le domaine de la « regulation »).

[8] L'École de Chicago, suivant en cela les travaux de Stigler, remet fortement en question la légitimité des barrières à l'entrée.

[9] La littérature sur cette notion, même la littérature juridique, retient une définition économique qui repose sur la notion d'échec de marché. L'existence d'un monopole naturel est un cas classique, à côté de l'existence d'externalités et de biens communs, d'échec de marché.

au niveau local dans les services publics en réseau s'est avérée incapable d'atteindre des résultats satisfaisants. Alors, la notion de monopole naturel fut avancée pour rendre compte de cet échec et justifier l'exercice de l'activité en monopole, c'est-à-dire en régime de droit exclusif. Le rôle de l'autorité publique, dans ce cadre, était de protéger l'opérateur historique[10]. Les études économiques vont tenter de montrer d'abord que bien souvent le monopole naturel, au sens économique du terme, ne recouvre pas l'ensemble du monopole effectif, au sens juridique du terme. En effet, les entreprises en monopole ont progressivement étendu leurs activités à des domaines connexes comme la fabrication et la vente de téléphone pour l'opérateur de télécommunication. Ce secteur, la fabrication d'équipements de télécommunications, ne fait pas partie du monopole naturel. Ensuite, une concurrence a commencé à s'exercer entre différentes technologies : pour le transport, le train se voit concurrencé par la route ; dans l'énergie, le gaz est, lui, menacé par de nouvelles énergies comme le pétrole[11]. Au total, l'évolution des technologies rend la justification du monopole naturel inadaptée aux conditions présentes : dans bien des cas, une concurrence opère. Dans d'autres secteurs comme le transport routier ou

---

L'existence d'un monopole naturel est justifié car, dans ce cas, le monopole est plus bénéfique pour la société, le service étant produit à moindre coût, en raison de l'existence d'économie d'échelle. Le problème de la définition économique est qu'apparemment c'est une définition a posteriori : un monopole naturel existe lorsque qu'une seule compagnie produit des biens et des services à un coût moindre que deux compagnies. V. sur cette notion A. E. KAHN, *The economics of regulation: principles and institutions*, Cambridge, Mass., London, MIT Press, 1988, t. 1, p. 11 ; J. VICKERS, G. YARROW, *Privatization: an economic analysis*, préc., p. 58, p. 197, passim. ; F. A. SANTIAGO JUNIOR, *La régulation du secteur électrique en France et au Brésil*, Thèse dactyl., Paris 1, 2007, p. 12, § 9, note 8 ; M. P. HANTKE DOMAS, *Economic Regulation of Public Utilities With Natural Monopoly Features, A Study of Limitations Imposed by Property Rights From a Legal and Economic Appraoche*, PhD, University of East Anglia, 2005, passim., spéc. p. 85 suiv. ; F. LEVÊQUE, *Économie de réglementation*, Paris, La Découverte, (Repères), 1998, spéc. p. 51 ; G. DEZOBRY, *Essentialité et droit communautaire de la concurrence (contribution à l'étude de la théorie des facilités essentielles)*, Thèse dactyl., Paris X-Nanterre, 2007, p 163, note 586. Le sens moderne de cette notion est issue des ouvrages de J. S. Mill, même si celui-ci emploie le terme de « monopole pratique » et il est intéressant de voir que cette notion est forgée à partir de l'analyse des services publics (eau, gaz, chemin de fer) pour lesquelles l'existence d'économie d'échelle rend plus efficace la présence d'une seule entreprise sur le marché (v. J. S. MILL, *Principles of Political Economy*, dans *Collected Works of John Stuart Mill*, 2 et 3, Toronto, University of Toronto Press, Londres, Routledge and K. PAUL, 1965, p. 132-133 ; v. aussi G. NUMA, « Note sur le monopole naturel et le monopole pratique chez J. S. Mill », *Revue économique*, 2/2010, (vol. 61), p. 341-352.

[10] V. C. D. FOSTER, *Privatization, public ownership and the regulation of natural monopoly*, préc., p. XX ; D. CUSTOS, *La Commission fédérale américaine des communications à l'heure de la régulation des autoroutes de l'information*, Paris, Montréal, L'Harmattan, (Logiques juridiques), 1999, p. 333.

[11] V. les chiffres avancées par A. E. KAHN, *The economics of regulation*, préc., vol. I, p. 64.

l'aviation, les recherches montrent que ceux-ci ont été à tort assimilés à des monopoles naturels[12]. Ce sont ces secteurs qui subissent la première véritable déréglementation[13], dans le sens qu'ils ne sont plus encadrés que par les règles du droit commun, c'est-à-dire du droit privé et du droit de la concurrence.

2. La remise en cause du régime de police dans ces secteurs

D'autre part, l'intérêt des outils principaux de la réglementation à savoir l'attribution de droits par l'intermédiaire de l'autorisation administrative préalable est fortement remis en question. Il apparaît que le système de l'autorisation préalable est le principal outil juridique qui fait l'objet des attaques des économistes, car il constitue une barrière légale à l'entrée sur le marché. L'histoire des différents secteurs montre que, même en l'absence de droits exclusifs, les autorités furent très réticentes à accorder de nouvelles autorisations pour augmenter le nombre de concurrents. Dans le domaine aéronautique, le *Civil Aeronautics Board* n'accorda aucune autorisation supplémentaire. Les seize compagnies exerçant leur activité dans ce secteur en 1938 n'étaient même plus que dix dans les années 1970, en raison des mouvements de fusion qu'il connut[14]. L'autre instrument classique, la police des prix, subit, elle aussi, le feu de la critique. La réglementation des prix utilisait comme standard le taux de rendement[15] qui devait être calculé par l'autorité administrative de manière à être juste et raisonnable. Des promoteurs de la tarification au coût marginal commencèrent à faire entendre leur voix et parmi eux, le plus fervent en théorie et le plus influent en pratique fut Alfred E. Kahn[16]. Cette proposition revenait en réalité, pour l'autorité administrative

---

[12] Les raisons qui ont incité à la réglementation du secteur aéronautique sont essentiellement le caractère destructeur de la concurrence dans ce secteur dans les années 1930 (v. A. E. Kahn, « The Political Feasibility of Regulatory Reform : How did we do it ? », in LeRoy Graymer, F. Thompson, *Reforming social regulation Alternative Public Policy Strategies*, p. 247-263, spéc. p. 250).

[13] V. Airline Deregulation Act (Pub.L. 95-504), du 24 octobre 1978. Pour l'histoire de la déréglementation du secteur aéronautique aux États-Unis et le rôle joué par S. Breyer et le sénateur Kennedy c. C. D. Foster, *Privatization, public ownership and the regulation of natural monopoly*, p. 379. Le mouvement, commencé en 1974 fut achevé en 1978. La loi retira de fait son rôle à l'autorité de régulation, le Civil Aeronautics Boards, qui fut fermée en 1985. La déréglementation toucha aussi rapidement le transport routier (v. Foster, ouvrage préc., p. 379-380).

[14] V. T. K. McCraw, *Prophets of regulation : Charles Francis Adams, Louis D. Brandeis, James M. Landis, Alfred E. Kahn*, Belknap Press of Harvard University Press, 1984, p. 263, 266, 272 et 279.

[15] En anglais « *rate of return* ».

[16] V. A. E. Kahn, *The economics of regulation*, préc., vol. I, p. 65. M. Kahn, professeur d'économie à Cornell, acquit une grande célébrité à la sortie de son livre au début des années 1970. Ce succès de librairie lui valut des nominations prestigieuses : d'abord à la tête de la New York Public Service Commission en 1974 et, en 1977-1978, il présida à la destinée de l'autorité en charge du secteur aéronautique (le Civil Aeronautics Bord). V. T. K. McCraw, *Prophets*

à jouer le même rôle que le marché puisqu'en théorie microéconomique le prix est équivalent au coût marginal[17]. La police des prix, pour être légitime, doit dès lors reproduire l'effet du marché.

3. Le renouvellement de la conception du marché

Mais ces critiques ne doivent pas masquer que le changement réel se situe à un autre niveau : la conception du marché a changé. La notion qui permet de comprendre la cohérence de la remise en cause tant du monopole naturel que du système et de la pratique de l'autorisation préalable et de la police des prix est la notion de contestabilité. L'émergence de cette notion correspond d'ailleurs à un changement dans la conception même de la concurrence, d'un phénomène statique tel que le présentait l'école néoclassique, celle-ci est désormais pensée comme un phénomène dynamique, et c'est à ce titre que la notion de contestabilité s'inscrit bien dans ce changement de paradigme[18]. C'est cette notion qui permet de comprendre les changements intervenus dans les différents secteurs.

La notion de contestabilité, sa définition progressive a eu une influence considérable sur la politique mise en place par les autorités sectorielles. Le modèle de la contestabilité, qui s'inscrit et ne peut se comprendre que dans le cadre plus large de la réflexion sur la redéfinition de la notion de barrière à l'entrée d'un marché[19], se présente comme un moyen de changer de

of regulation: Charles Francis Adams, Louis D. Brandeis, James M. Landis, Alfred E. Kahn, Belknap Press of Harvard University Press, 1984, p. 223-224.

[17] Le coût marginal est défini comme le coût que supporte l'opérateur pour produire une unité supplémentaire. Pourquoi faut-il tarifer au coût marginal ? L'utilisation de cet indicateur s'explique par la nécessité de partir du point de vue du consommateur. Le consommateur doit faire face à un choix, d'acheter plus ou moins certains produits. Dans une économie caractérisée par la rareté, le choix du consommateur se traduira par une sélection d'opportunités, consommer davantage, ou au contraire, moins, tel ou tel produit. Si le prix reflète ce coût d'opportunité, les consommateurs opèreront un choix éclairé : leur satisfaction en écartant certains biens au profit d'autres sera alors optimal et surtout les ressources nécessairement limitées se dirigeront vers les produits qui rencontreront le suffrage le plus important de la part des consommateurs. En conséquence, si les tarifs ne reflètent pas le coût marginal, l'optimum ne sera pas atteint, soit les consommateurs consommeront trop ce qui se traduira par un gaspillage soit ils ne consommeront pas suffisamment (v. notamment A. E. KAHN, *The economics of regulation*, préc., vol. I, p. 66-67). V. aussi P. A. SAMUELSON, W. D. NORDHAUS, *Économie*, Économica, 16e éd., spéc. p. 138-140 (en concurrence pure et parfaite le prix est égal au coût marginal).

[18] V. E. MACKAAY, S. ROUSSEAU, *Analyse économique du droit*, Paris, Dalloz, (Méthodes du droit), 2e éd., 2008, spéc. p. 104. Nous reviendrons sur ce point plus bas.

[19] L'École de Chicago remet complètement en question l'importance des barrières à l'entrée sur le marché que l'école structuraliste avait mise en avant. Cette notion est considérablement réduite pour ne désigner que les coûts de production supplémentaires supportés par l'entreprise qui veut entrer sur le marché et que ne supportent pas les entreprises déjà présentes. Cette redéfinition fait perdre à la notion toute portée car tous les investissements que l'entreprise devra

paradigme face au modèle de la concurrence pure et parfaite. Ce changement de paradigme permet de penser autrement la politique publique, les modalités de l'intervention de l'État. Alors que dans le modèle de concurrence pure et parfaite, tout écart, tout échec du marché peut justifier l'intervention de l'État et éventuellement l'existence d'un monopole légal, les promoteurs de la contestabilité, William J. Baumol, John C. Panzar et Robert D. Willig, vont montrer que le simple fait qu'un marché soit contestable suffit à discipliner l'entreprise présente sur celui-ci[20]. Ce changement de paradigme bouleverse alors la manière dont la politique publique doit être pensée. L'expression des conséquences politiques de ce changement théorique revint à Elizabeth E. Bailey qui travailla au *Civil Aeronautics Board*[21]. Si la contestabilité suffit à discipliner correctement l'opérateur historique, car la concurrence pour le marché a un effet disciplinant, celle-ci rend l'intervention publique inutile, ou plutôt, l'intervention publique doit être repensée, non plus pour protéger les consommateurs puisque cette protection est désormais inutile, car assurée par la peur des nouveaux entrants potentiels, mais, au contraire, pour promouvoir la contestabilité. Pour ce qui nous intéresse, la théorie de la contestabilité a une influence directe sur le droit.

Le standard n'est donc plus la concurrence pure et parfaite, mais un nouveau modèle : le marché parfaitement contestable, qui est un marché ouvert à la concurrence et dans lequel les nouveaux entrants ne font face à aucun désavantage par rapport aux entreprises présentes et duquel ils peuvent sortir sans coûts excessifs[22]. L'intervention publique doit donc être orientée,

---

supporter sont déjà supportés par les acteurs présents si bien que ceux-ci ne disposent pas, en réalité et contrairement à ce que pensait la théorie classique, d'un avantage particulier qui nuirait à l'entrée. V. M. A. EISNER, *Antitrust and the triumph of economics: institutions, expertise, and policy change*, Chapel Hill, University of North Carolina Press, 1991, p. 103 suiv. ; R. A. POSNER, « The Chicago School of Antitrust Analysis », *University of Pennsylvania Law Review*, avril 1979, n° 4, vol. 127, p. 925-948.

[20] V. L'ensemble de la pensée de ces auteurs et leurs différents articles sur le sujet pendant les années 1970 est contenu dans W. J. BAUMOL, J. C. PANZAR, R. D. WILLIG, *Contestable markets and the theory of industry structure*, (avec les contributions de E. E. Bailey, D. Fischer, H. C. Quirmbach), New York, London, Harcourt Brace Jovanovich, 1982. La réflexion sur ce sujet a aussi été initiée par Demsetz (H. DEMSETZ, « Why Regulate Utilities », *Journal of Law & Economics*, avril 1968, vol. 11, p. 55-65).

[21] Elle exprime et développe les conséquences politiques de la théorie de la contestabilité à la fois dans un article (« Contestability and the Design of Regulatory and Antitrust Policy », *The American Economic Review*, n° 2, vol. 71, *Papers and Proceedings of the Ninety-Third Annual Meeting of the American Economic Association* (mai, 1981), p. 178-183) et dans l'ouvrage de Baumol, Panzar et Willig, *Contestable markets and the theory of industry structure* (préc.)

[22] V. R. D. WILLIG, entrée « contestable markets » in *The New Palgrave Dictionary of Economics*, 2de éd., 2008, édité par S. N. Durlauf et L. E. Blume.

dans ce cadre, vers l'augmentation de la contestabilité des marchés ce qui a deux conséquences.

D'une part, il faut supprimer ou diminuer les règles juridiques qui réduisent la contestabilité du marché en érigeant des barrières à l'entrée sur ce marché. La politique d'autorisation préalable doit donc être repensée. La contestabilité a aussi une conséquence sur la police des prix puisque pour que le marché soit contesté, il est nécessaire que les nouveaux arrivants puissent pratiquer des prix plus faibles.

D'autre part, les politiques publiques doivent désormais tendre à augmenter la contestabilité. La barrière à l'entrée sur le marché la plus dirimante réside dans les coûts de sortie de celui-ci. Si ces coûts sont des coûts irrécupérables, c'est-à-dire si ce sont des coûts que le nouveau compétiteur devra supporter pour entrer sur le marché sans pouvoir les récupérer s'il échoue devant l'opérateur historique, cela peut constituer un obstacle définitif à la contestabilité du marché. Dans ce cas, qui nous intéresse particulièrement puisque dans l'ensemble des industries en réseau, il y a des coûts irrécupérables importants, la politique doit être orientée spécifiquement vers l'abolition ou l'aménagement de ceux-ci.

Elizabeth E. Bailey explique ainsi que les moyens pour diminuer les barrières à l'entrée, liées à l'acquisition d'infrastructures coûteuses, doivent être orientés vers la mise en place de mécanismes qui rendent bénins l'exercice du pouvoir associé à ces infrastructures[23]. Elle propose donc soit la nationalisation de ces infrastructures sur le modèle des autoroutes et des routes qui sont la propriété de la collectivité, soit la mise en place d'un consortium qui deviendrait propriétaire de ces infrastructures. Les règles doivent favoriser l'accès de manière non discriminatoire et permettre le transfert ou la location ou l'utilisation commune de la manière la plus aisée[24].

B. Le rôle des autorités de concurrence dans l'ouverture du secteur des télécommunications

Aux États-Unis, l'essor de la concurrence eut lieu en plusieurs moments et correspond à une réduction progressive du monopole de l'opérateur historique[25]. D'abord, des compagnies concurrentes voulurent entrer sur le

[23] V. E. E. Bailey, « Contestability and the Design of Regulatory and Antitrust Policy », préc., p. 179.
[24] V. E. E. Bailey, « Contestability and the Design of Regulatory and Antitrust Policy », préc., p. 179.
[25] Comme le montre bien J. Tunstall, le monopole de l'opérateur dominant aux États-Unis, mais aussi en Europe est en fait un quadruple monopole : en amont sur la recherche, sur les équipements (les câbles et les appareils), la technologie et enfin les services téléphoniques eux-mêmes. Il dénombre seize activités dans lesquelles AT&T possède un monopole. V. J. Tunstall, *Communications deregulation : the unleashing of America's communications*

marché des équipements téléphoniques et proposer des appareils concurrents de ceux d'AT&T. Après un refus de la *Federal Communications Commission* (FCC), au motif que l'entreprise était propriétaire de son réseau et pouvait décider de ne pas autoriser ces appareils à se connecter à son réseau ; les tribunaux en décidèrent autrement et soutinrent les nouveaux entrants[26]. Ensuite, la concurrence se développa sous la forme d'un service de communications longues distances réservées aux entreprises : en 1969, la *Federal Communications Commission* autorisa un concurrent à déployer un service de télécommunications entre plusieurs villes à l'usage exclusif des entreprises. Mais le nouvel entrant, MCI, voulut aller plus loin et proposa à la FCC un service qui permettait à ses clients de joindre n'importe qui dans les villes desservies par cette société. Ce nouveau service, appelé Execunet, fut refusé par deux fois par la FCC. Les tribunaux rejetèrent l'interprétation de la FCC et déclarèrent que l'autorisation d'établir un réseau ne pouvait comporter une restriction sur le type de client que l'opérateur était en droit de desservir[27]. Mais, malgré le développement de la concurrence, l'opérateur historique refusa d'interconnecter son réseau, soutenu par la Commission jusqu'à une seconde censure dans la décision Execunet II[28].

Ce sont donc largement la FCC et surtout les tribunaux qui, aux États-Unis, ont établi l'obligation d'interconnexion[29], permettant par conséquent à la concurrence de se développer. Il s'agissait de permettre à un concurrent sur le marché des communications longues distances d'interconnecter son réseau au réseau de l'opérateur local afin de pouvoir faire acheminer ses communications vers les usagers d'autres réseaux.

---

industry, Oxford, Blackwell, 1986, p. 96-99.

[26] V. *Hush-A-Phone c. United States*, 238 F.2d 266 (D.C. Cir. 1956). La Commission réexamina sa décision et décida ainsi que les équipements téléphoniques pourraient se connecter au réseau de l'opérateur historique à la condition de ne pas l'endommager. La FCC réaffirma ce principe en 1968 dans sa décision, Carterfone (13 F.C.C.2d 420, recons. Denied, 14 F.C.C.2d 571 (1968). La FCC élargit encore la possibilité de connecter des équipements au réseau de AT&T dans les années 1970. V. J. TUNSTALL, *Communications deregulation : the unleashing of America's communications industry*, préc., p. 96-97 ; P. W. HUBER, M. K. KELLOGG, J. THORNE, *Federal telecommunications law*, préc. § 5.2.1.1.

[27] V. Execunet I. V. *Federal Telecommunications Law*, préc., § 9.3.5, p. 750-751.

[28] V. Execunet II, 580 F.2d.

[29] V. par ex. J. D. KEARNEY, T. W. MERRILL, « The great transformation of regulated industries law », *Columbia Law Review*, octobre 1998, n° 6, vol. 98, p. 1323-1409, spéc. p. 1337 suiv. Ces auteurs avancent que la réforme des industries en réseau est le résultat de l'action de forces sociales et économiques profondes telles que les changements technologiques. La réforme n'a pu être obtenue, pour ces deux auteurs, que parce que les groupes d'intérêt principaux ont découvert que celle-ci pouvait jouer en leur faveur et parce que la communauté des économistes et celle de l'élite politique est parvenue à un accord sur la caractère désirable du changement.

La concurrence ne put ensuite se développer qu'au prix de multiples actions en justice contre l'opérateur historique alléguant que son refus d'interconnexion constituait une pratique anticoncurrentielle[30]. Ce n'est finalement que l'action engagée par le ministère de la Justice qui aboutit au démembrement de l'opérateur historique qui permit de résoudre le problème. L'obligation d'interconnexion générale entre les opérateurs de télécommunications de service à longue distance et les opérateurs locaux sera contenue dans l'ordonnance du juge prenant acte de l'accord entre le ministère et l'opérateur historique[31].

Néanmoins, les opérateurs locaux gardèrent un monopole sur leur réseau local. C'est encore, à l'époque, la théorie du monopole naturel qui permet de justifier ceci[32]. Par contre, dans le domaine énergétique, c'est la loi et non l'Administration[33] qui est intervenue pour mettre fin au monopole dans le domaine de la production, et pour imposer aux compagnies des obligations d'interconnexion[34].

Le droit de la concurrence a donc eu une importance décisive dans la transformation des secteurs régulés. Les autorités de concurrence continuent à jouer un rôle essentiel dans les secteurs régulés et donnent régulièrement leur avis, comme l'atteste un auteur :

> « Since 1995, the FTC or its staff has submitted 22 competition advocacy comments to FERC on electricity issues, including unbundling of vertically integrated utility services; assessing and mitigating horizontal market power in generation; reforming transmission pricing; improving FERC merger review; promoting effective independent system operators; market power screens for

---

[30] V. *MCI Communications Corp. c. AT&T*, 708 F.2d 1081. Toutes les actions ne furent pas entièrement au détriment de AT&T (v. par ex. *Southern Pacific Communications Co. c. AT&T*, 740 F2d. 980).

[31] V. Decree Opinion, 552 F. Supp. Cette ordonnance est désignée sous le terme « Modification of Final Judgment » (M.F.J.) d'août 1982 par lequel le juge Greene approuva l'accord entre les deux parties.

[32] V. G. W. BROCK, « Interconnection Policy and Technological Progress », 58 Fed. Comm. L.J. 447 (2006), spéc. p. 447.

[33] Au Canada aussi c'est l'autorité sectorielle (le Conseil de la radiodiffusion et des télécommunications canadiennes) qui a été à l'initiative du développement des obligations d'interconnexion imposées à l'opérateur historique (v. H. Janisch, Y. KURISAKI, « Reform of telecommunications regulation in Japan and Canada », *Telecommunications policy*, mars 1985, p. 31-40, spéc. p. 34.

[34] V. Public Utility Regulatory Policies Act (ou PURPA), 1978, 16 U.S.C. Sections 2601-2645. Cette loi fut défendue par le président Carter, ce qui montre encore que la déréglementation n'est pas d'abord l'œuvre du Président Reagan. V. R. F. HIRSH, *Power Loss : The Origins of Deregulation and Restructuring in the American Electric Utility System*, Cambridge Massachussetts, MIT Press, 1999, spéc. p. 71 suiv. et surtout p. 119 suiv.

authority to charge market-based wholesale rates; and standard market design for wholesale electricity markets. In addition, another 22 staff comments were submitted to state level public service/utility commissions on electricity issues on matters such as retail competition, regulatory treatment of electric utilities with unregulated affiliates; stranded cost recovery; and introducing demand-responsive pricing [...]. Other recent examples of advocacy relate to telecommunications, pharmaceuticals, and commodity futures exchanges.

The DOJ and FTC often advise industry-specific regulators on matters that impact competition. This advice may be voluntary or, in some circumstances, required by statute. For example, the U.S. antitrust agencies, like any private person, may sua sponte file comments offering their competition expertise in regulatory proceedings before independent agencies. In contrast, some statutes require the regulator to seek advice from the competition agencies in particular types of proceedings. One example of such a statute is the Telecommunications Act of 1996, which seeks to open all telecommunications markets in the United States, including local services, to competition. Section 271 of the 1996 Act conditions Regional Bell Operating Company ("RBOC") entry into the long-distance market on a showing that the RBOC's local market is open to competition. In making this determination, the 1996 Act requires the FCC to consult with the DOJ and accord "substantial weight" to the DOJ's analysis; the FCC is not bound, however, to follow the DOJ's advice[35] ».

Il faut étudier à présent comment ces relations s'organisent.

II. – L'organisation des relations entre autorités de concurrence et de régulation aux États-Unis

Nous étudierons ce point sous deux angles : les relations sont largement organisées en dehors d'obligations législatives, si bien que ce sont les principes généraux du droit administratif américain qui s'appliqueront. L'interrégulation prendra alors la forme de la participation des autorités de concurrence à l'élaboration des règlements en matière de régulation (A). Si l'on tente une typologie des modes de relations entre les deux droits, il apparaît que ces relations peuvent prendre trois formes (B).

[35] *Latin American Competition Forum, Fourth Annual Meeting, Creating Constructive Relationships Between Competition Policy and Sectoral Regulators, Submission of the United States*. Disponible à cette adresse : http://www.oecd.org/daf/competition/prosecutionandlawen-forcement/38835983.pdf.

A. L'interrégulation comme participation à l'élaboration des règlements

Un élément essentiel doit en effet être pris en compte dans l'organisation des relations entre les autorités de concurrence et de régulation aux États-Unis, relatif aux spécificités du droit administratif américain. Le principe de participation à l'élaboration des décisions à caractère réglementaire (*rule-making*) conduit les autorités de régulation à organiser des auditions pour entendre l'ensemble des points de vue relatif à un projet de décision. Les autorités de concurrence ne manquent jamais de participer à ces procédures et de donner leur avis sur les projets de règlement qui pourraient avoir une incidence sur la concurrence. C'est une pratique courante.

Les agences indépendantes américaines, au niveau fédéral, sont toutes soumises aux procédures détaillées de l'APA. À ce titre, elles ne manifestent aucune spécificité particulière.

L'APA dispose que l'élaboration des normes réglementaires, c'est-à-dire des normes à portée générale, doit permettre la participation des personnes intéressées : « L'agence doit permettre aux personnes intéressées de participer à l'élaboration des règlements. Elles peuvent communiquer à l'agence des données écrites, des opinions, des arguments[36] ». Cette disposition garantit à la fois un droit à la participation et définit de manière assez large les informations que les personnes intéressées peuvent fournir.

Le recours à la participation n'est pas une formalité. L'agence doit pouvoir prouver, dans un contentieux ultérieur que la participation s'inscrit dans un processus rationnel d'élaboration de la future décision. Les tribunaux ont ainsi jugé que les agences doivent, le cas échéant, prouver qu'elles ont mis en œuvre, de manière authentique, un « processus de décision rationnel » (*reasoned decision-making*)[37]. La participation à l'élaboration des règlements est devenue un élément fondamental du droit administratif américain : « *Most important of all, high-handed agency rulemaking is more than just offensive to our basic notions of democratic government; a failure to seek at least the acquiescence of the governed eliminates a vital ingredient for effective administrative action [...]. Charting changes in policy direction with the aid of those who will be affected by the shift in course helps dispel suspicions of agency predisposition, unfairness, arrogance, improper influence and ulterior motivation*[38] ».

La procédure de participation, ou notice-and-comment, est le droit commun de la procédure administrative américaine pour l'élaboration de normes de

[36] Administrative Procedure Act, 5 U.S.C. § 553 (c).
[37] Greater Boston Television Corp. v FCC, 444 F 2d 841, 851 (D.C.Cir1970).
[38] Chamber of Commerce v. OSHA 11. 636 F.2d 464, 470 (D.C. Cir. 1980).

portée générale. Un développement intéressant a été prôné par le Congrès avec le *Negotiated Rulemaking Act* de 1990[39]. Cette loi permet aux agences d'utiliser une procédure de négociation préalable au notice-and-comment afin de déterminer le contenu d'une future norme.

Les autorités de concurrence doivent donc utiliser cette procédure si elles souhaitent participer au processus d'élaboration des politiques mises en place dans les secteurs régulés.

Ce point a été peu documenté par la doctrine. Donald I. Baker a étudié ce point dans un article ancien[40] où il montre que le DoJ a commencé à intervenir de plus en plus souvent devant la FCC à la fin des années 60 pour pousser cette autorité à prendre davantage en compte la concurrence.

Quelles formes l'interrégulation prend-elle ?

B. Les formes de l'interrégulation

Le droit américain aménage les relations entre autorités de concurrence et de régulation de plusieurs manières[41]. Il faut d'abord se demander si le droit de la concurrence peut s'appliquer dans le secteur régulé en question. Cette question en loin d'être claire en jurisprudence (1). Ensuite, il faut analyser comment les autorités de régulation sectorielle intègrent les préoccupations de concurrence dans leur action. Elles doivent en effet agir dans l'intérêt public. Or le droit de la concurrence est un objectif d'intérêt public à prendre en compte et doit peser dans l'élaboration des politiques sectorielles. Quelle place faut-il dès lors lui accorder, dans le domaine du contrôle des concentrations (2) et en dehors (3) ?

1. Droit de la concurrence et droit de la régulation dans la jurisprudence

Le législateur a pu exempter certaines conduites au regard du droit de la concurrence. Ces comportements ne seront donc pas justiciables des agences en charge de sanctionner les pratiques anticoncurrentielles, le DoJ et la FTC.

---

[39] 5 U.S.C.A. § 561 et suiv..

[40] Donald I. BAKER, *The Antitrust Division, Department of Justice – The Role of Competition in Regulated Industries*, 11 B.C.L. Rev. 571 (1970), http://lawdigitalcommons.bc.edu/bclr/vol11/iss4/3.

[41] Les développements qui suivent sont la transcription de la source suivante : Antitrust Enforcement in Regulated Sectors : Interrelations Between Antitrust and Regulatory Authorities, United States, in International Competition Network Antitrust Enforcement in Regulated Sectors Working Group, Subgroup 3 : interrelations between antitrust and regulatory authorities, Report to the Third ICN Annual Conference, Seoul, avril 2004. Disponible à cette adresse : http://www.internationalcompetitionnetwork.org/uploads/library/doc380.pdf (Visité pour la dernière fois le 5 aout 2013).

Le secteur de l'assurance en fournit un exemple[42]. Dans ce cas, l'exemption législative exprès empêche toute action contre les sociétés d'assurance. Il s'agit d'un cas d'exemption explicite. L'exemption peut aussi être implicite, dans le cas où les juges considèrent que l'encadrement juridique du secteur régulé empêche l'application concurrente du droit de la concurrence. On trouve un exemple de ce raisonnement dans l'arrêt *United States v National Association of Securities Dealers*[43]. Dans cette affaire le gouvernement avait introduit une action contre la *National Association of Securities Dealers* (NASD), certains fonds communs de placement, les souscripteurs de fonds mutuels et des courtiers, les accusant d'avoir violé l'article 1 du *Sherman Act*, en réalisant une entente destinée à restreindre la vente et de fixer les prix de revente de certains instruments financiers.

La Cour suprême rappelle d'abord qu'en principe, en l'absence de disposition exprès contraire dans la loi, le juge ne doit pas refusé d'appliquer le droit de la concurrence en dégageant l'existence d'une exemption implicite : « Exempter un secteur de l'application du droit de la concurrence n'est pas une solution qui a la faveur de la Cour, elle ne peut être justifiée qu'après la démonstration convaincante d'une incompatibilité claire entre les lois antitrust et le système de régulation mis en place[44] ». Cependant, dans cette affaire, le contrôle étroit de la SEC sur les activités des acteurs en question permet de conclure à l'existence d'une exemption implicite. Quel est le raisonnement de la Cour ? Elle argumente ainsi sa solution :

> « Le contrôle de la SEC sur le NASD est étendu. Non seulement la loi Maloney impose à la SEC de déterminer si une association satisfait aux conditions légales posées dans la loi et par conséquent peut être autorisée à surveiller les activités commerciales de ses membres, mais en outre elle exige que l'association agréée soumette pour approbation à la SEC toute proposition de modification de ses règles. La loi Maloney autorise de surcroît la SEC à demander

[42] « *No Act of Congress shall be construed to invalidate, impair, or supersede any law enacted by any State for the purpose of regulating the business of insurance, or which imposes a fee or tax upon such business, unless such Act specifically relates to the business of insurance: Provided, That after June 30, 1948, the Act of July 2, 1890, as amended, known as the Sherman Act, and the Act of October 15, 1914, as amended, known as the Clayton Act, and the Act of September 26, 1914, known as the Federal Trade Commission Act, as amended [15 U.S.C. 41 et seq.], shall be applicable to the business of insurance to the extent that such business is not regulated by State Law.* » (McCarran-Ferguson Act, 15 U.S.C. '1012(b)).

[43] 422 U.S. 694 (95 S.Ct. 2427., 45 L.Ed.2d 486).

[44] *United States c. National Association of Securities Dealers*, 422 U.S. 694, 719-720, 95 S.Ct. 2427, 2442-2443, 45 L.Ed.2d 486 (1975) ; *Gordon c. New York Stock Exchange*, 422 U.S. 659, 682, 95 S.Ct. 2598, 2611, 45 L.Ed.2d 463 (1975) ; *United States c. Philadelphia National Bank*, 374 U.S. 321, 350-351, 83 S.Ct. 1715, 1734, 10 L.Ed.2d 915 (1963).

des changements ou des ajouts aux règles qui lui sont soumises. Dans l'exercice de son autorité sur les règles et les pratiques de l'association, la SEC est en charge de la protection de l'intérêt public ainsi que des intérêts des actionnaires et elle a répété à de nombreuses reprises qu'elle prend en compte les impératifs de la concurrence dans l'exercice de son contrôle. Comme cette Cour l'a reconnu auparavant, le fait de conférer à la SEC un tel pouvoir de surveillance suggère que le Congrès avait l'intention d'exempter les activités de l'association agréée de l'application du *Sherman Act*[45]. »

Les cas dans lesquels la Cour suprême dégage une exemption implicite sont l'exception. Dans de nombreux arrêts, la Cour a appliqué le droit de la concurrence à des secteurs régulés[46] et refusé de dégager une exemption. Dans l'arrêt *Philadelphia National Bank*, la Cour suprême affirme ainsi que : « Il est de jurisprudence constante qu'une exemption dans l'application du droit de la concurrence n'est pas dégagée implicitement à la légère[47] ». Le juge ajoute : « Cette méthode d'interprétation, qui reflète le rôle indispensable de la politique de la concurrence dans le maintien d'une économie libre, nous lie ici. En l'absence d'une indication dans l'histoire législative de l'amendement de 1950 au § 7 de la volonté du Congrès d'accorder une dispense spéciale à l'industrie bancaire », cette exemption implicite ne peut-être reconnue[48].

Ces arrêts montrent que les juges tiennent compte de la lettre de la loi ainsi que de l'histoire législative du texte ou, enfin, de l'ensemble des cadres réglementaires pour dégager une intention du Congrès, explicite ou implicite, d'exempter certains secteurs de la rigueur du droit de la concurrence.

De même, dans l'arrêt de principe *Otter Tail Power Co. c. United States*, dans lequel il s'agissait d'un refus d'interconnexion et de fourniture d'électricité, la Cour suprême rejette l'argument selon lequel le rôle de l'autorité de régulation rendrait superflue le recours au droit de la concurrence. L'argument est balayé : « Le tribunal de District a jugé que le refus persistant

---

[45] *US c. National Association of Securities Dealers*, 422 U.S. 694.

[46] V. les développements dans : Antitrust Enforcement in Regulated Sectors Accommodating Regulatory Approaches in An Antitrust Universe: The U.S. Experience In Harmonizing Antitrust With Laws That Restrain Competition, p. . Disponible ici : http://www.internationalcompetitionnetwork.org/uploads/library/doc378.pdf (visité pour la dernière fois le 6 aout 2013).

[47] *People of State of California c. Federal Power Comm'n*, 369 U.S. 482, 485, 82 S.Ct. 901, 903—904, 8 L.Ed.2d 54. Cf. United States c. Borden Co., 308 U.S. 188, 198 199, 60 S.Ct. 182, 188—189, 84 L.Ed. 181 ; *United States c. Southern Pac. Co.*, 259 U.S. 214, 239—240, 42 S.Ct. 496, 501—502, 66 L.Ed. 907.

[48] *United States c. The Philadelphia National Bank et al.*, 374 U.S. 321 (83 S.Ct. 1715, 10 L.Ed.2d 915).

d'Otter Tail de vendre de l'électricité en gros [...] à ses clients municipaux constituait une pratique illégale de monopolisation. Otter Tail soutient ici que son refus de vente bénéficie d'une exemption au regard du droit des pratiques anticoncurrentielles parce que la Federal Power Commission a le pouvoir de forcer les interconnexions involontaires d'électricité en vertu du § 202(b) du *Federal Power Act.* Le but de cette disposition est cependant d'encourager les interconnexions d'électricité sur une base volontaire. C'est seulement si une entreprise refuse l'interconnexion que la *Federal Power Commission* peut ordonner l'interconnexion, dans des limites qui n'ont pas de lien avec le droit de la concurrence. Le standard qui doit guider sa décision est de savoir si son action est "nécessaire et approprié dans l'intérêt public". Même si des considérations tirées du droit de la concurrence peuvent être pertinentes dans la formation de son opinion, elles ne sont pas déterminantes. Rien dans l'histoire législative n'indique une volonté d'exempter les entreprises d'électricité de l'application du droit de la concurrence. Au contraire, l'histoire de la Partie II du Fédéral Power Act indique un objectif politique prépondérant visant à développer le degré de concurrence maximum compatible avec l'intérêt public. [...] Il est clair que le Congrès a rejeté un système de régulation envahissant pour contrôler le commerce de la distribution de l'électricité entre les États et favorisé un système basé sur l'établissement de relation commerciale sur une base volontaire. À partir du moment où ces relations sont gouvernées d'abord par un jugement commercial et non par des obligations réglementaires, les tribunaux doivent hésiter à conclure que le Congrès avait l'intention de neutraliser les politiques nationales fondamentales contenues dans le droit de la concurrence[49] ».

Il ressort du dernier paragraphe de cet arrêt que l'encadrement des relations commerciales par l'autorité de régulation, pour donner naissance à une exemption, doit être de nature à ôter à ces relations leur caractère volontaire. Le but du droit de la concurrence étant de contrôler les relations commerciales des entreprises privées et non les choix politiques des agences fédérales, le droit de la concurrence trouvera à s'appliquer lorsque le cadre réglementaire laisse encore suffisamment de place à la liberté commerciale pour que les juges puissent considérer qu'une véritable concurrence s'exerce. Dans le cas contraire, une exemption implicite pourra être inférée.

[49] *Otter Tail Power Company c. United States*, 410 U.S. 366 (93 S.Ct. 1022, 35 L.Ed.2d 359). V. aussi *United States c. Radio Corporation of America*, supra, at 351, 79 S.Ct. 457, 467.

2. Les relations entre autorités de concurrence et de régulation dans le cadre du contrôle des concentrations

Certains comportements peuvent être saisis par les autorités de concurrence ainsi que par les autorités de régulation. Dans ce cas, les autorités de concurrence et de régulation disposent d'une compétence concurrente. C'est souvent le cas en matière de contrôle de concentration. Les autorités de régulation ont en général des mandats plus larges, qui leur imposent de prendre en compte d'autres intérêts publics que le strict droit de la concurrence, si bien que les décisions des différents régulateurs peuvent être en contradiction et aboutir dans certains cas à des conflits où le DoJ a intenté une action devant les tribunaux pour faire annuler une concentration qui avait été approuvée par le régulateur bancaire[50].

En matière d'énergie, le cadre législatif a été fixé dans le Federal Power Act de 1920[51]. Dans son exposé des motifs, la loi indique que la nécessité de réglementer le secteur de l'électricité s'explique par le caractère d'intérêt public de cette activité. L'agence fédérale dans ce domaine, la FERC, fixe les tarifs de vente et de transmission en gros de l'électricité, tarifs qui doivent être justes et raisonnables[52].

Depuis les années 1990, le législateur fédéral est intervenu pour introduire davantage de concurrence dans le secteur. En 1992 par exemple, le *Energy Policy Ac*t donne à la FERC un pouvoir d'injonction pour ouvrir le réseau à la concurrence en conférant un droit d'accès aux nouveaux entrants. Le DoJ et la FTC ont fourni à la FERC de nombreux avis pour lui expliquer comment elle devait procéder pour atteindre ce résultat.

Les autorités de concurrence n'hésitent donc pas à communiquer des avis aux agences concernant les questions de concurrence dans le secteur.

De même, on observe une concurrence de compétence en matière de contrôle des concentrations dans le secteur énergétique. Mais les standards appliqués par chaque autorité ne sont pas les mêmes. Ainsi FERC examine une concentration dans le secteur énergétique en vérifiant qu'elle est bien dans l'intérêt public. Ce standard est absent du contrôle mis en œuvre par les autorités de concurrence, ce qui peut aboutir à des conclusions divergentes. Ceci ne signifie pas que l'autorité de régulation de l'énergie ne doit pas prendre en compte la concurrence, celle-ci fait partie des éléments qui constituent l'intérêt public, mais ce dernier ne se réduit pas aux préoccupations de concurrence. Les autorités de concurrence, elles, examinent les concentrations en appliquant la

---

[50] *United States c. National Bank and Trust of Norwich,* 1984 WL 21972 (N.D.N.Y. June 12, 1984).

[51] 16 U.S.C. '791a.

[52] 16 U.S.C. '824(d).

directive contenue dans la loi, laquelle prohibe les concentrations dont l'effet est de restreindre substantiellement la concurrence dans le marché pertinent (article 7 du *Clayton Act*[53]).

Les standards de contrôle des concentrations sont donc différents d'une agence à une autre, mais tendent, semble-t-il, à se rapprocher. En 1996, FERC a décidé de franchir un pas supplémentaire dans l'ouverture du secteur à la concurrence et adopta le *Open Access Rule*. Ce règlement exige que chaque entreprise de service public qui possède, exploite ou détient des installations utilisées pour le transport d'électricité dans le cadre d'un commerce interÉtats de déposer un tarif d'accès ouvert au réseau de transport.

FERC a ensuite tiré les conséquences de cette nouvelle politique en matière de contrôle des concentrations, considérant désormais que les effets anticoncurrentiels d'une concentration feront partie des trois éléments essentiels de son contrôle au titre du critère de l'intérêt public prévu par la loi. Les effets des concentrations sur la concurrence dans le secteur de l'énergie sont donc analysés par la FERC comme le ferait le DoJ ou la FTC. Cependant, FERC a bien indiqué qu'elle n'est pas tenue par l'analyse concurrentielle et qu'elle peut prendre en compte d'autres éléments qui pourrait aboutir à ce qu'une concentration qui aurait des effets anticoncurrentiels soit néanmoins dans l'intérêt public parce qu'elle pourrait emporter des bénéfices pour les consommateurs (comme la continuité du service dans le cas d'une entreprise en difficulté financière par exemple).

En matière de télécommunication aussi le mandat dévolu à la FCC par la loi est plus large et inclus des éléments de contrôle absent du contrôle mis en œuvre par les autorités de concurrence. Le *Communications Act* de 1934[54] impose aussi à la FCC de contrôler les concentrations dans ce secteur en fonction du critère de l'intérêt public. Ce critère doit être interprété dans le cadre des buts de la loi de 1934 qui incluent la préservation de la concurrence dans les différents marchés pertinents et assurer la représentation d'un pluralisme d'opinions. Le mandat de la FCC dans le domaine du contrôle des concentrations est donc plus large que celui des autorités de concurrence.

---

[53] « *It shall be unlawful for any person engaged in commerce, in the course of such commerce, either directly or indirectly, to discriminate in price between different purchasers of commodities of like grade and quality, where either or any of the purchases involved in such discrimination are in commerce, where such commodities are sold for use, consumption, or resale within the United States or any Territory thereof or the District of Columbia or any insular possession or other place under the jurisdiction of the United States, and where the effect of such discrimination may be substantially to lessen competition or tend to create a monopoly in any line of commerce, or to injure, destroy, or prevent competition with any person who either grants or knowingly receives the benefit of such discrimination, or with customers of either of them* ».

[54] 47 USC § 151.

3. Les relations entre autorités de concurrence et de régulation en dehors du contrôle des concentrations

Qu'en est-il à présent des relations entre autorités de concurrence et de régulation en dehors du contrôle des concentrations ? Les relations entre ces autorités peuvent prendre des formes plus ou moins institutionnalisées. Il existe ainsi un certain nombre de « *task forces* » qui réunissent les différentes agences et dont le but est de formuler des politiques cohérentes sur des sujets économiques.

De surcroît, comme nous l'avons signalé plus haut, le recours systématique à la procédure publique du *notice-and-comment* permet aux différentes agences concernées par un projet de participer et de donner son opinion sur un projet.

Enfin, certaines lois peuvent imposer aux autorités de régulation de recueillir l'avis de l'autorité de concurrence pour analyser certains projets. Ainsi, le *Telecommunications Act* de 1996, dont le but est l'ouverture du marché des télécommunications à la concurrence, impose à la FCC de consulter le DoJ et d'accorder un poids important à son opinion sur certaines décisions (mais n'est pas tenu de suivre son avis). Notamment, l'entrée sur le marché des télécommunications longue distance des opérateurs locaux est subordonnée à la condition que le marché local soit ouvert à la concurrence. L'entrée sur le marché longue distance est donc soumise à l'autorisation de la FCC qui doit consulter le DoJ sur le degré de concurrence du marché local en question. Le processus de décision est jalonné de rencontre entre les deux agences. La FCC a quatre-vingt-dix jours pour rendre sa décision et le DoJ s'est en général astreint à rendre son avis en 30 jours. Le détail des échanges entre la FCC et le DoJ n'est pas rendu public.

III. – Annexes : Les arrêts importants régissant la coordination des autorités de concurrence et de régulation aux États-Unis

A. Town of Concord v. Boston Edison Company (US Court of Appeals, First Circuit).

1. The chief question raised by this appeal is whether a pricing practice known as a price squeeze violates the antitrust laws when it takes place in a fully regulated industry.
2. To understand the nature of a price squeeze the reader must keep three basic facts in mind. First, a firm can engage in a price squeeze only if it operates at two levels of an industry, and only if its competitors at one level are also its customers. Alcoa, the defendant in a famous antitrust case, provides an example of such a firm.[1]
(...)
5. This case raises a narrow question about the price squeeze theory of antitrust liability: does Sherman Act Sec. 2 forbid a governmentally regulated firm with fully regulated prices--prices that are regulated at both industry levels--from asking regulators to approve prices that could create a price squeeze? Despite language in some cases suggesting that the answer is yes, our analysis of the likely effects of a price squeeze in a fully regulated industry leads us to conclude that the answer is no. Effective price regulation at both the first and second industry levels makes it unlikely that requesting such rates will ordinarily create a serious risk of significant anticompetitive harm. At the same time, regulatory circumstances create a significant risk that a court's efforts to stop such price requests will bring about the very harms--diminished efficiency, higher prices--that the antitrust laws seek to prevent. We conclude, therefore, that price regulation will, in most cases, prevent a price squeeze from constituting an «exclusionary practice» of the sort that Sherman Act Sec. 2 forbids.
7. For these reasons, we reverse a judgment in favor of the plaintiffs.
Background
9. The private firms that supply American homes and businesses with

[1] V. United States v. Aluminum Co., 148 F.2d 416 (2d Cir.1945) (Alcoa). For several decades, Alcoa controlled the domestic production of almost all of America's aluminum ingot. It sold its ingot to independent fabricators, some of whom turned the ingot into aluminum sheet; it also fabricated sheet itself. Both Alcoa and the independents sold the finished sheet to the same group of consumers. Alcoa, therefore, operated at two levels of the aluminum business--ingot production and sheet production--and it competed with its customers (the independent sheet fabricators) at the second level.

electricity are called «investor-owned utilities.» Most of these firms are fully integrated, operating at all three levels of the electric power industry: (1) they produce (or generate) electricity, (2) they transmit electricity from generators to local distributors, and (3) they distribute electricity at the local level.[2] Despite being fully integrated, these firms typically do not distribute only electricity that they themselves have generated. Rather, in many parts of the country, groups of firms have formed power «pools» through which they coordinate the generation, transmission, and distribution of electricity throughout a large geographical area. These pooling arrangements aim to enhance reliable and efficient electric service by matching customer demands (which change minute by minute) with available low-cost supply sources. As a result of power pooling, an integrated utility will often wind up distributing electricity generated by a different, interconnected company. Even in the absence of explicit pooling arrangements, the many physical interconnections among American utilities, combined with the tendency of electricity to flow instantaneously along interconnected lines to wherever it is demanded, make it likely that electricity distributed by one utility will be supplied by another. One legal consequence of these interconnections and pooling arrangements is that most electricity flows «interstate,» permitting federal, as well as state, regulation of electricity.

10. Investor-owned utilities of the type we have described supply approximately 75% of the nation's electricity. The remainder is supplied by government- and consumer-owned systems. Unlike their investor-owned counterparts, these systems tend not to be integrated. The federal government, for example, generates about 10% of the nation's electricity (at systems such as the Tennessee Valley Authority), but sells most of it to independent distributors. Approximately 2,000 municipalities and cooperatives own small-scale distribution companies, but only a handful generate their own electricity; most purchase the electricity they distribute from investor-owned utilities or from the federal government. In contrast to investor-owned systems, municipal systems typically enjoy generous tax and financing subsidies and substantial freedom from regulation.[3]

11. The record before us reveals facts typical of the national pattern. The

[2] See generally Joskow, Mixing Regulatory and Antitrust Policies in the Electric Power Industry: The Price Squeeze and Retail Market Competition, in Antitrust and Regulation 175-78 (F.M. Fisher ed. 1985) [hereinafter Joskow]; Meeks, Concentration in the Electric Power Industry: The Impact of Antitrust Policy, 72 Colum.L.Rev. 64, 67-69 (1972) [hereinafter Meeks].

[3] See generally Joskow at 175-78; Joskow and Schmalensee, Markets for Power: An Analysis of Electric Utility Deregulation 17-20 (1983); Lopatka, The Electric Utility Price Squeeze as an Antitrust Cause of Action, 31 UCLA L.Rev. 563, 568 & n. 29 (1984) [hereinafter Lopatka]; Meeks, 72 Colum.L.J. at 67-69.

defendant, Boston Edison, is a fully integrated investor-owned utility. It belongs to the New England Power Pool («NEPOOL»). It transmits electricity (either self-generated or, e.g., secured from other NEPOOL members) to 52 cities and towns in eastern Massachusetts. Each of these towns has only one distribution system serving all of the towns » inhabitants. In 39 of the towns, Edison owns the distribution system. In the remaining towns, either the town itself or another utility owns the distribution system. Concord and Wellesley, the plaintiffs, are two of the towns that own their own distribution systems. They take all of their electricity over Edison's transmission lines, and buy most of it directly from Boston Edison.

12. Edison's rates are completely regulated. The Federal Energy Regulatory Commission («FERC,» or the «Commission») regulates the rates that Edison charges when it sells electricity at «wholesale» (i.e., when it sells electricity to other firms, including municipal distributors, for resale to final customers). Before Edison can increase its rates, it must publish the new rates in the Federal Register and give notice of the proposed increase to each of its wholesale customers. If an interested party raises a legitimate question about the rate increase, FERC normally will suspend the new rates for up to five months, investigate them, and, if it has not completed its investigation by then, permit them to take effect subject to refund in the event it ultimately rejects them. Similarly, the Massachusetts Department of Public Utilities («DPU») regulates the «retail» rates that Boston Edison charges to consumers in the 39 cities and towns in which it distributes electricity. In contrast, as we mentioned earlier, no agency regulates the retail rates that municipal distributors, such as Concord and Wellesley, charge to their customers, for these distributorships are non-profit entities indirectly controlled (through the ballot) by the very customers they serve.

13. Between 1984 and 1987, Edison filed a series of wholesale rate increases with FERC. Wellesley and Concord vigorously opposed those rate increases before the Commission. In each case, after briefly suspending the rates, the Commission allowed them to take effect subject to refund. The towns sought judicial review of FERC's decisions. Eventually, with one exception not relevant here,[4] this court upheld as lawful the relevant FERC determinations.[5]

14. Concord and Wellesley then attacked the same wholesale rate increases on another legal front. They brought this antitrust action in federal district court. They pointed out that these wholesale rate increases filed with FERC were not matched by corresponding retail rate increases. Thus, over a three-

[4] See Towns of Wellesley, Concord and Norwood v. FERC, 786 F.2d 463 (1st Cir.1986).

[5] See Towns of Concord and Wellesley v. FERC, 844 F.2d 891 (1st Cir.1988); Boston Edison Co. v. FERC, 885 F.2d 962 (1st Cir.1989).

year period, Edison's rates to Concord and Wellesley increased while its rates to its own retail customers in the 39 towns surrounding Concord and Wellesley stayed roughly the same. The effect of this disparity, said Concord and Wellesley, was to put the two towns in a price squeeze. If they did not raise their own retail rates to reflect the higher cost of buying electricity from Edison, they would make less money; but if they raised their retail rates while Edison's stayed the same, customers for whom they and Edison compete (say, a small manufacturer with high energy costs) might decide to forego Concord and Wellesley and settle in a town served by Edison. In light of the resulting potential harm to their electricity distributing businesses, Concord and Wellesley argued that the wholesale price increases, in the absence of corresponding retail price increases, amounted to unlawful monopolization.[6] A jury agreed, and the district court declined to overturn its verdict.[7] We disagree with the district court, and we reverse the judgment.

II. The Price Squeeze

15. The basic legal principles that govern this monopolization case are well settled. Even though Boston Edison is a regulated firm, it has no blanket immunity from the antitrust laws.[8] The antitrust law relevant in this case makes it unlawful for a firm to «monopolize ... any part of the trade or commerce among the several States.»[9] To prove a violation of this statute, a plaintiff must demonstrate (1) that the defendant possesses «monopoly power in the relevant market,» and (2) that the defendant has acquired or maintained that power by improper means.[10] Like many courts and commentators, we refer to improper methods of acquiring or maintaining monopoly power as «exclusionary conduct.» Borrowing from Professors Areeda and Turner, we have defined «exclusionary conduct» as « 'conduct, other than competition on the merits or restraints reasonably «necessary» to competition on the merits, that reasonably appears capable of making a significant contribution to creating or maintaining monopoly power.' »[11]

16. We shall assume for now that Edison has monopoly power in a relevant

[6] See Sherman Act Sec. 2, 15 U.S.C. Sec. 2(a).

[7] See Town of Concord v. Boston Edison Co., 721 F.Supp. 1456 (D.Mass.1989).

[8] See Otter Tail Power Co. v. United States, 410 U.S. 366, 372-75, 93 S.Ct. 1022, 1027-28, 35 L.Ed.2d 359 (1973); see also Cantor v. Detroit Edison, 428 U.S. 579, 596 n. 35, 96 S.Ct. 3110, 3120 n. 35, 49 L.Ed.2d 1141 (1976); Gulf States Utils. Co. v. FPC, 411 U.S. 747, 758-59, 93 S.Ct. 1870, 1877-78, 36 L.Ed.2d 635 (1973).

[9] Sherman Act Sec. 2, 15 U.S.C. Sec. 2(a).

[10] See United States v. Grinnell Corp., 384 U.S. 563, 570-71, 86 S.Ct. 1698, 1703-04, 16 L.Ed.2d 778 (1966); Barry Wright Corp. v. ITT Grinnell Corp., 724 F.2d 227, 230 (1st Cir.1983).

[11] Barry Wright, 724 F.2d at 230 (quoting 3 P. Areeda & D. Turner, Antitrust Law p 626, at 83 (1978) [hereinafter Areeda & Turner].

market and begin by examining whether Edison's pricing practices amount to exclusionary conduct. Traditional antitrust principles will guide our analysis. We shall compare the challenged practice's likely anticompetitive effects with its potentially legitimate business justifications.[12] In doing so, we shall bear in mind that a practice is not «anticompetitive» simply because it harms competitors. After all, almost all business activity, desirable and undesirable alike, seeks to advance a firm's fortunes at the expense of its competitors. Rather, a practice is «anticompetitive» only if it harms the competitive process.[13] It harms that process when it obstructs the achievement of competition's basic goals--lower prices, better products, and more efficient production methods.[14]

17. Finally, we shall take account of the institutional fact that antitrust rules are court-administered rules. They must be clear enough for lawyers to explain them to clients. They must be administratively workable and therefore cannot always take account of every complex economic circumstance or qualification.[15] They must be designed with the knowledge that firms ultimately act, not in precise conformity with the literal language of complex rules, but in reaction to what they see as the likely outcome of court proceedings.

18. These last-mentioned administrative considerations are particularly important when courts apply antitrust law to a regulated industry. That

---

[12] See Clamp-All Corp. v. Cast Iron Soil Pipe Inst., 851 F.2d 478, 486 (1st Cir.1988), cert. denied, 488 U.S. 1007, 109 S.Ct. 789, 102 L.Ed.2d 780 (1989); Interface Group, Inc. v. Massachusetts Port Auth., 816 F.2d 9, 10 (1st Cir.1987); Meeks, 72 Colum.L.J. at 80.

[13] See Brunswick Corp. v. Pueblo Bowl-O-Mat, Inc., 429 U.S. 477, 488-89, 97 S.Ct. 690, 697-98, 50 L.Ed.2d 701 (1977); Brown Shoe Co. v. United States, 370 U.S. 294, 320, 82 S.Ct. 1502, 1521, 8 L.Ed.2d 510 (1962); Clamp-All, 851 F.2d at 486.

[14] See, e.g., Grappone, Inc. v. Subaru of New England, Inc., 858 F.2d 792, 794 (1st Cir.1988); Rothery Storage & Van Co. v. Atlas Van Lines, Inc., 792 F.2d 210, 228-29 (D.C.Cir.1986), cert. denied, 479 U.S. 1033, 107 S.Ct. 880, 93 L.Ed.2d 834 (1987); Olympia Equip. Leasing Co. v. Western Union Telegraph Co., 797 F.2d 370, 379 (7th Cir.1986), on denial of r'hrg, 802 F.2d 217, cert. denied, 480 U.S. 934, 107 S.Ct. 1574, 94 L.Ed.2d 765 (1987); Assam Drug Co. v. Miller Brewing Co., 798 F.2d 311, 315 (8th Cir.1986); Westman Comm'n Co. v. Hobart Int'l, Inc., 796 F.2d 1216, 1220 (10th Cir.1986), cert. denied, 486 U.S. 1005, 108 S.Ct. 1728, 100 L.Ed.2d 192 (1988); see also Reiter v. Sonotone, 442 U.S. 330, 343, 99 S.Ct. 2326, 2333, 60 L.Ed.2d 931 (1979) ("Congress designed the Sherman Act as a 'consumer welfare prescription.' ") (quoting R. Bork, The Antitrust Paradox 66 (1978)); Apex Hosiery Co. v. Leader, 310 U.S. 469, 500-01, 60 S.Ct. 982, 996-97, 84 L.Ed. 1311 (1940) ("Restraints on competition" do not constitute antitrust violations unless they "have or [are] intended to have an effect upon prices in the market or otherwise ... deprive purchasers or consumers of the advantages which they derive from free competition").

[15] See Barry Wright, 724 F.2d at 234. (Indeed, the need for clarity and administrability sometimes leads to per se rules that prohibit inquiry into the actual harms and benefits of challenged conduct. See Northern Pac. R. Co. v. United States, 356 U.S. 1, 5, 78 S.Ct. 514, 518, 2 L.Ed.2d 545 (1958).)

is because «regulation» and «antitrust» typically aim at similar goals--i.e., low and economically efficient prices, innovation, and efficient production methods--but they seek to achieve these goals in very different ways. Economic regulators seek to achieve them directly by controlling prices through rules and regulations; antitrust seeks to achieve them indirectly by promoting and preserving a process that tends to bring them about. An antitrust rule that seeks to promote competition but nonetheless interferes with regulatory controls could undercut the very objectives the antitrust laws are designed to serve. Thus, where regulatory and antitrust regimes coexist,[16] antitrust analysis must sensitively «recognize and reflect the distinctive economic and legal setting» of the regulated industry to which it applies.[17]

19. For reasons we shall now set out, these principles lead us to conclude that a price squeeze of the sort at issue here does not ordinarily violate Sherman Act Sec. 2 where the defendant's prices are regulated at both the primary and secondary levels. In so holding, we are not saying either that the antitrust laws do not apply in this regulatory context, or that they somehow apply less stringently here than elsewhere. Rather, we are saying that, in light of regulatory rules, constraints, and practices, the price squeeze at issue here is not ordinarily exclusionary, and, for that reason, it does not violate the Sherman Act.[18] We reach this conclusion by (1) analyzing the ordinary price squeeze, (2) comparing it to the «regulatory» price squeeze, and (3) noting that regulation makes a critical difference in terms of antitrust harms, benefits, and administrative considerations.

A. Price Squeeze Liability in an Unregulated Industry

21. To explain our conclusion, we must first discuss the ordinary price squeeze case, the case of an unregulated monopolist whose prices (at, say, the wholesale and retail levels) leave inadequate room for an independent competitor (at, say, the retail level) to survive. Only if the reader understands the major antitrust harms, benefits, and administrative considerations in that ordinary case, and sees how they are rather evenly balanced, will he understand why

[16] See, e.g., Otter Tail, 410 U.S. at 372, 93 S.Ct. at 1027 (electric industry); United States v. Philadelphia Nat'l Bank, 374 U.S. 321, 352, 83 S.Ct. 1715, 1735, 10 L.Ed.2d 915 (1963) (bank mergers).

[17] Watson & Brunner, Monopolization by Regulated "Monopolies": The Search for Substantive Standards, 22 Antitrust Bull. 559, 565 (1977) [hereinafter Watson & Brunner]; see generally Meeks, supra.

[18] Cf. 1 Areeda & Turner p 223d, at 140 (noting that "antitrust courts can and do consider the particular circumstances of an industry and therefore adjust their usual rules to the existence, extent, and nature of regulation"), Watson & Brunner, 22 Antitrust Bull. at 560 (warning that "the dogmatic transposition of monopolization concepts from conventional market settings to regulated industries" may produce results inimical to the goals of antitrust).

price regulation tips that balance so significantly towards legality.[19]

22. The antitrust argument against the price squeeze typically begins by observing that a «one-level» monopolist engaged in a prolonged price squeeze may drive independent competitors out of business and thereby extend its monopoly power to a second industry level. This fact alone, however, does not mean that a price squeeze is anticompetitive. Merely eliminating competitors is not necessarily anticompetitive, for, as we explained earlier, even legitimate business activity that succeeds in helping a firm will likely disadvantage the firm's competitors. Moreover, the extension of monopoly power from one to two levels does not necessarily, nor in an obvious way, give a firm added power to raise prices. As several members of the Supreme Court have pointed out, a «widely accepted» (albeit «counterintuitive») economic argument supports the conclusion of many commentators that «there is but one maximum monopoly profit to be gained from the sale of an end-product».[20] What difference does it make, one might ask, whether the monopolist obtains this «maximum monopoly profit» by controlling two industry levels or just one?

23. At least two arguments have been made in answer to this question. The first is that a monopolist who extends his monopoly to a second industry level raises «entry barriers,» thereby fortifying his monopoly position. Assume, for example, that Alcoa has monopolized only ingot production and has raised its prices somewhat above the competitive level. Alcoa's monopoly position in ingot will no doubt deter some new firms from entering ingot production, but it might also attract some new firms hoping to obtain a share of Alcoa's supercompetitive profits. Now assume Alcoa extends its monopoly to sheet production as well, the industry level, say, that consumes most of Alcoa's ingot. New firms might now be more reluctant to enter ingot production, fearing that Alcoa, in its capacity as «sheet fabricator-monopolist,» would refuse to buy ingot from the new ingot producer, or that it would drop its own ingot prices and take the industry's entire «single monopoly profit» from the sale of sheet. The new firm might conclude that the only prudent way to challenge Alcoa would be to enter the industry at both levels at once. Insofar as it is more difficult for a firm to enter an industry at two levels than at one, the monopolist, by expanding its monopoly power, has made entry by

[19] See 3 Areeda & Turner p 729c, at 235-38 (arguing that Alcoa overstated the harms, understated the benefits, and disregarded significant administrative burdens associated with the ordinary price squeeze).

[20] 3 Areeda & Turner p 725b at 199. See Jefferson Parish Hosp. Dist. No. 2 v. Hyde, 466 U.S. 2, 36, 104 S.Ct. 1551, 1570, 80 L.Ed.2d 2 (O'Connor, J., concurring in the judgment); see also R. Bork, The Antitrust Paradox 229 (1978) ("[V]ertically related monopolies can take only one monopoly profit") [hereinafter R. Bork]; R. Posner & F. Easterbrook, Antitrust 870 (2d ed. 1989) ("There is only one monopoly profit to be made in a chain of production.").

new firms more difficult. And insofar as the monopolist previously set prices cautiously to avoid attracting a competitive challenge, the added security of a two-level monopoly could even lead that monopolist to raise its prices.[21]
24. The second argument against permitting extension of monopoly power concerns «non-price» competition. The existence of competitors at a second «level,» irrespective of their effects upon price, provides an added incentive for the monopolist to develop better products and better, more efficient ways to produce the product.[22] Indeed, a «second-level» independent firm that develops better products or more efficient production methods may thereby obtain the strength needed to challenge the monopolist at the «primary level.»
25. We recognize that there are other arguments one might make about the possible anticompetitive effects of a price squeeze;[23] and we realize, as well, that scholars dispute the practical significance of the two arguments just made.[24] Nonetheless, we believe that other arguments (such as those related to economic price discrimination) tend to be inconclusive in respect to anticompetitive effects.[25] We therefore believe that the two arguments just given are the most important of those that favor prohibiting a price squeeze; and we are willing to assume they would justify such a prohibition were there nothing to be said in favor of permitting prices that could create such a squeeze.
26. There are, however, at least two traditional circumstances in which prices that create a squeeze might simultaneously bring about economic benefits. First, the primary-level monopolist might carry out its second-level activities more efficiently than its independent competitors. If so, prices that squeeze the less efficient second-level competitors, even to the point of forcing them from the business, could (by lowering costs) lower prices, or, in any event, save economic resources.[26]
27. Second, prices that squeeze a «second-level» firm will benefit consumers whenever the «second-level» firm is itself a monopolist.[27] If, for example,

[21] See 3 Areeda & Turner p 725h, at 204-08; see also id. p 1011, at 243-54; Shepherd, Potential Competition Versus Actual Competition, 42 Admin.L.Rev. 5-34 (1990).
[22] See 2 Areeda & Turner pp 402b2-402b3, at 269-70; id. p 403c, at 272 & n. 3; 3 Areeda & Turner p 725g, at 204.
[23] See generally 3 Turner & Areeda pp 725e-725f, at 201-04 (reviewing other arguments).
[24] Compare 3 Areeda & Turner pp 725g-725h, at 204-08 with R. Bork at 240-43.
[25] See 3 Areeda & Turner pp 725e-725f, at 201-04; R. Bork at 241-42.
[26] See 3 Areeda & Turner p 725d, at 201 ("Whenever vertical integration produces new efficiencies, some of the cost savings ... [will] be translated into a price reduction and ... [will] save productive resources."); R. Bork at 243.
[27] See Fishman v. Estate of Wirtz, 807 F.2d 520, 563 (Easterbrook, J., dissenting) ("That successive monopolies injure consumers is a proposition on which there is unanimous agreement") (collecting authority).

ingot costs $40, the fabricating process costs $35, and the profit-maximizing price for sheet is $100, an ingot monopolist will charge $65 for the ingot, hoping that competition at the fabricating level will keep the total price at $100. If a different, independent monopolist dominates the fabricating level, however, that independent monopolist buying ingot at $65 will mark up the price by more than $35, because he wants to earn monopoly profits as well. The result will be a market price of more than $100, resulting in smaller monopoly profits overall (for the final price is too high), but greater profits for the second monopolist than if he sold sheet for only $100. Under these circumstances, entry by the ingot monopolist into the sheet-fabrication level--even by means of a price squeeze--will help the consumer by limiting the final price of sheet to $100.[28]

28. Again, the price squeeze may have additional benefits,[29] and one can debate the empirical significance of those we have mentioned. But we believe that the two examples we have given show that prices that create a squeeze can, at least sometimes, have important beneficial effects.

29. Finally, we note that it is not easy for courts to administer Judge Hand's price squeeze test. That test makes it unlawful for a monopolist to charge more than a «fair price» for the primary product while simultaneously charging so little for the secondary product that its second-level competitors cannot make a «living profit.»[30] But how is a judge or jury to determine a «fair price?» Is it the price charged by other suppliers of the primary product? None exist. Is it the price that competition «would have set» were the primary level not monopolized? How can the court determine this price without examining costs and demands, indeed without acting like a rate-setting regulatory agency, the rate-setting proceedings of which often last for several years? Further, how is the court to decide the proper size of the price «gap?» Must it be large enough for all independent competing firms to make a «living profit,» no matter how inefficient they may be? If not, how does one identify the «inefficient» firms? And how should the court respond when costs or demands change over time, as they inevitably will?

30. We do not say that these questions are unanswerable, but we have said enough to show why antitrust courts normally avoid direct price administration,

[28] Cf. Atlantic Richfield Co. v. USA Petroleum Co., --- U.S. ----, 110 S.Ct. 1884, 1891, 109 L.Ed.2d 333 (1990) ("When a firm, or even a group of firms adhering to a vertical agreement, lowers prices but maintains them above predatory levels, the business lost by rivals cannot be viewed as an 'anticompetitive' consequence of the claimed violation." (footnote omitted)); see generally 3 Areeda & Turner p 725c, at 200-01.

[29] See generally 3 Turner & Areeda pp 725e-725f, at 201-04.

[30] See Alcoa, 148 F.2d at 437-38.

relying on rules and remedies (such as structural remedies, e.g., prohibiting certain vertical mergers) that are easier to administer.[31]

31. To reach Alcoa's conclusion that the price squeeze is exclusionary, one must believe that the anticompetitive risks associated with a price squeeze outweigh the possible benefits and the adverse administrative considerations. We do not question that conclusion here, but we qualify it by noting that the harms and benefits (including the more doubtful ones we have glossed over, see generally 3 Areeda & Turner pp 725e-725f, at 201-04), are closely balanced. In light of this close balance, we should not blindly and automatically apply Alcoa's price squeeze rules in the presence of significantly different economic circumstances such as full economic regulation.

B. Price Squeeze Liability in a Regulated Industry

33. Full price regulation dramatically alters the calculus of antitrust harms and benefits. First, regulation significantly diminishes the likelihood of major antitrust harm. In particular, it diminishes the likelihood of «entry barrier» harm, namely the risk that (1) prices will rise because (2) new firms will hesitate to enter a market and compete after (3) a squeeze has driven pre-existing independent competitors from the marketplace. All three propositions are made doubtful by regulation. For one thing, in a regulated industry, regulators control prices directly. Statutes typically require regulators to maintain prices at «reasonable» levels.[32]

34. For another thing, factors related to regulation, such as the economic ability of a market to support new entry, or the legal requirement that a firm secure permission to enter, are likelier to determine new entry into a regulated industry than is a new entrant's fear of a two-level monopolist's enhanced retaliatory power. After all, should the regulator decide that new entry is warranted, it typically has the legal authority to prevent an existing «two-level» monopolist from improperly disadvantaging a new «second-level» competitor by, say, refusing to deal to with it or by charging unreasonably high prices.[33]

---

[31] See United States v. Trenton Potteries Co., 273 U.S. 392, 397, 47 S.Ct. 377, 379, 71 L.Ed. 700 (1927) (observing that "[t]he reasonable price fixed today may through economic and business changes become the unreasonable price of tomorrow"); United States v. Addyston Pipe & Steel Co., 85 F. 271, 283 (6th Cir.1898) (Taft, J.) (stating that to inquire into the reasonableness of prices is to "set sail on a sea of doubt"), aff'd, 175 U.S. 211, 20 S.Ct. 96, 44 L.Ed. 136 (1899); 3 Areeda & Turner p 701, at 148-50 ("The courts correctly regard as uncongenial and foreign to the Sherman Act the burden of continuously supervising economic performance.").

[32] See, e.g., 16 U.S.C. Secs. 824d(a), 824e(a) (an electric utility's rates must be "just and reasonable"); FPC v. Hope Natural Gas Co., 320 U.S. 591, 603, 64 S.Ct. 281, 288, 88 L.Ed. 333 (1944) (A "reasonable" rate is one that permits the firm to recover its costs and earn a reasonable profit); see generally J. Bonbright, A. Danielsen & D. Kamerschen, Principles of Public Utility Rates (2d ed.1988) (describing ratemaking principles) [hereinafter J. Bonbright].

[33] See, e.g., 16 U.S.C. Secs. 824f, 824i-824k (authorizing FERC to order interconnections, sales

35. Finally, regulation in the electricity industry makes it less likely that a price squeeze will actually drive independent distributors from the marketplace. Local electricity distribution, after all, is itself considered a «natural monopoly» with service typically provided by a single franchised company to relatively immobile customers.[34] Higher wholesale electricity prices (or lower retail prices elsewhere) will not lead the entire towns of Wellesley and Concord to pull up stakes and move to Dover. And the record lacks convincing evidence that competition between Edison and the plaintiff towns for customers living on the towns' borders, or for mobile high-energy-consuming industrial customers, is sufficiently important to threaten the plaintiffs with bankruptcy should such users switch to Edison.[35] Even if an integrated utility such as Edison managed to set prices that severely squeezed a distributor, it could not take over the municipality's distribution area without the regulator's permission.[36]
36. Second, regulators try to set prices that reflect costs. To the extent that they succeed, an integrated utility's prices are likely to squeeze independent distributors who buy from it at wholesale only if those distributors operate less efficiently, i.e., at higher cost. Consequently, a rule preventing prices that create a squeeze will more likely discourage efficient operations and deprive consumers of prices that reflect lower costs.
37. Third, for institutional reasons, an antitrust rule making the price squeeze illegal threatens consumers. The plaintiffs say that Edison violated the antitrust laws by asking for rates (i.e., filing rate proposals) that would produce for Edison a «higher return» on its «wholesale sales than.... on its retail sales.» Other courts considering price squeeze claims have also emphasized that the alleged antitrust violation consisted of proposing or requesting rates that would narrow the gap between wholesale and retail rates so as to squeeze existing retail competitors.[37] A rule that penalizes the filing of wholesale rate increases

---

and wheeling of electricity among utilities); see also 2 A. Kahn, The Economics of Regulation 113-172 (discussing the concept of "natural monopoly") [hereinafter A. Kahn]; Meeks, 72 Colum.L.Rev. at 95 & n. 135 (noting that utilities in "all but a handful of states ... must obtain a certificate of public convenience and necessity to serve an area" with electricity) (collecting statutes).

[34] See Joskow at 178; cf. Otter Tail, 410 U.S. at 369, 93 S.Ct. at 1025.

[35] Cf. Joskow at 209-13 (arguing that, as a rule, there is little actual competition between electricity distributors).

[36] See, e.g., M.G.L. ch. 164 Sec. 68 (Massachusetts municipality may not sell its distributorship without regulatory approval).

[37] See, e.g., City of Kirkwood v. Union Elec. Co., 671 F.2d 1173, 1179 (8th Cir.1981) ("[T]he question" in a price squeeze case is "whether the defendant utility acted illegally in proposing a certain anticompetitive combination of rates") (emphasis added), cert. denied, 459 U.S. 1170, 103 S.Ct. 814, 74 L.Ed.2d 1013 (1983); City of Newark v. Delmarva Power & Light Co., 467 F.Supp. 763, 768 (D.Del.1979) (chief allegation in price squeeze case was that defendant "used

would not necessarily lead firms to abandon wholesale rate increases; it could, instead, simply lead them to seek a retail rate increase whenever they seek a wholesale rate increase. (Conversely, it would discourage a utility from conceding that a retail price cut is reasonable unless it is also prepared to concede that a wholesale price cut is reasonable.) In this case, for example, the rule might have permitted Edison to escape liability by filing (or perhaps obtaining) a rate increase in the 39 cities and towns where it distributes electricity itself. Indeed, the rule would encourage Edison to seek a retail rate increase so high that a jury could not find the wholesale/retail gap too narrow. Such a rule of law (which could lead to unnecessary regulatory proceedings and unnecessary rate increases) would seem to work at cross-purposes with basic antitrust objectives.[38]

38. Fourth, an anti-price-squeeze rule, particularly the «equal profit earned at both levels» rule that plaintiffs advocate, presents special administrative difficulties in the regulatory context. For one thing, the Constitution guarantees a regulated firm a reasonable return on its investment.[39] May courts prevent a utility from asking the regulator for a rate increase should the utility believe that current wholesale returns are, constitutionally speaking, too low? Similarly, what if the utility believes that different risks at different levels of the industry call for somewhat different rates of return?

39. For another thing, how will juries decide the amount of the firm's investment on which the «rate of return» is calculated? Profit, after all, is a return on a certain amount of investment. Much electricity investment is used to serve both wholesale and retail services. Accounting systems for allocating investment between different services or customer classes are notoriously complicated and sometimes arbitrary.[40] Will juries be permitted to «second guess» the regulator's allocation rules or its specific investment allocation decisions? Is the jury (as may, in a sense, have occurred here) to be permitted

---

its power to initiate rates ... to attempt to obtain an anticompetitive rate structure") (emphasis in original).

[38] Cf. Matsushita Elec. Indus. Co. v. Zenith Radio Corp., 475 U.S. 574, 594, 106 S.Ct. 1348, 1360, 89 L.Ed.2d 538 (1986) (warning courts against adopting rules or practices that "chill the very conduct the antitrust laws are designed to protect"); Barry Wright, 724 F.2d at 234 ("[W]e must be concerned lest a rule or precedent that authorizes a search for a particular type of undesirable pricing behavior end up by discouraging legitimate price competition.").

[39] See Hope Natural Gas Co., supra; Bluefield Water Works v. Public Serv. Comm'n, 262 U.S. 679, 690, 43 S.Ct. 675, 678, 67 L.Ed. 1176 (1923); see also 16 U.S.C. Secs. 824d(a), 824e(a) (rates must be "just and reasonable").

[40] See J. Bonbright at 495 (noting that dozens of schemes exist for allocation investment among customer classes) (collecting sources); Joskow at 180 ("Despite the legal distinction between 'retail sales' ... and 'wholesale sales,' ... essentially there is no functional distinction between generation and transmission facilities dedicated to retail and wholesale transactions.").

to decide that the utility's allocation (following Commission allocation procedures) of, say, $100 million investment to distribution and $400 million to wholesale, should have been $200 million/$300 million instead (in which case, of course, the pre-existing 10% profit earned at each level would look like 5% earned at retail and 13% at wholesale). What antitrust benefit would be gained by permitting juries to speculate in this way? Would not the results likely be arbitrary? For that matter, what antitrust benefit would be gained by a rule that freezes prices at levels designed to produce «equal profit rates» using some historically based commission-approved system for allocating investment? Any such court involvement in the rate-setting process could easily discourage utilities from proposing, and commissions from considering, such innovative, economically based, energy-conserving pricing systems as off-peak pricing (charging higher prices for electricity used during peak periods), incremental-cost pricing (charging prices for certain services reflecting the higher costs of hypothetical new construction), or even traditional Ramsay pricing (tailoring rates to reflect the comparative likelihood that higher rates will force customers to discontinue service); for there is no particular reason to believe that such rates would (or would not) reflect «equal» profits according to some particular prior, historical, commission-approved system for allocating investment.[41] At best, permitting judges and juries to speculate in this area would force regulators continually to revisit prior investment-allocation rules and would discourage regulatory efforts to develop (often with a utility's help) a set of economically rational pricing practices--which, after all, is a common objective of antitrust law and regulation.

40. Fifth and finally, a distributor who disagrees with the utility's, or the commission's, cost-allocation methods or with its rates, or who believes that a price squeeze will harm it (whether or not the price squeeze also harms the competitive process), has an administrative remedy. It can challenge a utility's rates and practices before the Commission as unjust, unreasonable, or «discriminatory.»[42] As part of its challenge, it can ask the Commission to consider the alleged price squeeze harm.[43] If FERC permits the rates to take effect after suspension and later determines that a price squeeze exists, it can order an appropriate refund.

41. In sum, the relevant antitrust considerations differ significantly, in degree and in kind, when a price squeeze occurs in a fully regulated as opposed to an unregulated industry. Indeed, these considerations, which are closely balanced in the ordinary price squeeze, change so significantly when the

[41] See generally 1 A. Kahn 87-103.

[42] See 16 U.S.C. Secs. 824d(a, b), 824e(a); 18 C.F.R. Sec. 2.17(a) (1990).

[43] See FPC v. Conway, 426 U.S. 271, 96 S.Ct. 1999, 48 L.Ed.2d 626 (1976).

squeeze takes place in a fully regulated industry that, in our opinion, the legal consequences of the squeeze change as well. That is to say, a price squeeze in a fully regulated industry such as electricity will not normally constitute «exclusionary conduct» under Sherman Act Sec. 2.

42. We are aware that reported opinions in three circuit courts of appeal and several district courts suggest that a price squeeze may be unlawful in the regulated electricity industry.[44] In only one of those cases, however, did the court actually enter, or affirm, a judgment against the defendant; thus, there is extremely little case law holding that a public utility price squeeze is exclusionary. Moreover, in all of the cases we have cited, the price squeeze allegation was but one of several allegations of several different kinds of «exclusionary conduct,» and the one court that affirmed a Sherman Act Sec. 2 judgment against a utility stressed that it might well not have done so had the price squeeze stood alone (as it does in the case before us).[45] Further, in every case, the price squeeze allegation involved wholesale prices that exceeded retail prices, (a matter here in doubt), thereby eliminating some of the «administrative» problems we have found surrounding a jury's efforts to determine the reasonableness of the price «gap.»[46] Thus, technically speaking, our holding is consistent with these other cases. Indeed, since we cannot find significant evidence that Edison's price squeeze deprived plaintiffs of a «living profit» (for the plaintiffs earned substantial returns, and even increased their sales, during the price squeeze period), our holding is arguably a consistent application of the rule set forth in Alcoa itself.

43. Nevertheless, we recognize that our reasoning and analysis differs significantly from that in the opinions (other than Alcoa) just cited. We have carefully considered these differences and have found nothing to convince us that our analysis is incorrect. Even so, we have limited our holding by stating

[44] See City of Kirkwood v. Union Elec. Co., 671 F.2d 1173 (8th Cir.1982), cert. denied, 459 U.S. 1170, 103 S.Ct. 814, 74 L.Ed.2d 1013 (1983); City of Groton v. Connecticut Light & Power Co., 662 F.2d 921 (2d Cir.1981); City of Mishawaka v. American Elec. Power Co., 616 F.2d 976 (7th Cir.1980) (Mishawaka II), cert. denied, 449 U.S. 1096, 101 S.Ct. 892, 66 L.Ed.2d 824 (1981); see also City of Newark v. Delmarva Power & Light Co., 467 F.Supp. 763 (D.Del.1979); Borough of Ellwood City v. Pennsylvania Power Co., 462 F.Supp. 1343 (W.D.Pa.1979), later proceeding, 570 F.Supp. 553 (1983); City of Batavia v. Commonwealth Edison Co., No. 76-C-4388, slip op. (N.D.Ill. Jan 16, 1984).

[45] See Mishawaka II, 616 F.2d at 986 (suggesting that "no one aspect [of the defendant's conduct] standing alone is illegal").

[46] See City of Mishawaka I v. Indiana & Michigan Electric Company, 560 F.2d 1314, 1316 (7th Cir.1977) (wholesale price to municipalities "substantially higher" than retail price to industrial customers, threatening municipalities with "financial extinction"); City of Kirkwood, 671 F.2d at 1176; City of Groton, 662 F.2d at 925; City of Newark 467 F.Supp. at 766; Borough of Ellwood City 570 F.Supp. at 557; City of Batavia, supra.

that «normally» a price squeeze will not constitute an exclusionary practice in the context of a fully regulated monopoly, thereby leaving cases involving exceptional circumstances for another day. And we have stressed that our reasoning applies with full force only when the monopolist who engages in the squeeze is regulated at both industry levels. We recognize that a special problem is posed by a monopolist, regulated at only one level, who seeks to dominate a second, unregulated level, in order to earn at that second level the very profits that regulation forbids at the first.[47]
(…)

B. Verizon v. Trinko, 540 U.S. 398 (2004)

Justice Scalia delivered the opinion of the Court.
The Telecommunications Act of 1996 imposes certain duties upon incumbent local telephone companies in order to facilitate market entry by competitors, and establishes a complex regime for monitoring and enforcement. In this case we consider whether a complaint alleging breach of the incumbent's duty under the 1996 Act to share its network with competitors states a claim under §2 of the Sherman Act.

I.

Petitioner Verizon Communications Inc. is the incumbent local exchange carrier (LEC) serving New York State. Before the 1996 Act, Verizon, like other incumbent LECs, enjoyed an exclusive franchise within its local service area. The 1996 Act sought to "uproo[t]" the incumbent LECs' monopoly and to introduce competition in its place.[48] Central to the scheme of the Act is the incumbent LEC's obligation under 47 U.S.C. § 251(c) to share its network with competitors,[49] including provision of access to individual elements of the network on an "unbundled" basis.[50] New entrants, so-called competitive LECs, resell these unbundled network elements (UNEs), recombined with each other or with elements belonging to the LECs.
Verizon, like other incumbent LECs, has taken two significant steps within the Act's framework in the direction of increased competition. First, Verizon has signed interconnection agreements with rivals such as AT&T, as it is obliged to do under §252, detailing the terms on which it will make its network elements available. (Because Verizon and AT&T could not agree upon terms, the open issues were subjected to compulsory arbitration under §§252(b) and (c).) In 1997, the state regulator, New York's Public Service Commission

[47] See 3 Areeda & Turner p 726e, at 217-20.
[48] Verizon Communications Inc. v. FCC, 535 U.S. 467, 488 (2002).
[49] See AT&T Corp. v. Iowa Utilities Bd., 525 U.S. 366, 371 (1999).
[50] See §251(c)(3).

(PSC), approved Verizon's interconnection agreement with AT&T.
Second, Verizon has taken advantage of the opportunity provided by the 1996 Act for incumbent LECs to enter the long-distance market (from which they had long been excluded). That required Verizon to satisfy, among other things, a 14-item checklist of statutory requirements, which includes compliance with the Act's network-sharing duties.[51] Checklist item two, for example, includes "nondiscriminatory access to network elements in accordance with the requirements" of §251(c)(3).[52] Whereas the state regulator approves an interconnection agreement, for long-distance approval the incumbent LEC applies to the Federal Communications Commission (FCC). In December 1999, the FCC approved Verizon's §271 application for New York.
Part of Verizon's UNE obligation under § 251(c)(3) is the provision of access to operations support systems (OSS), a set of systems used by incumbent LECs to provide services to customers and ensure quality. Verizon's interconnection agreement and long-distance authorization each specified the mechanics by which its OSS obligation would be met. As relevant here, a competitive LEC sends orders for service through an electronic interface with Verizon's ordering system, and as Verizon completes certain steps in filling the order, it sends confirmation back through the same interface. Without OSS access a rival cannot fill its customers' orders.
In late 1999, competitive LECs complained to regulators that many orders were going unfilled, in violation of Verizon's obligation to provide access to OSS functions. The PSC and FCC opened parallel investigations, which led to a series of orders by the PSC and a consent decree with the FCC. Under the FCC consent decree, Verizon undertook to make a "voluntary contribution" to the U.S. Treasury in the amount of $3 million[53]; under the PSC orders, Verizon incurred liability to the competitive LECs in the amount of $10 million. Under the consent decree and orders, Verizon was subjected to new performance measurements and new reporting requirements to the FCC and PSC, with additional penalties for continued noncompliance. In June 2000, the FCC terminated the consent decree.[54] The next month the PSC relieved Verizon of the heightened reporting requirement.[55]

[51] See §§271(d)(3)(A) and (c)(2)(B).
[52] See §271(c)(2)(B)(ii).
[53] 15 FCC Rcd. 5415, 5421, ¶16 (2000).
[54] Enforcement Bureau Announces that Bell Atlantic Has Satisfied Consent Decree Regarding Electronic Ordering Systems in New York (June 20, 2000), http://www.fcc.gov/eb/News_Releases/bellatlet.html (all Internet materials as visited Dec. 12, 2003, and available in the Clerk of Court's case file).
[55] Order Addressing OSS Issues, MCI Worldcom, Inc. v. Bell Atlantic-New York, Nos. 00—C—0008, 00—C—0009, 99—C—0949, 2000 WL 1531916 (N. Y. PSC, July 27, 2000).

Respondent Law Offices of Curtis v. Trinko, LLP, a New York City law firm, was a local telephone service customer of AT&T. The day after Verizon entered its consent decree with the FCC, respondent filed a complaint in the District Court for the Southern District of New York, on behalf of itself and a class of similarly situated customers. The complaint, as later amended alleged that Verizon had filled rivals' orders on a discriminatory basis as part of an anticompetitive scheme to discourage customers from becoming or remaining customers of competitive LECs, thus impeding the competitive LECs' ability to enter and compete in the market for local telephone service. According to the complaint, Verizon "has filled orders of [competitive LEC] customers after filling those for its own local phone service, has failed to fill in a timely manner, or not at all, a substantial number of orders for [competitive LEC] customers ..., and has systematically failed to inform [competitive LECs] of the status of their customers' orders. » The complaint set forth a single example of the alleged "failure to provide adequate access to [competitive LECs]," namely the OSS failure that resulted in the FCC consent decree and PSC orders. It asserted that the result of Verizon's improper "behavior with respect to providing access to its local loop" was to "deter potential customers [of rivals] from switching." The complaint sought damages and injunctive relief for violation of §2 of the Sherman Act, 15 U.S.C. § 2 pursuant to the remedy provisions of §§4 and 16 of the Clayton Act, 38 Stat. 731, as amended, 15 U.S.C. § 15 26. The complaint also alleged violations of the 1996 Act, §202(a) of the Communications Act of 1934, 48 Stat. 1064, as amended, 47 U.S.C. § 151 et seq., and state law.

The District Court dismissed the complaint in its entirety. As to the antitrust portion, it concluded that respondent's allegations of deficient assistance to rivals failed to satisfy the requirements of §2. The Court of Appeals for the Second Circuit reinstated the complaint in part, including the antitrust claim. 305 F.3d 89, 113 (2002). We granted certiorari, limited to the question whether the Court of Appeals erred in reversing the District Court's dismissal of respondent's antitrust claims. 538 U.S. 905 (2003).

II.

To decide this case, we must first determine what effect (if any) the 1996 Act has upon the application of traditional antitrust principles. The Act imposes a large number of duties upon incumbent LECs–above and beyond those basic responsibilities it imposes upon all carriers, such as assuring number portability and providing access to rights-of-way. Under the sharing duties of §251(c), incumbent LECs are required to offer three kinds of access. Already noted, and perhaps most intrusive, is the duty to offer access to UNEs on "just, reasonable, and nondiscriminatory" terms, §251(c)(3), a phrase that the FCC has interpreted to mean a price reflecting long-run incremental cost.[56] A rival can interconnect its own facilities with those of the incumbent LEC, or it can simply purchase services at wholesale from the incumbent and resell them to consumers. The Act also imposes upon incumbents the duty to allow physical "collocation"–that is, to permit a competitor to locate and install its equipment on the incumbent's premises–which makes feasible interconnection and access to UNEs.

That Congress created these duties, however, does not automatically lead to the conclusion that they can be enforced by means of an antitrust claim. Indeed, a detailed regulatory scheme such as that created by the 1996 Act ordinarily raises the question whether the regulated entities are not shielded from antitrust scrutiny altogether by the doctrine of implied immunity.[57] In some respects the enforcement scheme set up by the 1996 Act is a good candidate for implication of antitrust immunity, to avoid the real possibility of judgments conflicting with the agency's regulatory scheme "that might be voiced by courts exercising jurisdiction under the antitrust laws."[58]

Congress, however, precluded that interpretation. Section 601(b)(1) of the 1996 Act is an antitrust-specific saving clause providing that "nothing in this Act or the amendments made by this Act shall be construed to modify, impair, or supersede the applicability of any of the antitrust laws."[59] This bars a finding of implied immunity. As the FCC has put the point, the saving clause preserves those "claims that satisfy established antitrust standards."[60]

But just as the 1996 Act preserves claims that satisfy existing antitrust standards, it does not create new claims that go beyond existing antitrust standards; that would be equally inconsistent with the saving clause's mandate that nothing in the Act "modify, impair, or supersede the applicability" of the antitrust laws. We turn, then, to whether the activity of which respondent complains violates preexisting antitrust standards.

III.

The complaint alleges that Verizon denied interconnection services to rivals in order to limit entry. If that allegation states an antitrust claim at all, it does so under §2 of the Sherman Act, 15 U.S.C. § 2 which declares that a firm shall not "monopolize" or "attempt to monopolize." Ibid. It is settled law that this

[56] See Verizon Communications Inc. v. FCC, 535 U.S., at 495—496.

[57] See, e.g., United States v. National Assn. of Securities Dealers, Inc., 422 U.S. 694 (1975); Gordon v. New York Stock Exchange, Inc., 422 U.S. 659 (1975).

[58] United States v. National Assn. of Securities Dealers, Inc., supra, at 734.

[59] 110 Stat. 143, 47 U.S.C. § 152 note

[60] Brief for United States and the Federal Communications Commission as Amici Curiae Supporting Neither Party in No. 02—7057, Covad Communications Co. v. Bell Atlantic Corp. (CADC), p. 8.

offense requires, in addition to the possession of monopoly power in the relevant market, "the willful acquisition or maintenance of that power as distinguished from growth or development as a consequence of a superior product, business acumen, or historic accident."[61] The mere possession of monopoly power, and the concomitant charging of monopoly prices, is not only not unlawful; it is an important element of the free-market system. The opportunity to charge monopoly prices–at least for a short period–is what attracts "business acumen" in the first place; it induces risk taking that produces innovation and economic growth. To safeguard the incentive to innovate, the possession of monopoly power will not be found unlawful unless it is accompanied by an element of anticompetitive conduct.
Firms may acquire monopoly power by establishing an infrastructure that renders them uniquely suited to serve their customers. Compelling such firms to share the source of their advantage is in some tension with the underlying purpose of antitrust law, since it may lessen the incentive for the monopolist, the rival, or both to invest in those economically beneficial facilities. Enforced sharing also requires antitrust courts to act as central planners, identifying the proper price, quantity, and other terms of dealing–a role for which they are ill-suited. Moreover, compelling negotiation between competitors may facilitate the supreme evil of antitrust: collusion. Thus, as a general matter, the Sherman Act "does not restrict the long recognized right of [a] trader or manufacturer engaged in an entirely private business, freely to exercise his own independent discretion as to parties with whom he will deal."[62]
However, "[t]he high value that we have placed on the right to refuse to deal with other firms does not mean that the right is unqualified."[63] Under certain circumstances, a refusal to cooperate with rivals can constitute anticompetitive conduct and violate §2. We have been very cautious in recognizing such exceptions, because of the uncertain virtue of forced sharing and the difficulty of identifying and remedying anticompetitive conduct by a single firm. The question before us today is whether the allegations of respondent's complaint fit within existing exceptions or provide a basis, under traditional antitrust principles, for recognizing a new one.

The leading case for § 2 liability based on refusal to cooperate with a rival, and the case upon which respondent understandably places greatest reliance, is Aspen Skiing, supra. The Aspen ski area consisted of four mountain areas. The defendant, who owned three of those areas, and the plaintiff, who owned the

[61] United States v. Grinnell Corp., 384 U.S. 563, 570—571 (1966).
[62] United States v. Colgate & Co., 250 U.S. 300, 307 (1919).
[63] Aspen Skiing Co. v. Aspen Highlands Skiing Corp., 472 U.S. 585, 601 (1985).

fourth, had cooperated for years in the issuance of a joint, multiple-day, all-area ski ticket. After repeatedly demanding an increased share of the proceeds, the defendant canceled the joint ticket. The plaintiff, concerned that skiers would bypass its mountain without some joint offering, tried a variety of increasingly desperate measures to re-create the joint ticket, even to the point of in effect offering to buy the defendant's tickets at retail price. The defendant refused even that. We upheld a jury verdict for the plaintiff, reasoning that "[t]he jury may well have concluded that [the defendant] elected to forgo these short-run benefits because it was more interested in reducing competition … over the long run by harming its smaller competitor."

Aspen Skiing is at or near the outer boundary of § 2 liability. The Court there found significance in the defendant's decision to cease participation in a cooperative venture. The unilateral termination of a voluntary (and thus presumably profitable) course of dealing suggested a willingness to forsake short-term profits to achieve an anticompetitive end. Ibid. Similarly, the defendant's unwillingness to renew the ticket even if compensated at retail price revealed a distinctly anticompetitive bent.

The refusal to deal alleged in the present case does not fit within the limited exception recognized in Aspen Skiing. The complaint does not allege that Verizon voluntarily engaged in a course of dealing with its rivals, or would ever have done so absent statutory compulsion. Here, therefore, the defendant's prior conduct sheds no light upon the motivation of its refusal to deal–upon whether its regulatory lapses were prompted not by competitive zeal but by anticompetitive malice. The contrast between the cases is heightened by the difference in pricing behavior. In Aspen Skiing, the defendant turned down a proposal to sell at its own retail price, suggesting a calculation that its future monopoly retail price would be higher. Verizon's reluctance to interconnect at the cost-based rate of compensation available under §251(c)(3) tells us nothing about dreams of monopoly.

The specific nature of what the 1996 Act compels makes this case different from Aspen Skiing in a more fundamental way. In Aspen Skiing, what the defendant refused to provide to its competitor was a product that it already sold at retail–to oversimplify slightly, lift tickets representing a bundle of services to skiers. Similarly, in Otter Tail Power Co. v. United States,[64] another case relied upon by respondent, the defendant was already in the business of providing a service to certain customers (power transmission over its network), and refused to provide the same service to certain other customers. In the present case, by contrast, the services allegedly withheld are not otherwise marketed

[64] 410 U.S. 366 (1973).

or available to the public. The sharing obligation imposed by the 1996 Act created "something brand new"–"the wholesale market for leasing network elements.[65] The unbundled elements offered pursuant to §251(c)(3) exist only deep within the bowels of Verizon; they are brought out on compulsion of the 1996 Act and offered not to consumers but to rivals, and at considerable expense and effort. New systems must be designed and implemented simply to make that access possible–indeed, it is the failure of one of those systems that prompted the present complaint.

We conclude that Verizon's alleged insufficient assistance in the provision of service to rivals is not a recognized antitrust claim under this Court's existing refusal-to-deal precedents. This conclusion would be unchanged even if we considered to be established law the "essential facilities" doctrine crafted by some lower courts, under which the Court of Appeals concluded respondent's allegations might state a claim.[66] We have never recognized such a doctrine[67], and we find no need either to recognize it or to repudiate it here. It suffices for present purposes to note that the indispensable requirement for invoking the doctrine is the unavailability of access to the "essential facilities"; where access exists, the doctrine serves no purpose. Thus, it is said that "essential facility claims should ... be denied where a state or federal agency has effective power to compel sharing and to regulate its scope and terms."[68] Respondent believes that the existence of sharing duties under the 1996 Act supports its case. We think the opposite: The 1996 Act's extensive provision for access makes it unnecessary to impose a judicial doctrine of forced access. To the extent respondent's "essential facilities" argument is distinct from its general §2 argument, we reject it.

IV.

Finally, we do not believe that traditional antitrust principles justify adding the present case to the few existing exceptions from the proposition that there is no duty to aid competitors. Antitrust analysis must always be attuned to the particular structure and circumstances of the industry at issue. Part of that attention to economic context is an awareness of the significance of regulation. As we have noted, "careful account must be taken of the pervasive federal and state regulation characteristic of the industry."[69]

---

[65] Verizon Communications Inc. v. FCC, 535 U.S., at 528.

[66] See generally Areeda, Essential Facilities: An Epithet in Need of Limiting Principles, 58 Antitrust L. J. 841 (1989).

[67] See Aspen Skiing Co., 472 U.S., at 611, n. 44; AT&T Corp. v. Iowa Utilities Bd., 525 U.S., at 428 (opinion of Breyer, J.).

[68] P. Areeda & H. Hovenkamp, Antitrust Law, p. 150, ¶773e (2003 Supp.).

[69] United States v. Citizens & Southern Nat. Bank, 422 U.S. 86, 91 (1975); see also IA P. Areeda & H. Hovenkamp, Antitrust Law, p. 12, ¶240c3 (2d ed. 2000). "[A]ntitrust analysis must sensi-

One factor of particular importance is the existence of a regulatory structure designed to deter and remedy anticompetitive harm. Where such a structure exists, the additional benefit to competition provided by antitrust enforcement will tend to be small, and it will be less plausible that the antitrust laws contemplate such additional scrutiny. Where, by contrast, "[t]here is nothing built into the regulatory scheme which performs the antitrust function,"[70] the benefits of antitrust are worth its sometimes considerable disadvantages. Just as regulatory context may in other cases serve as a basis for implied immunity,[71] it may also be a consideration in deciding whether to recognize an expansion of the contours of §2.
The regulatory framework that exists in this case demonstrates how, in certain circumstances, "regulation significantly diminishes the likelihood of major antitrust harm."[72] Consider, for example, the statutory restrictions upon Verizon's entry into the potentially lucrative market for long-distance service. To be allowed to enter the long-distance market in the first place, an incumbent LEC must be on good behavior in its local market. Authorization by the FCC requires state-by-state satisfaction of §271's competitive checklist, which as we have noted includes the nondiscriminatory provision of access to UNEs. Section 271 applications to provide long-distance service have now been approved for incumbent LECs in 47 States and the District of Columbia.[73]
The FCC's §271 authorization order for Verizon to provide long-distance service in New York discussed at great length Verizon's commitments to provide access to UNEs, including the provision of OSS.[74] Those commitments are enforceable by the FCC through continuing oversight; a failure to meet an authorization condition can result in an order that the deficiency be corrected, in the imposition of penalties, or in the suspension or revocation of long-distance approval.[75] Verizon also subjected itself to oversight by the PSC

---

tively recognize and reflect the distinctive economic and legal setting of the regulated industry to which it applies." Concord v. Boston Edison Co., 915 F.2d 17, 22 (CA1 1990) (Breyer, C. J.) (internal quotation marks omitted).

[70] Silver v. New York Stock Exchange, 373 U.S. 341, 358 (1963).

[71] See, e.g., United States v. National Assn. of Securities Dealers, Inc., 422 U.S., at 730—735.

[72] Concord v. Boston Edison Co., supra, at 25.

[73] See FCC Authorizes SBC to Provide Long Distance Service in Illinois, Indiana, Ohio and Wisconsin (Oct. 15, 2003), http://hraunfoss.fcc.gov/edocs_public/attachmatch/DOC-23997 8A1.pdf.

[74] In re Application by Bell Atlantic New York for Authorization Under Section 271 of the Communications Act To Provide In-Region, InterLATA Service in the State of New York, 15 FCC Rcd. 3953, 3989—4077, ¶¶82—228 (1999) (Memorandum Opinion and Order) (hereinafter In re Application).

[75] See 47 U.S.C. § 271(d)(6)(A).

under a so-called "Performance Assurance Plan" (PAP).[76] The PAP, which by its terms became binding upon FCC approval, provides specific financial penalties in the event of Verizon's failure to achieve detailed performance requirements. The FCC described Verizon's having entered into a PAP as a significant factor in its §271 authorization, because that provided "a strong financial incentive for post-entry compliance with the section 271 checklist," and prevented " ' backsliding.' " In re Application 3958—3959, ¶¶8, 12.

The regulatory response to the OSS failure complained of in respondent's suit provides a vivid example of how the regulatory regime operates. When several competitive LECs complained about deficiencies in Verizon's servicing of orders, the FCC and PSC responded. The FCC soon concluded that Verizon was in breach of its sharing duties under §251(c), imposed a substantial fine, and set up sophisticated measurements to gauge remediation, with weekly reporting requirements and specific penalties for failure. The PSC found Verizon in violation of the PAP even earlier, and imposed additional financial penalties and measurements with daily reporting requirements. In short, the regime was an effective steward of the antitrust function.

Against the slight benefits of antitrust intervention here, we must weigh a realistic assessment of its costs. Under the best of circumstances, applying the requirements of §2 "can be difficult" because "the means of illicit exclusion, like the means of legitimate competition, are myriad."[77] Mistaken inferences and the resulting false condemnations "are especially costly, because they chill the very conduct the antitrust laws are designed to protect."[78] The cost of false positives counsels against an undue expansion of §2 liability. One false-positive risk is that an incumbent LEC's failure to provide a service with sufficient alacrity might have nothing to do with exclusion. Allegations of violations of §251(c)(3) duties are difficult for antitrust courts to evaluate, not only because they are highly technical, but also because they are likely to be extremely numerous, given the incessant, complex, and constantly changing interaction of competitive and incumbent LECs implementing the sharing and interconnection obligations. Amici States have filed a brief asserting that competitive LECs are threatened with "death by a thousand cuts," Brief for New York et al. as Amici Curiae 10 (internal quotation marks omitted)—the identification of which would surely be a daunting task for a generalist antitrust court. Judicial oversight under the Sherman Act would seem destined to distort investment and lead to a new layer of interminable litigation, atop

[76] See In re New York Telephone Co., 197 P. U. R. 4th 266, 280—281 (N. Y. PSC, 1999) (Order Adopting the Amended PAP) (hereinafter PAP Order).

[77] United States v. Microsoft Corp., 253 F.3d 34, 58 (CADC 2001) (en banc) (per curiam).

[78] Matsushita Elec. Industrial Co. v. Zenith Radio Corp., 475 U.S. 574, 594 (1986).

the variety of litigation routes already available to and actively pursued by competitive LECs.

Even if the problem of false positives did not exist, conduct consisting of anticompetitive violations of §251 may be, as we have concluded with respect to above-cost predatory pricing schemes, "beyond the practical ability of a judicial tribunal to control."[79] Effective remediation of violations of regulatory sharing requirements will ordinarily require continuing supervision of a highly detailed decree. We think that Professor Areeda got it exactly right: "No court should impose a duty to deal that it cannot explain or adequately and reasonably supervise. The problem should be deemed irremedia[ble] by antitrust law when compulsory access requires the court to assume the day-to-day controls characteristic of a regulatory agency."[80] In this case, respondent has requested an equitable decree to "[p]reliminarily and permanently enjoi[n] [Verizon] from providing access to the local loop market … to [rivals] on terms and conditions that are not as favorable" as those that Verizon enjoys. An antitrust court is unlikely to be an effective day-to-day enforcer of these detailed sharing obligations.

* * *

The 1996 Act is in an important respect much more ambitious than the antitrust laws. It attempts "to eliminate the monopolies enjoyed by the inheritors of AT&T's local franchises."[81] Section 2 of the Sherman Act, by contrast, seeks merely to prevent unlawful monopolization. It would be a serious mistake to conflate the two goals. The Sherman Act is indeed the "Magna Carta of free enterprise,"[82] but it does not give judges carte blanche to insist that a monopolist alter its way of doing business whenever some other approach might yield greater competition. We conclude that respondent's complaint fails to state a claim under the Sherman Act.

Accordingly, the judgment of the Court of Appeals is reversed, and the case is remanded for further proceedings consistent with this opinion.

It is so ordered.

[79] Brooke Group Ltd. v. Brown & Williamson Tobacco Corp., 509 U.S. 209, 223 (1993).

[80] Areeda, 58 Antitrust L. J., at 853.

[81] Verizon Communications Inc. v. FCC, 535 U.S., at 476 (emphasis added).

[82] United States v. Topco Associates, Inc., 405 U.S. 596, 610 (1972).

Les relations entre les autorités de régulation au Royaume-Uni

Aurélien ANTOINE[1]

Le Royaume-Uni fut l'un des premiers États à instituer des autorités administratives indépendantes pour encadrer et accompagner l'ouverture à la concurrence de nombreux marchés. Ce mouvement qui remonte au début des années 1980 lors de l'accession des Conservateurs au pouvoir s'est poursuivi durant les années 1990. Il avait pour but de prendre en compte la spécificité historique de quelques secteurs économiques, révélée par les liens particuliers entre les entreprises concernées et l'État et/ou par l'existence de monopoles naturels jamais contestés jusqu'alors. Le pragmatisme britannique a largement présidé à la création au coup par coup de ces autorités pour aboutir à un schéma institutionnel complexe. Cette complexité tient principalement au nombre important d'autorités de régulation dont le statut n'est pas homogène. Au-delà de quelques similitudes, chacune d'entre elles conserve son originalité juridique. À cela s'ajoute la distinction entre les autorités de régulation stricto sensu et l'autorité en charge de la protection générale de la concurrence hors des industries en réseau. Une telle dichotomie favorise le byzantinisme de la régulation économique, phénomène que partagent les autres États européens ayant fait un choix institutionnel similaire. La question des relations entre les autorités de régulation et des moyens de les simplifier se pose donc légitimement. Cette interrogation fait l'objet de nombreux débats au Royaume-Uni[2], État incontournable pour illustrer la réalité et la portée du concept d'interrégulation[3], en particulier celui d'interrégulation croisée[4].

Pour appréhender convenablement les liens entre les autorités de régulation au Royaume-Uni, un rapide aperçu historique et un bref panorama s'imposent.

---

[1] Professeur à l'université Jean-Monnet de Lyon.

[2] V. dernièrement M. M. DABBAH, « The relationship between competition authorities and sector regulators », *CLJ*, 2011, 70(1), p. 113.

[3] Sur cette notion, v. l'intervention d'H. DELZANGLES et sa thèse *L'indépendance des autorités de régulation sectorielles. Communications électroniques, Énergie, Postes*, thèse dactyl. Bordeaux IV, 2008, 903 p.

[4] L. GRARD, « L'interrégulation pour accompagner la libéralisation de l'énergie et des télécommunications » in L. Grard (dir.),« Autorités de régulation et droit européen », Journée d'études Jean Monnet, 20 février 2004, *JCP E*, n° 2, supplément n° 19, 6 mai 2004, p. 12.

Ainsi que le révèlent Robert BALDWIN, Martin CAVE et Martin LODGE dans leur ouvrage *Understanding Regulation : Theory, Strategy and Practice*, le Royaume-Uni a été le vecteur de l'introduction d'une idée américaine consistant à créer législativement des organismes publics indépendants chargés d'exercer une régulation prescriptive à destination de secteurs industriels particuliers[5]. Ce modèle de police économique a prévalu lorsque le gouvernement conservateur dirigé par Margaret Thatcher a privatisé l'ensemble des entreprises prenant en charge des activités industrielles et commerciales exploitées en réseau sous forme monopolistique et pourvoyant à des besoins essentiels de la population (*public utilities*). Ces caractéristiques (gestion étatique, activité en réseau, marché fermé et intérêt collectif) ont rendu nécessaire le recours à un encadrement public qui doit donner des gages d'indépendance en raison de la place historiquement centrale de l'État dans la gestion, l'organisation et l'exploitation de ces activités. Ont ainsi été soumis à ce « *nouvel ordre juridique de marché fondé sur la concurrence*[6] » les secteurs économiques suivants : l'audiovisuel, l'aéronautique (*Civil Aviation Authority*), les télécommunications et les Postes (Ofcom), les énergies (Ofgem), l'eau (Ofwat), le rail (*Office of Rail Regulation*), et la protection sociale (Monitor)[7]. En dehors de la régulation des industries en réseau, le Royaume-Uni est doté d'une autorité générale de la concurrence qui a récemment évolué (*Competition and Market Authority*) par l'adoption de l'*Enterprise and Regulatory Reform Act 2013*. Il convient enfin de ne pas omettre la finance qui fait l'objet depuis le *Financial Services Act 2012* d'une double régulation par la *Financial Conduct Authority* et la *Prudential Regulation Authority* directement rattachée à la Banque d'Angleterre.

Formellement, la régulation britannique semble proche de celle de ses voisines européennes. Toutefois, il importe d'éviter des conclusions hâtives tirées des apparences. Le fonctionnement et les finalités de la régulation ne sont pas forcément partagés par d'autres régulateurs sectoriels européens. Ainsi que l'a remarquablement révélé Thomas PERROUD dans sa thèse, le modèle managérial qui vise l'efficacité économique plus que la garantie des droits domine l'expérience britannique de la régulation[8]. Tony PROSSER a bien identifié

---

[5] R. BALDWIN, M. CAVE, M. LODGE, *Understanding Regulation : Theory, Strategy and Practice*, OUP, 2nd éd. 2013, 316 p.

[6] Selon la définition qui résulte des recherches de Thomas PERROUD dans sa thèse *La fonction contentieuse des autorités de régulation en France et au Royaume-Uni*, Dalloz, (Nouvelle Bibliothèque de Thèses), 2013, p. 567 et s.

[7] Pour un descriptif historique détaillé, v. HOUSE OF LORDS, Select Committee on Regulators, *UK Economic regulators*, 1st report Session 2006-2007, vol. I, p. 22 et s. ; et T. PERROUD, *op. cit.*, p. 108-117.

[8] *Op. cit.*, p. 687 et s.

ce point en rappelant les buts de la régulation qu'il synthétise en ces termes : « efficacité économique et possibilité de choix pour le consommateur[9] ». Ces deux objectifs sont réalisés par la création et l'encadrement de marchés concurrentiels. Pour ceux des secteurs dans lesquels une ouverture totale à la concurrence n'est pas envisageable, il importe au régulateur de tendre vers cette fin en considérant que le marché concerné a vocation à être complètement ouvert[10]. Il résulte de cette approche que toute autorité de régulation peut appliquer le droit de la concurrence, quand bien même il existerait une autorité générale de la concurrence. Ces acceptions originales, également justifiées par la volonté de sanctuariser les autorités sectorielles, emportent deux conséquences. Les rapports entre les autorités de régulation – entre elles ou avec l'autorité générale de la concurrence – confinent à l'interdépendance qui participe à la complexité de la régulation économique au Royaume-Uni à laquelle les gouvernements successifs souhaitent systématiquement apporter des limites. Marquées par une transversalité fonctionnelle, les relations entre régulateurs sont aussi empreintes d'une réelle instabilité institutionnelle.

I. – Des relations marquées par une transversalité fonctionnelle

La transversalité fonctionnelle peut être vue comme une manifestation de l'interrégulation résultant d'une interdépendance entre régulateurs britanniques. Chaque autorité de régulation (sectorielle ou générale) ne peut véritablement agir sans tenir compte de ses homologues intervenant dans d'autres secteurs, du fait que les buts de concurrence et d'efficacité sont partagés par tous. Il découle naturellement de ces objectifs communs des échanges constants.

A. Les objectifs communs

Deux objectifs sont identifiables pour tous les régulateurs sectoriels britanniques. Outre l'ouverture des marchés à la concurrence, l'efficacité de la procédure du point de vue des entreprises et du consommateur est centrale.

La finalité concurrentielle implique une certaine unité des concepts et des raisonnements adoptés. Qu'il s'agisse des régulateurs sectoriels ou du régulateur général de la concurrence, la définition du marché pertinent et la caractérisation éventuelle d'un pouvoir de marché s'imposent. Les types de solutions apportés aux litiges sont tout aussi semblables : remèdes structurels ou comportementaux.

---

[9] T. PROSSER, *The Regulatory Enterprise. Governement, Regulation and Legitimacy*, OUP, 2010, p. 18.
[10] *Ibid.*

Par ailleurs, l'objectif de concurrence explique la reconnaissance à tous les régulateurs de la capacité de choisir d'appliquer les droits sectoriel ou de la concurrence pour le règlement des différends, le second devant théoriquement finir par être le seul mobilisé. Les régulateurs se sont fixés comme politique de retenir le droit convenant le mieux à la situation des requérants. Sur ce point, l'Ofcom a énoncé dans son rapport faisant suite à une consultation sur la mise en œuvre de ses lignes directrices de 2012 qu'elle « ne peut exercer ses pouvoirs sectoriels découlant des lois sur les communications, les services postaux et les médias audiovisuels pour réprimer les pratiques anticoncurrentielles que si elle considère qu'il n'est pas plus approprié de recourir à la procédure prévue par le droit de la concurrence. [...] Chaque fois que l'autorité décide d'utiliser les pouvoirs sectoriels plutôt qu'à ceux dévolus par le droit de la concurrence, les raisons ayant motivé ce choix sont précisées[11] ». Cette approche est retenue par l'ensemble des régulateurs, l'Ofwat l'ayant déjà adoptée dans un document datant de 1998[12], tandis que l'*Office of Fair Trading* l'avait rappelée dans son rapport de 2004 relatif à l'application concertée du droit de la concurrence par les autorités sectorielles[13]. La récente réforme de 2013 du droit de la concurrence n'a pas remis en cause cette orientation forte[14], et plutôt rare en Europe[15]. Parmi les raisons qui peuvent justifier le recours au droit sectoriel, le fait que la procédure soit moins onéreuse, qu'elle mobilise moins d'acteurs, et que la décision corresponde mieux aux attentes du secteur est souvent invoqué[16]. Le contexte ou l'importance des pouvoirs dévolus par tel ou tel droit entrent également en considération. L'Ofgem a ainsi abandonné des poursuites sur le fondement du droit de la concurrence à l'encontre de deux distributeurs d'électricité suspectés d'abus de position dominante par la pratique de tarifs élevés d'accès au marché de gros. Appliquant les critères d'analyses de ses lignes directrices[17], l'Ofgem a estimé que les moyens en cause, la perspective d'identifier un abus de position dominante et la possibilité d'obtenir une solution par d'autres voies justifiaient la clôture de l'enquête lancée sur la

[11] Ofcom, *Statement following consultation on draft Enforcement Guidelines*, juillet 2012, p. 5.

[12] OFT, *The application of the Competition Act in the water and sewerage sectors*, mars 2010, OFT 422, 35 p.

[13] OFT, *Concurrent Application to regulated industries*, décembre 2004, OFT 405, 39 p.

[14] CMA, *Regulated Industries : Guidance on concurrent application of competition law to regulated industries*, septembre 2013, CMA10con, p. 5 et s.

[15] Seule l'Irlande du Nord et la Grèce appliquent cette solution, mais partiellement.

[16] Department of Trade and Industry and HM Treasury, *Concurrent Competition powers in sectorial régulation*, mai 2006, URN 06/1244, p. 4.

[17] Ofgem, *Enforcement guidelines on Complaints and Investigations*, septembre 2007, 232/07, chapitre 3. Ces lignes directrices sont en cours de révision.

base du droit « commun » de la concurrence[18]. Selon l'autorité de régulation, « la poursuite de l'enquête sur le fondement du *Competition Act 1998* ne serait pas assez efficace quant aux ressources mobilisées, en particulier si l'on prend en compte les autres actions envisageables, plus efficaces au regard des problématiques potentielles identifiées lors de l'enquête[19] ». Elle a enfin ajouté que les ressorts du droit sectoriel étaient déjà en œuvre et donnaient des résultats plus satisfaisants[20].

Les termes utilisés par l'Ofgem ne sont pas anodins : le but est bien d'être « efficace » au regard de critères fixés dans des lignes directrices dont il faut souligner qu'ils ne sont pas exhaustifs[21]. À cet égard, la variable des ressources mobilisées revient fréquemment[22]. Le souci de l'autorité de gérer rationnellement les moyens matériels, financiers et humains dont elle reconnaît elle-même qu'ils ne sont pas infinis, est donc central[23]. Cette démarche relève d'une vision managériale de la régulation qui trouve sa légitimité dans l'analyse économique du droit et de ses procédures[24].

À l'aune de cette brève analyse, une critique peut être formulée. La possibilité dont disposent les autorités de régulation d'invoquer le droit sectoriel ou le droit de la concurrence conduit à une contradiction. Ce choix, nous l'avons vu, se fait notamment par l'identification de critères rationnels de nature juridique et économique. Or cette démarche est en elle-même chronophage et couteuse. Si les régulateurs se contentaient du droit sectoriel à l'exclusion du droit commun de la concurrence, une étape serait supprimée dans certains contentieux. En outre, malgré la publication et la révision fréquente de lignes directrices permettant aux entreprises de prévoir la politique décisionnelle des autorités de régulation, le recours à la *soft law* n'est pas la meilleure garantie de sécurité et de stabilité juridiques qui s'avèrent pourtant des données incontournables pour évaluer l'efficacité du droit[25]. Ce risque est bien perçu par les régulateurs puisqu'il est assez rare que les enquêtes soient menées

---

[18] Tel qu'il résulte du *Competition Act 1998*.

[19] *Competition Act investigation into ScottishPower and Scottish and Southern Energy*, 19 janvier 2009.

[20] *Ibid.*

[21] Ofgem, *op. cit.*, p. 12.

[22] V. aussi Ofcom, *Guidelines for the handling of competition complaints, and complaints and disputes about breaches of conditions imposed under the EU Directives*, juillet 2004, p. 8.

[23] *Op. cit.*, p. 13.

[24] Sur ce thème, v. E. Mackaay, S. Rousseau, *Analyse économique du droit*, Dalloz, 2e éd., 2008, spé. p. 591 et s.

[25] V. L. Boy, J.-B. Racine, F. Siirainien (dir.), *Sécurité juridique et droit économique*, Larcier, 2007, 586 p., spéc. les contributions de la troisième partie : « Les manifestations de la sécurité juridique dans le droit économique ».

sous l'empire du *Competition Act 1998* (*CA 1998*)[26]. Notons également que la loi peut disposer que les droits sectoriels et « commun » de la concurrence sont exclusifs l'un de l'autre. En ce sens, la loi sur la communication de 2003 retient une stricte séparation des procédures[27].

Tout comme la plupart des modes de régulation en Europe, le système britannique ne fait pas l'unanimité par sa complexité et son hétérogénéité dans la mise en œuvre du droit de la concurrence[28]. Ici comme ailleurs, les échanges constants entre régulateurs apparaissent comme un vecteur d'efficacité et de traitement optimal des dossiers.

B. Les échanges constants

Dans l'ensemble des États européens, la collaboration entre régulateurs est primordiale à tous les niveaux : entre régulateurs sectoriels, entre ces derniers et l'autorité générale de la concurrence et entre régulateurs nationaux et européens. Au Royaume-Uni, cette interrégulation institutionnelle est rendue nécessaire par l'application transversale du droit de la concurrence évoquée plus haut. La question qui se pose est alors la suivante : quelle est l'autorité de régulation la mieux placée pour prendre en charge tel ou tel dossier impliquant le droit de la concurrence ? Le choix de la procédure la plus appropriée est le principe. Reste à savoir ce que cette expression recouvre exactement.

Une fois encore, c'est le pragmatisme qui domine. Les autorités sectorielles et générale s'entendent pour identifier le régulateur plus à même d'apporter une réponse rapide et adéquate au litige. La possibilité d'un exercice conjoint de la régulation sur le fondement du droit de la concurrence est tout aussi envisageable. Les articles 54 et suivants du *CA 1998,* et son annexe 10, modifiés par le *ERRA 2013* et son annexe 14, précisent les modalités de l'interrégulation. Le Secrétaire d'État occupe une place déterminante dans le dispositif. La loi lui octroie des compétences étendues par l'adoption de décisions afin de coordonner l'action de plusieurs régulateurs au profit de l'un d'entre eux[29]. Un dessaisissement réciproque est opéré pour éviter les doubles condamnations qui porteraient directement atteinte à la règle *non bis in idem* qui joue un rôle de premier plan en droit processuel de la concurrence[30]. Un

[26] V. J. Macinnes, « Concurrent exercise of competition powers by the sectoral regulators : Is it time for a more radical change of approach ? », *Comp. Law*, 2012, Issue 1, p. 38.

[27] Article 317 du *Communications Act 2003* et son interprétation par Ofcom, *op. cit.*, p. 6.

[28] V. *contra* M. M. Dabbab, *op. cit.*

[29] Section 54 (4) et (5), (a), (b), (c), (e), (f), (g), (h) du *CA 1998* amendé ; v. aussi le *Competition Act 1998 (Concurrency) Regulations 2004/1077.*

[30] V. L. Idot, « Réflexions sur l'application de certains principes et notions du droit pénal en droit des pratiques anticoncurrentielles », in *Mélanges dédiés à Bernard Bouloc : Les droits et le droit*, Dalloz, 2006, p. 461 ; et plus généralement, J. Lelieur-Fischer, *La règle* ne bis in

exercice commun de compétences entre plusieurs directeurs ou autorités n'est, toutefois, pas exclu[31].

La réforme de 2013 s'oriente clairement vers un renforcement des liens entre les régulateurs sectoriels et la nouvelle Competition and Markets Authority. À ce titre, le Gouvernement a indiqué qu'il souhaitait une coopération plus importante et une attitude plus « *proactive* » des autorités sectorielles dans l'usage de leurs prérogatives en matière de droit de la concurrence. La CMA, qui voit sa fonction de supervision étendue, aura pour mission d'apporter des observations sur le recours à ces pouvoirs par la publication d'un rapport annuel[32]. En septembre 2013, un projet de sur l'application partagée du droit de la concurrence aux industries en réseau explicite les principes généraux d'attribution des dossiers[33]. La consultation préalable entre régulateurs (sectoriels et CMA) est obligatoire dès lors que le contentieux est susceptible d'être traité par une autre autorité. Cette prescription est renforcée lorsqu'est en cause le droit de la concurrence. Il est rappelé que la CMA ou le régulateur sectoriel sera responsable du litige que s'il s'avère le mieux placé pour le régler. Afin de vérifier si tel est bien le cas, sept critères sont énumérés[34] :

- tenir compte de la connaissance du secteur par le régulateur dédié et la CMA ;
- savoir si l'affaire affecte plus d'un secteur régulé ou non régulé ;
- les contacts établis précédemment entre les parties ou les plaignants, d'une part, et le régulateur sectoriel ou la CMA, d'autre part ;
- évaluer l'expérience des relations avec les entreprises impliquées dans les procédures ;
- évaluer l'expérience de contentieux similaires ;
- vérifier qu'il n'est pas plus pertinent d'appliquer le droit de la concurrence par la CMA ;

---

idem *: du principe de l'autorité de la chose jugée au principe d'unicité d'action répressive*, thèse dactylographiée, université Paris I, 2005, 615 p.

[31] Section 54 (5), (d), (i) et (ii).

[32] Department for Business, Innnovation ans Skills, *Enterprise and Regulatory Reform Act 2013. Policy Paper*, Juin 2013, p. 18, § 3.7 ; CMA, « Draft Guidance on concurrent application of competition law to regulated industries », [2014], CMA10con, in *Regulated Industries : Guidance on concurrent application of competition law to regulated industries Consultation document*, September 2013, CMA10con, § 3.54 et s.

[33] *Ibid.*

[34] *Op. cit.*, § 3.20 et s. Il est prévu que les conditions fixées par la *Communication de la Commission relative à la coopération au sein du réseau des autorités de concurrence* (*JOC*, 27 avril 2004, p. 43) s'imposent en sus, dès lors que les articles 101 et s. du TFUE sont applicables (§ 3.37 et s.). Sur les relations entre les régulateurs sectoriels et le Réseau européen de la concurrence, v. § 4.16 et s.

– s'assurer que le cas pris en charge par la CMA en collaboration avec le régulateur compétent (et vice versa) garantit une bonne articulation entre les expertises concurrentielle et sectorielle.

Les échanges doivent se faire de façon transparente par l'information constante des entreprises et des régulateurs en cause[35]. Le projet de lignes directrices retient une procédure assez stricte enfermée dans des délais précis[36] et énumère les circonstances dans lesquelles la CMA pourra se saisir d'un litige alors même qu'une autorité sectorielle aurait déjà été saisie[37]. Plus concrètement, il sera possible pour les régulateurs de conclure entre eux des agréments via l'adoption de mémorandums[38] pour renforcer leur collaboration par le biais de formations, d'avis, de conseils ou de toute autre forme de soutien, que ce soit dans le cadre de la résolution d'un contentieux ou de manière plus générale[39]. Il est aussi prévu une mise à disponibilité réciproque des personnels pour une durée déterminée[40].

Au-delà de ces collaborations officielles, des structures ont émergé afin de favoriser les échanges. Il convient de mentionner deux d'entre elles : le *Concurrency Working Party* (CWP), créé en 1997 pour faciliter la mise en œuvre du *Competition Act 1998 (Concurrency) Regulations 2004/1077* et dont la vocation est d'éviter des chevauchements de compétences ; et le *Joint Regulators Group*. Le CWP est composé de la totalité des autorités de régulations pouvant appliquer le droit de la concurrence. Réunies en forum d'échanges, elles poursuivent quatre objectifs : étudier les modalités pratiques de la collaboration ; discuter des difficultés communes rencontrées pour trouver les meilleures solutions possible ; partager les informations si cela est pertinent dans les limites fixées par la loi ; et coordonner la formulation d'avis et d'informations. Les rencontres ont lieu six fois par an sous la direction du régulateur général de la concurrence. Parmi les outils mobilisés, une plateforme internet confidentielle a été créée. Le CWP est remplacé par le *United Kingdom Competition Network* (UKCN) lors de la mise en place de la CMA qui s'est étalée d'octobre 2013 à avril 2014. Le Royaume-Uni reprend à son compte la structuration en « réseau » issue de l'Union européenne et diffusée à l'ensemble des États membres[41]. L'objet et les missions du UKCN

[35] § 3.40 et s.

[36] *Op. cit.*, § 3.22 et s. ; et § 3.31 (transfert de dossiers entre régulateurs sectoriels).

[37] *Op. cit.*, § 3.25 et s.

[38] *Op. cit.*, § 3.41 et s.

[39] *Op. cit.*, § 3.34.

[40] *Op. cit.*, § 3.32 et 3.33.

[41] V. la *Communication de la Commission relative à la coopération au sein du réseau des autorités de concurrence*, préc.

sont formalisés dans le projet de lignes directrices[42] et le UKCN *Statement of Intend* de décembre 2013. Selon ce texte, le UKCN demeurera « un forum qui permettra aux régulateurs sectoriels et à la CMA de partager leur expertise, leurs idées et leur expérience afin d'assurer une approche cohérente et hautement qualitative du droit de la concurrence et de son application par les régulateurs sectoriels [...][43] ». Présidé par l'un des membres de la CMA, le réseau reprend les moyens du CWP tout en les précisant au regard de la législation en vigueur[44].

Le JRG est bien moins formalisé. Ce groupe réunit tous les régulateurs sectoriels intervenant au Royaume-Uni. C'est la raison pour laquelle y participent la *Homes and Communities Agency* (*Regulatory Committee*), l'*Utility Regulator* d'Irlande du Nord et la *Water Industry Commission for Scotland*. L'autorité générale de la concurrence en est exclue, l'*Office of Fair Trading* n'étant jusqu'alors qu'un observateur. Le JRG n'existe que par la seule volonté de ses membres. Ce n'est pas un service ministériel, ni une personne morale de droit public ou de droit privé. Il fonctionne sur la base d'échanges d'expériences et de connaissances en matière de régulation. Des groupes de travail transversaux partagent leurs ressources et leur expertise sur des sujets spécifiques. L'objectif clairement affiché est de promouvoir la cohérence de la régulation économique sur tout le territoire britannique. Outre l'examen coordonné de certaines questions sectorielles, cet organisme intervient auprès du Gouvernement, des investisseurs ou toute personne intéressée par les problématiques communes aux activités régulées[45]. Les documents produits sont relativement nombreux, comme en témoigne la réponse formulée au CWP sur les pouvoirs des autorités sectorielles en matière de droit de la concurrence[46], ou le récent rapport rendu à l'occasion de l'adoption du *ERRA 2013*[47].

Malgré ces dispositifs, plus ou moins contraignants, l'interrégulation n'est pas toujours aussi efficace que possible. La multiplication des autorités de régulation a souvent été accusée d'alourdir les procédures et d'accroître les coûts. Rapidement, le besoin de réforme s'est fait sentir à la fin des années 1990, ce qui a favorisé une certaine instabilité institutionnelle.

---

[42] CMA, *op. cit.*

[43] *Op. cit.*, p. 2.

[44] *Op. cit.*, p. 15, § 3.15 et s.

[45] V. Joint Regulators Group, *Terms of Reference*, 2012, 6 p.

[46] JRG, *Response of the Concurrency Working Party to DTI/HMT Report on concurrent compétition powers in sectoral régulation*, Décembre 2006, 7 p.

[47] JRG, *Progress report of the Joint Regulators Group Work-Group on Concurrency to May JRG meeting*, avril 2013, 15 p.

II. – Des relations empreintes d'instabilité institutionnelle

Au Royaume-Uni comme en France, la régulation est un phénomène en perpétuelle mutation qui implique une révision fréquente du schéma institutionnel. Les raisons de cette instabilité sont à trouver dans les modalités multiples de régulation pouvant influencer les autorités publiques. Après des années de tâtonnement, les Britanniques semblent s'orienter vers une rationalisation dont d'autres États pourraient utilement s'inspirer.

A. Les modalités multiples de régulation à disposition des autorités publiques

L'assujettissement des industries en réseau à un droit particulier afin de garantir leur ouverture à la concurrence de façon satisfaisante – et dans l'optique d'une future soumission au droit de la concurrence – est avant tout politique. Au Royaume-Uni, ce choix résulte d'influences diverses, d'abord américaines puis européennes. Si la finalité est claire, le cadre pour y parvenir a toujours été source de discussions, car il est difficile d'assurer un équilibre entre les nombreux paramètres à prendre en compte. Dans ce contexte, le principal enjeu est l'articulation entre la phase, censée être transitionnelle, de libéralisation et l'application du droit de la concurrence. S'il est indispensable que le régulateur ait une parfaite connaissance du secteur économique qu'il régit, il ne doit pas pour autant ignorer les problématiques de concurrence. La Chambre des lords a déjà insisté dans un rapport de 2007 sur les risques d'un tropisme sectoriel susceptible d'empêcher l'avènement d'une véritable concurrence[48]. À cette première difficulté s'ajoute l'éclatement potentiel de la régulation entre de multiples acteurs dont les statuts et les pouvoirs sont loin d'être identiques. Une fois encore, le particularisme du marché régulé peut expliquer qu'il déteigne sur les règles qui lui sont applicables. Toutefois, la création systématique d'une autorité pour chaque nouveau secteur libéralisé aboutit à ce qu'il convient d'appeler la nébuleuse de la régulation. Malheureusement, aucune expérience institutionnelle connue ne semble assurer un équilibre parfait entre la considération portée aux spécificités sectorielles et la finalité purement concurrentielle. La synthèse produite par Maher Dabbah contribue à mieux appréhender les nombreuses options à disposition des autorités publiques.

> « – Option A : l'attribution exclusive à des régulateurs sectoriels de l'application du droit de la concurrence en plus de la régulation technique, économique et de l'accès au réseau ;

[48] House of Lords, Select Committee on Regulators, *op. cit.*, p. 77-78.

– Option B : la coordination de l'application du droit de la concurrence entre les régulateurs sectoriels (qui sont par ailleurs en charge de la régulation technique, économique et de l'accès au réseau) et l'autorité générale de la concurrence ;
– Option C : l'attribution de la régulation économique et d'accès au réseau en plus de l'application du droit de la concurrence à des autorités de la concurrence, tandis que la régulation technique est confiée (éventuellement avec des aspects significatifs de régulation économique) aux régulateurs sectoriels.
– Option D : l'application du droit de la concurrence, de la régulation technique, économique et de l'accès au réseau par l'autorité générale de la concurrence.
– Option E : l'application exclusive du droit de la concurrence aux secteurs régulés par l'autorité générale de la concurrence et la prise en charge de la régulation technique, économique et de l'accès au réseau aux autorités sectorielles de la concurrence ;
– Option F : l'application du droit de la concurrence par l'ensemble des régulateurs sectoriels et l'autorité générale de la concurrence, les premiers conservant la maîtrise de la régulation technique, économique et de l'accès au réseau[49]. »

Maher DABBAH étudie deux modèles vers lesquels ces six cas tendent : la régulation exclusive (par l'autorité générale de la concurrence ou les régulateurs sectoriels) et la régulation partagée (entre les régulateurs sectoriels et l'autorité générale de la concurrence). L'un comme l'autre a ses avantages et ses inconvénients qui expliquent les tergiversations quant au modèle que les États peuvent retenir[50]. Selon Maher DABBAH, la régulation exclusive a pour intérêt de renforcer l'indépendance de la régulation par des rapports moins étroits avec les entreprises d'un secteur économique particulier. De plus, une autorité générale conserve une vision plus large des perspectives économiques. Elle garantit une application cohérente, et à moindre coût du droit de la concurrence, tout en pouvant invoquer la « règle de raison », ce que ne peuvent faire les régulateurs sectoriels[51]. Les écueils n'en sont pas moins notables : le manque d'expertise technique des secteurs, la longueur des procédures lancées sur le fondement du droit de la concurrence, la prise en charge de contentieux n'ayant que peu d'enjeux concurrentiels, la mise à l'écart de la mission de pilotage du secteur vers la concurrence, ou des finalités

[49] M. M. DABBAH, *op. cit.*, p. 116-117. L'auteur précise que ces expériences ne sont pas exhaustives et peuvent être combinées.
[50] *Op. cit.*, p. 118.
[51] *Ibid.*

extra concurrentielles, et l'insuffisance de mécanismes dédiés à la résolution de litiges fréquents entre acteurs d'une industrie en réseau[52].

Quant à la régulation partagée, les arguments en sa faveur sont tout aussi pertinents : une approche intégrée, doublée de la prise en compte de l'objectif de concurrence selon les particularités sectorielles en assurant un accompagnement par l'autorité générale de la concurrence. Il n'en demeure pas moins que le risque de superposition des organismes et de dilution du travail est grand. Là encore, la coordination et la coopération entre les acteurs institutionnels doivent être sans faille. Or la Chambre des lords et la doctrine soulignent que des progrès doivent être réalisés sur ces points[53]. Une remarque similaire est formulée à l'encontre de régulateurs qui écartent trop souvent le droit de la concurrence pour faire prévaloir la vision sectorielle ou le test d'intérêt public. En dernier lieu, les conflits de compétences et le « *forum shopping*[54] » ne sont pas à exclure. Malgré ces risques, les Britanniques demeurent attachés à la régulation partagée, ce qui n'a pas empêché de repenser récemment son architecture globale.

B. De l'inconstance du système de régulation britannique à sa rationalisation

Face aux bénéfices et aux aléas de chacun des deux modèles évoqués, et la complexité du droit des secteurs en cause, le Royaume-Uni a opté pour la régulation partagée, favorisant dans un premier temps la prolifération des régulateurs sectoriels. Les gouvernements successifs ont donc tenté de rationaliser un paysage administratif pointilliste. Depuis 1998, les rapports se multiplient pour rendre plus simple la régulation[55]. Au niveau des autorités de régulation sectorielles, l'Ofcom est le produit de la fusion de cinq régulateurs dans le domaine de l'audiovisuel et de la radio, du satellite et des télécommunications (Oftel, *Independent Television Commission, Broadcasting Standards Commission, Radio Authority, Radio Communications Agency*)[56]. Depuis 2011, la supervision des services postaux lui échoit[57]. En un peu moins de dix, un seul régulateur a repris les compétences de six autres. Pour les activités gazières, l'Ofgem s'est substitué à l'*Office of Gas Supply*

---

[52] *Op. cit.*, p. 119.

[53] House of Lords, Select Committee on Regulators, *op. cit.*, p. 67 ; J. MacInnes, *op. cit.* ; et M. M. Dabbah, *op. cit.*

[54] M. M. Dabbah, *op. cit.*, p. 128.

[55] DTI, *Fair Deal for Consumers : Modernising the Framework for Utility Regulation. The Response to Consultation*, juillet 1998, 30 p.

[56] *The Communications Act 2003.*

[57] *Postal Services Act 2011.*

(Ofgas) et de l'*Office of Electricity Regulation* (Offer)[58]. Le rail a également connu une réorganisation autour de l'ORR après de nombreuses évolutions initiées en 1993 par le Gouvernement conservateur de John Major[59]. À l'échelle du régulateur général de la concurrence, le *ERRA 2013* a aussi opéré un rapprochement entre deux organismes, l'*Office of Fair Trading*, responsable de la sanction de l'ensemble des pratiques anticoncurrentielles, et la *Competition Commission*, compétente en matière de concentrations. La nouvelle *Competition and Markets Authority* remplace les deux précédentes autorités avec un rôle de supervision accru dans la mise en œuvre du droit de la concurrence[60]. Malgré une réelle instabilité, la volonté affichée depuis les années 2000 d'une rationalisation du nombre de régulateurs porte ses premiers fruits. Si le Royaume-Uni n'a pas évité les hésitations politiques, force est d'admettre que le schéma institutionnel s'est simplifié, comme en témoigne le tableau suivant.

Secteurs industriels dans lesquels les régulateurs sectoriels détiennent concurremment avec la Competition and Markets Authority des pouvoirs en matière de droit de la concurrence (au 1er avril 2014)[61]

Objet	**Loi applicable**	**Autorité de régulation**	**Statut**
Régulation générale de la concurrence	*Competition Act 1998* et *Enterprise and Regulatory Act 2013*	*Competition and Markets Authority*	*Non-ministerial government department*
Services et opérations aéroportuaires ; régulation du trafic aérien	*The Civil Aviation Act 2012* *The Transport Act 2000*	*Civil Aviation Authority*	*Public Corporation*
Services de santé (Angleterre)	*The Health and Social Care Act 2012*	*Monitor*	*Non-departemental public body*
Production, transmission et fourniture d'électricité (Irlande du Nord)	*The Electricity (Northern Ireland) Order 1992*	*Northern Ireland Authority for Utility Regulation*	*Independent public body*

[58] *Utilities Act 2000.*

[59] *Railways Act 1993.* V. également *Railways Act 1993* et le *Railways Act 2005.*

[60] V. *supra* I. B.

[61] Source : *Draft Guidance on concurrent application of competition law to regulated industries*, [2014], CMA10con, in *Regulated Industries : Guidance on concurrent application of competition law to regulated industries Consultation document*, septembre 2013, CMA10con ; B. HARRIS, A. CARNES, *Disciplinary and Regulatory Proceedings*, Jordans, 7th ed., 2013, chap. 21 ; et House of Lords, *op. cit.*

Objet	Loi applicable	Autorité de régulation	Statut
Approvisionnement en eau (sécurisation des réseaux d'eau et d'eaux usées) (Irlande du Nord)	*Water and Sewerage Services (Northern Ireland) Order 2006*	*Northern Ireland Authority for Utility Regulation*	*Independent public body*
Cession, stockage et distribution du gaz (Irlande du Nord)	*The Gas (Northern Ireland) Order 1996*	*Northern Ireland Authority for Utility Regulation*	*Independent public body*
Communications électroniques, médias et services postaux	*The Communications Act 2003*	*Office of Communications*	*Public Corporation*
Transport, cession et distribution du gaz ; Production, le transport ou la fourniture d'électricité	*The Gas Act 1986*	*Office of Gaz and Electricity Markets*	*Non-ministerial government department*
Approvisionnement en eau (sécurisation des réseaux d'eau et d'eaux usées)	*The Water Industry Act 1991*	*Water Services Regulation Authority*	*Non-ministerial government department*
Services ferroviaires	*Railways Act 1993*	*Office of Rail Regulation*	*Non-ministerial government department*

Avec huit autorités (six, si l'on met à part le cas nord-irlandais), le système institutionnel semble parvenir à un équilibre quantitatif garanti par une interrégulation qualitative et une soumission de toutes les autorités de régulation à un seul contrôle juridictionnel assumé par le *Competition Appeal Tribunal*. Cependant, cet équilibre demeure fragile tant le sujet demeure un enjeu politique permanent. La conférence du Parti travailliste de septembre 2013 a encore été l'occasion pour l'un des leaders de l'opposition de critiquer l'Ofgem sur la question de la régulation des prix au détail de l'énergie[62], et d'en profiter pour en suggérer l'abolition au profit d'une nouvelle autorité. Ce genre de tentative de manipulation politique des régulateurs doit être absolument évité afin de

[62] C. Hanretty, *Labour's proposal to abolish Ofgem : if you don't like the answer, change the regulator ?*, http://competitionpolicy.wordpress.com/2013/09/25/labours-proposal-to-abolish-ofgem-if-you-dont-like-the-answer-change-the-regulator/ (lien en octobre 2013).

garantir leur indépendance et la sécurité juridique des entreprises qui y sont soumises. Selon nous, les évolutions institutionnelles doivent exclusivement découler de deux variables: d'une part, une adaptation aux mutations techniques des secteurs économiques, et, d'autre part, la soumission généralisée au droit « commun » de la concurrence.

Interrégulation en Allemagne : Entre partage et coopération

Julien WALTHER[1]

D'emblée, le constat est celui de la grande complexité du paysage de la régulation allemand. Celui-ci est à la fois le reflet de des intrications de l'organisation fédérale et de la réponse à l'ouverture progressive de marchés. Et s'il existe bien un grand régulateur fédéral multisectoriel des réseaux (*Bundesnetzagentur*) ainsi que l'emblématique autorité fédérale des cartels (*Bundeskartelleamt*), bien d'autres autorités gravitent dans leurs orbites plus éloignées – tant celles fédérales que celles relevant de la compétence des *Länder*[2]. Une pluralité de régulateurs sectoriels et d'autorités de la concurrence cohabitent dans des champs de compétences respectives.

L'interrégulation peut être vue comme l'ensemble des relations et interactions entre ces régulateurs sectoriels et ces autorités de la concurrence. Ou comme le précisait en d'autres termes madame Frison-Roche, c'est « un procédé technique procédural ou doctrinal, [qui] répond à la nécessité de faire entrer en contact des régulations autonomes[3] ». La notion de « contact » peut être déclinée sous bien des aspects et en ce sens la doctrine allemande évoque de nombreuses hypothèses de « collision des normes ».

Il en va ainsi de l'étendue des contacts puisque les différents secteurs régulés ont des frontières parfois tenues tant avec le droit de la concurrence qu'entre eux. Mais la même notion de contact renvoie aussi à sa qualité, voire la tension de celle-ci. Si l'existence d'une autorité de régulation multi-sectorielle permet a priori de réduire le champ des frictions possibles, les compétences de la *BNetzA*[4] sont de jure et de facto parfois difficiles à cerner, vu le renvoi fréquent

---

[1] Maître de conférences HDR à l'université de Lorraine.

[2] J. WALTHER, « Un "modèle allemand" d'autorité de régulation pour l'Europe ? – Concentration et diversification des autorités de régulation sectorielle en Allemagne », *RJEP*, 12/2011, p. 21 et s. Nous adressons nos remerciements au Dr Christoph Lerche, *Deutsche Bahn AG*, pour ses précieuses indications pratiques.

[3] M. A. Frison-Roche, « L'hypothèse de l'interrégulation », *Les risques de la régulation*, (*idem, et al.*), Dalloz, 2005, p. 69 et s.

[4] Abréviations utilisées ici :

AEG : Allgemeines Eisenbahn Gesetz – loi ferroviaire ;

BaFin : Bundesanstalt für Finanzdienstleistungen – Autorité des services financiers ;

BkartA : Bundeskartellamt – Office fédéral des cartels ;

aux différentes lois sectorielles. Pour la même autorité, les règles varient en conséquence d'un secteur à l'autre.

Il faut de plus dans un système de régulation sectorielle tracer les limites entre les instruments agissant *ex post* et ceux *ex ante*. C'est une distinction temporelle ; les instruments *ex ante* prescrivent des règles et des standards qu'il faut suivre pour avoir un comportement conforme *ab initio*, le contrôle *ex post* laisse tout d'abord une certaine marge de manœuvre aux acteurs avant de soumettre la solution développée par le marché lui-même au contrôle de conformité étatique ou supra-étatique[5]. Les autorités de régulation sectorielle usent de ces deux types d'instruments même si le contrôle *ex post* est la marque plus classique du droit de la concurrence ; c'est là que les conflits de normes potentiels se trouvent en grand nombre.

Pour décrire plus systématiquement ces contacts, entendons ces relations et interactions, d'aucuns évoquent trois modèles théoriques et pratiques possibles : la spécialité, le parallélisme des compétences et la coopération entre autorités[6]. Il ne s'agit pas là en pratique de modèles strictement alternatifs ; souvent le législateur reste silencieux ou ne prévoit que certains cas de figure. Le cadre législatif allemand est en effet un assemblage assez hétérogène de règles, présentant l'aspect d'un « patchwork normatif » – la doctrine parle de « *bunter Flickenteppich*[7] » (soit littéralement d'un « tapis bariolé et reprisé »)

BnetzA : Bundesnetzagentur – Autorité de régulation des réseaux ;
BörsG : BörsenGesetz – loi boursière ;
EBA : Eisenbahnbundesamt – Autorité technique ferroviaire ;
EnWG : Energiewirtschaftsgesetz – loi sur l'économie de l'énergie ;
GWB : Gesetz gegen Wettbewerbsbeschränkungen – loi sur les pratiques anticoncurrentielles (ou litt. sur les restrictions de la concurrence) ;
KWG : Kreditwesengesetz – loi sur le crédit ;
PostG : Postgesetz – loi postale ;
TKG : Telekommunikationsgesetz – loi sur les télécommunications ;
VwVfG : Verwaltungsverfahrensgesetz – loi sur les procédures administratives ;
WpHG : Wertpapierhandelsgesetz – loi sur les titres financiers.

[5] K. Schreiber, *Zusammenspiel der Regulierungsinstrumenten in den Netzwirtschaften Telekommunikation, Energie und Eisenbahnen*, Beck, 2009, p. 5 et s.

[6] W. Möschel, « Das Verhältnis von Kartellbehörde und Sonderaufsichtsbehörden », *WuW*, 7 et 8, 2002, p. 682 et s. ; M. Ludwigs, « Die Rolle der Kartellbehörden im Recht der Regulieru ngsverwaltung », *WuW*, 5, 2008, p. 534 et s. ; Voir aussi Ph. Chone, « L'articulation des politiques de concurrence et de régulation sectorielle », *op. cit.*, p. 210 renvoyant à une étude de la DGCCRF : « La ligne de partage des compétences entre les deux types d'organismes est très fluctuante. Elle dépend, dans chaque pays, surtout de l'histoire institutionnelle. Les compétences peuvent être parallèles, ou partagées, ou exclusives (souligné par nous). Mais l'essentiel est d'éviter que ne surviennent des conflits de normes, de compétence ou d'interprétation. »

[7] V. M. Ludwigs, « Die Rolle der Kartellbehörden im Recht der Regulierungsverwaltung », *op. cit.*, p. 550. V. déjà Th. Mayen, « Soll das Recht der Regulierungsverwaltung übergreifend geregelt werden ? Rechtschutz und Verwaltungsverfahren », *Verhandlungen des 66. Juristentages,*

– et nous reprendrons à notre compte cette trilogie dans notre exposé pour essayer de donner une vue plus systématique de cet ensemble épars[8].

En premier lieu, la régulation sectorielle s'est indéniablement construite en soustrayant aux autorités de la concurrence une partie de leur domaine de contrôle – ceci est historiquement avéré en matière d'accès aux réseaux énergétiques depuis 2005 puisque l'on assiste à la fin d'un modèle d'autorégulation allemand sous la surveillance du *Bundeskartellamt* à la mise en place du grand régulateur multisectoriel, la *Bundesnetzagentur*[9] Il y a donc bien une certaine « concurrence » des autorités toujours dénoncée par le *Bundeskartellamt* et une partie de la doctrine[10]. Il faut donc examiner comment s'opère le partage des compétences matérielles et formelles entre ces acteurs ; il se fait selon le principe de spécialité complété par un parallélisme souvent résiduel (I). Mais en second lieu, une fois cette évidence énoncée, les acteurs de la régulation lato sensu doivent travailler de concert. Ceci marque en particulier l'application du dernier modèle : celui de la coopération, tant officielle qu'officieuse (II).

I. – Le partage de compétence entre les autorités de régulation et les autorités de la concurrence

Les textes sectoriels et ceux du droit de la concurrence, soit les *TKG*, *EnWG* et *AEG* ainsi que le *GWB* procèdent par le biais évoqué de la spécialité ou du parallélisme ; il va ainsi lorsqu'il s'agit de distinguer les champs de compétence respectifs des activités de régulation et de contrôle de la concurrence – ce que d'aucuns ont nommé *l'interrégulation croisée*[11](A). La complexité est croissante dans des champs limitrophes de compétences régulatrices spécifiques – entendons ici le domaine de *l'interrégulation intersectorielle* (B).

A. La répartition des compétences entre les autorités de régulation sectorielles et de la concurrence – *l'interrégulation croisée*

Il y a une zone naturelle de conflit de normes applicables en matière de contrôle de l'accès aux réseaux par la *BNetzA* en application des lois sectorielles avec les règles des paragraphes 18, 19, 20 et 29 du *GWB* relatives à l'abus de

Band II, 2006, Referat, p. O 45.

[8] Certains de ces points ont déjà été introduits dans l'article évoqué supra publié à la *RJEP*, 12, 2011 mais ils font ici l'objet de précisions et d'approfondissements.

[9] J. Walther, « Un "modèle allemand" d'autorité de régulation pour l'Europe ? – Concentration et diversification des autorités de régulation sectorielle en Allemagne », *op. cit.*, n°s 24 et s.

[10] V. Emmerich, *Kartellrecht*, Beck, 2012, p. 512 et s.

[11] Pour reprendre les classifications de M. Hubert Delzangles, voir sa contribution au présent colloque.

position dominante[12]. Ceci est matériellement déjà dû au fait que ces textes sectoriels reprennent la rédaction très large des dispositions de la loi sur les pratiques anticoncurrentielles (*GWB*) et de l'article 102 du TFUE[13]. Il peut y avoir en conséquence des chevauchements entre ces deux champs normatifs quand se posent des questions de discrimination à l'accès aux infrastructures que sont les réseaux, par des tarifs (y compris de prédation). De plus, le *BKartA* n'a perdu ce domaine de contrôle pour l'énergie qu'avec la mise en place de l'autorité de régulation sectorielle en 2005 ce qui ne facilita guère les choses dans un premier temps puisque champs matériels et compétences organiques allaient de pair.

Le conflit est réglé soit par le concours tranché par la spécialité (1), soit par le parallélisme, c'est-à-dire le cumul des normes (2).

1. La clef de répartition la plus fréquente est celle de la spécialité : les règles de la régulation sectorielle l'emportent alors sur celles du droit de la concurrence. Selon les paragraphes 111 de l'*EnWG* et 130 du *GWB*, les règles spéciales pour l'abus de position dominante de l'*EnWG* (§ 30, 31) l'emportent sur règles du *GWB* (loi sur les restrictions de la concurrence générale) pour l'accès aux réseaux – il y a en conséquence compétence de la *BNetzA* et non des autorités de la concurrence[14]. Ceci est clairement le cas depuis 2005[15]. A l'inverse, pour ce qui est de la production, du commerce de l'énergie ou du prix de la fourniture au client, on retombe dans le champ de compétence de l'autorité de la concurrence[16]. Le raisonnement est le suivant ; en principe, les autorités de régulation sont seules compétentes pour l'application de l'*EnWG* qui encadre la régulation *ex ante*. En revanche, selon le *GWB*, les autorités de concurrence sont compétentes *ex post* pour la surveillance des abus de position dominante sur le marché. Plus précisément, selon le principe *lex specialis derogat generalibus*, à la lecture des paragraphes 111, alinéa 1er,

---

12 J. Lagemann, « Postkartellrecht », *ZWeR*, 2, 2006, p. 196 et s. ; J. Topel, « Das Verhältnis zwischen Regulierungsrecht und allgemeines Wettbewerbsrecht nach dem europäischen Rechtsrahmen in der Telekommunikation und dem TKG », *ZWeR*, 1, 2006, p. 27 et s.

13 F. Schmidt-Volkmar, « uswirkungen von Regulierungsverfügungen auf die Anwendung der kartellrechtlichen Missbrauchsaufsicht , *ZWeR*, 2, 2012, p. 230 et s.

14 M. Ludwigs, « Die Rolle der Kartellbehörden im Recht der Regulierungsverwaltung », *op. cit.*, p. 534 et s.

15 Voir plus particulièrement les développements de A. Krenzer, « Compte rendu 3e journée franco-allemande de la concurrence, L'action des autorités de concurrence dans le secteur de l'énergie en Allemagne et en France, Strasbourg, 19 juin 2008 », *RLC*, 1, 2009 (vol. 18), nos 1322 et s. Cf. pour ce qui est de l'accès aux infrastructures des clients, P. Gussone, D. Wünsch, « Zugang zu Kundenanlagen nach dem Energiewirtschafts- und dem Kartellrecht », *WuW*, 5, 2013, p. 464 et s.

16 Voir déjà J. F. Baur, « Zur künftigen Rolle der Kartellbehörden in der Energiewirtschaft », *RdE*, 12, 2004, p. 277 et s.

1° de l'*EnWG* et 130, alinéa 2, 3° du *GWB*, la compétence de principe du *Bundeskartellamt* pour l'application des paragraphes 18, 19, 20 et 29 (relatifs aux abus de position dominante y compris dans le secteur de l'énergie) du *GWB* s'efface au bénéfice de l'autorité de régulation sectorielle lorsque les règles de la partie III de l'*EnWG* (ou d'un texte réglementaire d'application) trouvent à s'appliquer[17]. La partie III concerne les paragraphes 11 à 35 de l'*EnWG* lesquels traitent de la régulation de l'exploitation des réseaux de transport et de distribution, de l'accès aux réseaux et de la mise en œuvre de certains décrets concernant l'accès aux réseaux[18]. Dans ces cas, les autorités de régulation sont seules compétentes pour la surveillance des abus de position dominante sur la seule base du paragraphe 30 de l'*EnWG*[19]. C'est le texte le plus clair en ce sens parmi toutes les lois sectorielles.

Cette spécialité est ainsi clairement posée et encadrée tant par les textes eux-mêmes (§ 111, alinéa 2 de l'*EnWG : «* les dispositions de la partie III [en matière de régulation des réseaux – rajouté par nous] sont exhaustives au sens de l'alinéa 1er, 1° ») que par la jurisprudence du Tribunal régional supérieur/ *OLG* de Düsseldorf, l'équivalent de la cour d'appel de Paris, compétent pour connaître des recours dans les domaines tant de la concurrence que de la régulation énergétique. Cette juridiction précise bien que l'on a voulu écarter, par la refonte des textes en 2008 et spécialement de l'alinéa 2 du paragraphe 111 de l'*EnWG*, toute hypothèse de concurrence/cumul de compétences[20]. Pour ce qui est des contrats de concession, la spécialité est moins évidente, le paragraphe 46 de l'EnWG n'étant pas évoqué (car contenu dans la partie V de la loi) par le paragraphe 111 de l'*EnWG*[21].

---

[17] A. Lotze, H.-Ch. Thomale, « Neues zur Kontrolle von Energiepreisen: Preismissbrauchsaufsicht und Anreizregulierung », *WuW*, 3, 2008, p. 257 et s. ; Voir aussi J.-C. Pielow, H. Courivaud, « La régulation des activités de réseaux en Allemagne à la recherche d'une légitimité juridique : l'exemple de l'électricité et du gaz naturel », *CCC*, 2006, étude n° 20.

[18] P. Franke, « Energieregulierungsbehörden und – Verfahren », in *Recht der Energiewirtschaft*, (J.-P. Schneider, Ch. Theobald, *et al.*), Beck, 2008, p. 1048 et s. (p. 1053).

[19] Cf. *Monopolkommission, Sondergutachten, Strom und Gas 2007: Wettbewerbsdefizite und zögerliche Regulierung*, pt 538.

[20] *OLG* Düsseldorf, 19 octobre 2011, VI-3 *Kart* 1/11 (V), cons. n° 56, *ZNER*, 6, 2011, p. 623 et s.

[21] Voir aussi Ch. Schray, D. Tischmacher, « Konzessionierungsverfahren und Netzübernahmen – Wer ist zuständig und wenn ja wie viele ? » *ZNER*, 3, 2013, p. 229 et s. Sur les concessions, v. J. Walther, « Les effets de la libéralisation sur les distributeurs d'énergie (concurrence, accès aux réseaux) : Une comparaison France – Allemagne », in *Les effets du droit de l'Union Européenne sur les collectivités territoriales : aspects comparés*, (R. Allemand, *et al.*), L'Harmattan, 2011, p. 245 et s.

Dans le même sens, le paragraphe 2 du *TKG*[22] établit en principe la spécialité en termes de compétence par rapport au *BKartA* (champ des activités de régulation aux alinéas 2 à 3) et aux autorités des *Länder* compétentes en matière audiovisuelle (*Landesmedienanstalten*), alinéa 5). On renvoie donc au paragraphe 42 du *TKG* pour le contrôle des abus de position dominante en matière d'accès aux réseaux comme *lex specialia* par rapport aux paragraphes 19 et s. du *GWB*. Avec pour conséquence, des règles sur la coopération entre ces organismes (§ 123 du *TKG*), voir infra.

La question d'un contrôle spécial de l'abus de position dominante en matière de marché postal aux paragraphes 32 et s. du *PostG* a en revanche été très discutée comme nous le verrons plus bas[23].

On notera que l'*AEG* ne contient pas de règles sur l'abus de position dominante, ce qui a été critiqué par le *Wissenschaftlicher Arbeitskreis für Regulierungsfragen* (le cénacle universitaire de conseil de la *BNetzA*) dans son rapport de 2012 relatif au projet de réforme de l'*AEG* et ce qui aurait pour conséquence un parallélisme des compétences, voir infra[24].

En revanche, la question de la compétence pour l'application du droit européen de la concurrence est plus délicate ; pour certains auteurs, le *Bundeskartellamt* resterait seul compétent pour l'application des articles 101 et 102 du TFUE (on trouve des indications en ce sens en jurisprudence), pour d'autres, la *BNetzA* serait aussi appelée à appliquer le droit de l'Union européenne ; une coopération s'impose donc pour régler *in concreto* cette situation[25]. Quoi qu'il en soit, la Cour fédérale de justice/*BGH* pose de son côté le principe de l'application parallèle du droit sectoriel de la régulation et de l'article 102 du TFUE sur les traces de la CJUE[26].

---

[22] § 2 *TKG* – champ et objet de la régulation, alinéa 1 à 3.

[23] § 32 *PostG - Besondere Mißbrauchsaufsicht* : « (1) L'autorité de régulation exerce, à l'encontre d'un opérateur qui a sur le marché des services postaux une position dominante, les pouvoirs évoqués à l'alinéa 2, dans la mesure où cette entreprise devait abuser de cette position dominante. Un abus existe au sens de l'alinéa 1er si un prestataire de services postaux en position dominante par le truchement de contrats portant sur des prestations au sens des § 28 et 29 entrave les possibilités concurrentielles d'autres prestataires de services sans raisons objectives permettant de justifier ce comportement. » (Traduction de l'auteur).

[24] *Wissenschaftlicher Arbeitskreis für Regulierungsfragen, Stellungnahme Mai 2012 – Zukunft der Eisenbahnregulierung*, p. 5 et s.

[25] Dans le sens de la seule compétence du *BKartA*, A. Krenzer, réf. précitée, *contra*, J. Weisser, in *Frankfurter Kommentar zum Kartellrecht*, (W. Jaeger, P. Pohlmann, H. Rieger, D. Schroeder, *et al.*), O. Schmidt, 2010, ss. § 130 *GWB*, n° 307 et s.

[26] F. Schmidt-Volkmar, « Auswirkungen von Regulierungsverfügungen auf die Anwendung der kartellrechtlichen Missbrauchsaufsicht », *op. cit.*, p. 234, commentant *BGH*, 29 juin 2010, *KZR*, 31/08 et renvoyant à *BGH*, 10 février 2004, *WuW/E DE-R*, p. 1254 et CJUE, 29 mars 2012, T-336/07, *Telefonica c. Comm.*

Rappelons enfin que le *Bundeskartellamt* est, par ailleurs, seul compétent pour le contrôle des concentrations[27].

Par conséquent, on peut constater que la question de la spécialité des lois sectorielles pour la répartition des compétences ne se pose que dans le domaine bien précis de l'accès aux réseaux et de la détermination des tarifs d'accès aux réseaux. Les questions de concurrence (abus de position dominante, § 29 du *GWB*) relatives aux autres niveaux d'exploitation (production, commercialisation d'énergie entre les entreprises – sous réserve du champ de la régulation financière, voir infra – et fourniture d'énergie aux clients consommateurs) ne relèvent à l'inverse que de la seule compétence des autorités de concurrence tant fédérales que des *Länder*[28]. Mais si lors de l'analyse des prix pratiqués pour les consommateurs, le prix d'accès au réseau devait être un facteur incident de calcul, ces autorités de la concurrence sont tenues par les décisions des autorités de régulation en la matière selon l'alinéa 3 du paragraphe 111 de l'*EnWG*. Il y a présomption d'exactitude et de licéité des prix d'accès au réseau présenté par les opérateurs, sauf décision contraire de l'autorité de régulation sectorielle ou d'une juridiction ; ceci en conséquence de pouvoirs de régulation exercés *ex ante*[29].

2. Le cas de figure du parallélisme existe aussi et ce souvent à titre résiduel : à défaut de règles posant la spécialité aussi clairement que le paragraphe 111 de l'*EnWG* ou parfois plus généralement comme le paragraphe 2 du *TKG*, alinéa 1er à 3, on prévoit parfois un parallélisme pour ce qui n'a pas été attribué spécifiquement à l'un ou l'autre champ (en ce sens, cf. § 2 alinéa 4 du *TKG*[30]). Les deux corps de règles s'appliquent de front dans ce dernier cas (dans le sens d'un « cumul idéal » ou *Idealkonkurrenz*).

L'exemple le plus frappant de parallélisme se trouve dans le secteur ferroviaire, le paragraphe 14b, alinéa 2 de l'*AEG* prévoit en ce sens explicitement que : (2) « Les missions et compétences des autorités de la concurrence demeurent inchangées (*« unberührt »*, litt. « intouchées », intangibles) ». Cette notion « d'inchangé(es) » est, pour la doctrine, la marque même de ce parallélisme[31].

---

[27] *Monopolkommission Hauptgutachten 2004/2005*, pt 40.

[28] Ch. GERMER, H. LOIBL-DORSS, *Energierecht*, E. Schmidt, 2006, p. 196, nº 104 ; v. aussi *Monopolkommission, Sondergutachten*, 2007 cité plus haut pts 403 et s. ; *Monopolkommission, Sondergutachten 59, Energie Wettbewerbsentwicklung mit Licht und Schatten*, pts 27 et s.

[29] P. FRANKE, « Energieregulierungsbehörden und – Verfahren », *op. cit.*, p. 1053.

[30] § 2 *TKG* : « (4) Les dispositions de la loi relative aux restrictions de la concurrence restent applicables sauf dispositions spéciales expresses de la présente loi (souligné par nous). Les missions et compétences des autorités de la concurrence demeurent inchangées. » (Traduction de l'auteur).

[31] K. SCHREIBER, *Zusammenspiel der Regulierungsinstrumenten*, *op. cit.*, p. 173 et s. Voir le texte des travaux préparatoires, *BT-Drucksache* 14/6929, nº 10b, p. 16. Le projet de loi avorté

On trouve bien la même rédaction aux paragraphes 2, alinéa 4 du *TKG* et 111, alinéa 1er in fine de l'*EnWG* mais ces règles ont, vu le champ bien marqué de la spécialité évoquée plus haut, une dimension supplétive évidente.

On trouve ici une application parallèle des règles de la concurrence des paragraphes 19 et 20 du *GWB* et de la régulation ou des règles de régulation entre elles[32]. Rappelons qu'il n'existe pas de règles spéciales pour le contrôle de l'abus de position dominante dans la loi ferroviaire comme évoqué supra et ce sont donc les textes du *GWB* qui peuvent dès lors aussi s'appliquer[33], même si des voix dissidentes et une jurisprudence isolée des juges du fond décèlent des règles spéciales dans la loi[34] ; ainsi selon le *Landgericht*/Tribunal régional de Berlin (98. Ch., jugement du 17 mars 2009), il n'y a cependant pas de place pour une « application parallèle du droit de la concurrence et de la loi ferroviaire pour ce qui est des relations entre les gestionnaires des réseaux et les opérateurs, ceci parce que la loi ferroviaire règle entièrement les points relatifs aux contrats d'accès aux réseaux. En conséquence, afin d'éviter des décisions divergences, il est interdit aux juridictions d'assujettir lesdits contrats aux règles des paragraphes 19 et 20 du *GWB*, la *BNetzA* pouvant les contrôler par application des paragraphes 14e et 14f de l'*AEG* ». Ceci est fort critiquable, le législateur ayant à l'inverse dans les autres domaines et très spécifiquement posé des règles de spécialité lorsqu'il le désirait, le parallélisme semble de mise dans le silence de la loi[35].

Il est en conséquence recommandé par la doctrine et tous les acteurs du marché d'adopter un texte posant une règle spéciale sur l'abus de position dominante, agencé sur celui des paragraphes 42 du *TKG* ou 19 du *GWB*[36]. Il

---

de 2007, *BR-Drs.* 555/07, p. 87, ne revenait pas sur ce point.

[32] § 14b *AEG* : « (2) Les missions et compétences des autorités de la concurrence demeurent inchangées. L'autorité de régulation et les autorités de contrôle ferroviaires ainsi que les autorités de régulation compétentes en vertu des lois sur les télécommunications et l'énergie se partagent les informations importantes pour l'accomplissement de leurs missions respectives. Elles s'informeront en particulier d'éventuelles procédures introduites en vue d'une décision sanctionnant un comportement constitutif d'abus ou de discriminations portant sur l'utilisation d'infrastructures ferroviaires. Elles se réserveront la possibilité de donner un avis avant que la procédure ne soit achevée. » (Traduction de l'auteur).

[33] En ce sens, K. SCHREIBER, *Zusammenspiel der Regulierungsintrumenten, ibid.*

[34] Voir la position critique de S. GERSTNER, *AEG Kommentar*, (G. HERMES, D. SELLNER, *et al.*), Beck, 2006, ss. § 14b, n° 24 et s. et *LG* Berlin, voir le jugement de 2009 cité et déjà un autre jugement de 2005, IR 2005, p. 16 et s. qui ne voient pas de place laissée aux § 19, 20 du *GWB*, la question de l'accès sans discrimination au réseau étant réglée exhaustivement par la loi sectorielle.

[35] Voir le commentaire critique de E. BREMER, Th. HÖPPNER, « Zum Verhältnis von Kartellrecht und Eisenbahnrecht » *WuW*, 12, 2009, p. 1271 et s.

[36] *Wissenschaftlicher Arbeitskreis für Regulierungsfragen, Stellungnahme Mai 2012 – Zukunft der Eisenbahnregulierung*, v. supra.

faut noter que c'est le secteur régulé qui a été le plus tardivement transféré à la *BNetzA*, le *BKartA* ayant été à l'origine en charge de ce dernier[37]. Il n'y a d'ailleurs pour l'heure pas de chambre décisionnelle (de « collège »)[38] propre au droit ferroviaire à la *BNetzA*, ce qui est très critiqué et en voie d'être corrigé.

Ce « potentiel de parallélisme » est encore plus fort lorsque coexistent des missions de régulation technique et concurrentielle lato sensu : c'est le cas pour le domaine ferroviaire avec les compétences respectives du *Eisenbahnbundesamt* et de la *BNetzA* – on notera que c'est paradoxalement l'*EBA* qui reste compétente pour le contrôle de l'*Unbundling* selon les paragraphes 9 et 9a de l'*AEG*, ce qui brouille un peu plus les pistes ; un transfert de cette compétence à la *BNetzA* est en conséquence souvent demandé en doctrine.

Le contrôle de l'abus de position dominante par les prix d'accès au réseau dans le secteur postal a été l'objet d'une discussion sur la frontière entre spécialité et parallélisme. *Quid* de la compétence à l'encontre d'une politique de prix agressive pour contrôler l'entrée sur le marché par le réseau ? Les avis sont ici partagés. Si la doctrine y voyait souvent un cas de spécialité au bénéfice de la *BNetzA*[39], les textes peuvent néanmoins se lire comme prévoyant une application parallèle des droits sectoriels (paragraphe 19, 32 du *PostG*) et de la concurrence (paragraphe 19, 20 du *GWB*)[40]. L'*OLG* Düsseldorf a tranché en ce sens dès 2005[41] pour exclure une compétence spéciale de la *RegTP*, le prédécesseur de la *BNetzA* dans un conflit qui opposait cette dernière au *BKartA*, en visant notamment le paragraphe 2, alinéa 3 du *PostG*[42]. *Le BKartA* avait pris une décision d'injonction fondée sur les règles concurrentielles pour mettre fin à un abus de position de dominante (§ 20 et 65 du *GWB*). Il s'agissait d'un cas de discrimination : une entreprise regroupant et pré-triant (le terme pour décrire cette activité est « *Konsolidierer* ») du courrier afin de pouvoir

---

[37] A. Bartosch, J. Krzysztof, « Die Regulierung des Eisenbahnwesens in Deutschland », *WuW*, 1, 2005, p. 15 et s.

[38] V. J. Walther, « L'indépendance des autorités de régulation en Allemagne », *RFAP*, 3, 2012 (n° 143), p. 693 et s.

[39] P. Badura, *PostG Kommentar* (P. Badura, *et al.*), Beck, 2004, § 2, n°s 32 et s. ; S. Gerstner, *PostG Kommentar*, *op. cit.*, § 28, n°s 102 et s.; J. Sedemund, *PostG Kommentar*, *op. cit.*, § 19, n° 11.

[40] Voir M. Ruffert, « § 11 Post », in *Regulierungsrecht*, (M. Fehling, M. Ruffert, *et al.*), Beck, 2010, p. 587, n° 53.

[41] *OLG* Düsseldorf, 13 avril 2005 (*Konsolidierer-Fall*), VI-*Kart* 3/05 (V). Voir cons. n°s 34 et s., (38). Voir aussi J. Lagemann, *op. cit.*, p. 203.

[42] § 2 *PostG* : « (3) La loi sur les pratiques anticoncurrentielles concurrence demeure inchangée (*bleibt unberührt*) ». Voir critique, M. Ludwigs, « Die Rolle der Kartellbehörden im Recht der Regulierungsverwaltung », *op. cit.*, p. 543.

bénéficier de larges rabais, s'est vue exclue des tarifs de gros pratiqués par la *Deutsche Post AG*. Le *BKartA* ignora ce faisant la licence (selon le § 51 du *PostG*) donnée par l'autorité de régulation sectorielle à la *Deutsche Post AG* en invoquant sa compétence tirée de l'application de l'article 82 du Traité CE. L'*OLG* posa un correctif dans sa décision en invoquant la règle sur la coopération du paragraphe 48, alinéa 3 du *PostG* qui prévoit un avis pris auprès des deux autorités qui a justement pour but d'éviter les divergences d'interprétation. Mais c'est là un correctif assez faible, l'autorité de la concurrence n'étant pas liée par ce dernier comme nous le verrons infra. Une licence ou autorisation *ex ante* de l'autorité de régulation sectorielle ne s'étend pas par définition aux hypothèses de contrôle a posteriori d'abus de position dominante, l'autorité de la concurrence n'est donc aucunement liée (arrêt, cons. n° 57). *Quid* dans le cas d'une décision de l'autorité de régulation sectorielle pour un abus de position dominante, donc *ex post* ? Lie-t-elle l'autorité de la concurrence ? L'*OLG* ne donne pas de réponse précise sur ce point mais l'esprit général de l'arrêt est bien celui d'un parallélisme de compétence hors les cas strictement délimités par la loi.

Certains champs d'activités limitrophes sont naturellement propices à des conflits de lois. Il peut en effet y avoir potentiellement application de deux droits sectoriels par le jeu de la « porosité entre les secteurs » selon le mot d'Hubert Delzangles.

B. Champs limitrophes de compétences – *l'interrégulation intersectorielle*

Il existe des champs naturels de contacts plus atypiques entre secteurs régulés, comme par exemple les réseaux électriques du réseau ferroviaire. Le paragraphe 3a de l'*EnWG* dispose ainsi que la loi sur l'énergie s'applique aux réseaux d'alimentation électrique ferroviaire sous réserve de dispositions contraires de la loi sur les chemins de fer[43]. Le domaine des télécommunications va à l'identique être en contact avec celui de la régulation médiatique (attribution des fréquences) et avec celui du réseau ferroviaire par la possibilité d'utiliser les infrastructures de communication propres à la *Deutsche Bahn – Netz* pour les opérateurs télécoms (par exemple les espaces restants dans les gaines des télécommunications utilisés pour la signalisation afin d'y faire passer des fibres optiques ou encore les nouvelles technologies permettant d'utiliser les réseaux électriques à basse tension pour acheminer des communications)[44].

---

[43] Voir sur ce point, *BGH*, 9 novembre 2010, *EnVR*, 1/10, *NVwZ-RR*, 2011, p. 277 et s. : la *DB Energie Gmbh* doit faire autoriser ses prix d'accès à son réseau de transport par la *BNetzA* conformément aux § 3a, 23a *EnWG*, confirmation de la décision de l'*OLG* Düsseldorf.

[44] Cf. § 77e *TKG*, Utilisation conjointe des infrastructures ferroviaires – Mitnutzung von

Il existe aussi des zones de contact entre la régulation financière par la *BaFin* et les autorités régionales de contrôle boursier d'une part et le régulateur sectoriel des réseaux d'autre part pour ce qui est du marché de l'énergie[45]. Il existe une bourse de l'énergie allemande, l'*European Energy Exchange – EEX* située à Leipzig. L'énergie est en effet une marchandise (« *Ware* ») ou un produit dérivé (« *Derivat* ») sur les marchés boursiers (exemple marché *Spot,* marché à terme) au sens de la loi sur le crédit (*KWG)* et la loi sur les titres financiers (*WpHG*)[46]. Les opérateurs soumis à l'autorité de la *BNetzA* dans le cadre de l'*EnWG* (*EVU, Stadtwerke*) pour d'autres champs de leur activité y vendent des capacités électriques souvent par le truchement de filiales constituées à cet effet. Les opérations sur ce marché sont soumises au contrôle de l'autorité boursière territorialement compétente pour l'*EEX* selon le *BörsG* (le *Sächsisches Staatsministerium für Wirtschaft und Arbeit* agissant comme *Börsenaufsichtsbehörde*). Il y a également contrôle par la *BaFin* par ex. pour ce qui est des obligations d'information sur les transactions de titres nées du paragraphe 9 du *WpGH* pour les entreprises agissant sur ce marché[47]. Celle-ci est en principe également compétente pour le contrôle des manquements d'initiés ou les manipulations des cours sur les marchés financiers[48]. Toutefois, c'est la *BNetzA* qui est selon l'*EnWG* l'autorité compétente en matière d'obligations de publication pour lutter contre les manquements d'initiés et manipulations de marché au sens de l'article 4 du règlement n° 1227/2011 (REMIT) du 25 octobre 2011 concernant l'intégrité et la transparence du marché de gros de l'énergie[49].

Eisenbahninfrastruktur.

[45] P. BECKER, V. LÜDEMANN, « Neuer Strommarkt : Aufsichts – und Verfassungsfragen », *ZNER*, 6, 2011, p. 583 et s.

[46] « *BaFin Merkblatt – Hinweise zu Finanzinstrumenten nach § 1 Abs. 11 Satz 4 Nr. 2 KWG (Derivate)* », juillet 2013: « Selon le § 1, alinéa 11, 4o, no 2 KWG les produits dérivés sont des opérations à terme portant sur des marchandises (c'est-à-dire des choses fongibles selon le § 91 BGB et les autres biens économiques estimés selon leur quantité, mesures, poids, ceci incluant l'électricité, le gaz et le chauffage urbain) […] ». (Traduction de l'auteur). V. aussi le § 2, alinéa 2, 2° du *WpHG* ; v. les développements détaillés chez M. HAGENA, *Der Stromhandel unter Finanzmarktaufsicht*, Beck, 2011, spécialement p. 63 et s.

[47] http://documents.eex.com/document/20161

[48] V. document d'information, *Handelsüberwachung an der European Energy Exchange*, http://cdn.eex.com/document/119398/20121126%20Handels%C3%BCberwachung%20an%20der%20EEX.pdf, consulté le 24 janvier 2013.

[49] § 56 *EnWG* : « Tätigwerden der Bundesnetzagentur beim Vollzug des europäischen Rechts
1. *Die* Bundesnetzagentur nimmt die Aufgaben wahr, die den Regulierungsbehörden der Mitgliedstaaten mit folgenden Rechtsakten übertragen sind :

1. Verordnung (EG) Nr. 714/2009,
2. Verordnung (EG) Nr. 715/2009,
3. Verordnung (EU) Nr. 994/2010,

Pour permettre le fonctionnement efficace de concert de ces autorités, le paragraphe 58, alinéa 2a de l'*EnWG* précise que la *BaFin* consulte pour avis la *BNetzA* pour les procédures ouvertes touchant au domaine régulé de l'énergie[50].

Ceci introduit le dernier modèle applicable : celui de la coopération entre les autorités de régulation sectorielle et les autorités de la concurrence.

II. – Les règles de coopération entre les autorités

On trouve des obligations textuelles de coopération entre les autorités et de partage des informations réciproques énoncées dans toutes les normes évoquées précédemment. Ces autorités devraient en conséquence idéalement organiser leurs actions en coordination. Le paragraphe 50c du *GWB* prévoit une telle obligation de coopération depuis la perspective de l'autorité de la concurrence. Celle-ci interagit avec la *BNetzA,* la *BaFin* ou encore la *Bundesbank* ainsi qu'avec les autorités de contrôle des media des *Länder.* Il existe aussi des rapports entre le *BKartA* et les autorités de régulation énergétique des *Länder.* La coopération depuis la perspective sectorielle est évoquée au paragraphe 123 du *TKG,* aux paragraphes 58 de l'*EnWG* et 14b, alinéa 2 de l'*AEG,* ainsi qu'au paragraphe 48 du *PostG.*

Ces textes entendent, en premier lieu, assurer une coopération générale en vue d'assurer une application harmonisée des lois sur la concurrence et sectorielle sur les marchés concernés. Il s'agit de préserver tant faire se peut l'unité de l'ordre juridique (*Einheit der Rechtsordnung*). C'est ce que dit par exemple le paragraphe 123, alinéa 1er in fine du *TKG* après avoir exposé les règles tant sur l'accord que sur les avis (v. infra) afin d'exprimer l'esprit général qui doit animer les autorités ; il s'agit de marier les deux corps de règles dont l'un est souvent la spécialisation de l'autre : « Les deux autorités s'emploieront à aller dans le sens d'une interprétation harmonisée de la présente loi conforme à l'esprit de la loi relative aux restrictions de la concurrence. Ils ont à s'informer mutuellement de toute observation et constatation qui serait importante pour l'accomplissement de leurs missions respectives ». Le paragraphe 58, alinéa 3 de l'*EnWG* dispose à l'identique[51].

---

4. Verordnung (EU) Nr. 1227/2011. », http://www.bundesnetzagentur.de/cln_1931/DE/Sachgebiete/ElektrizitaetGas/AnzeigenMitteilungen/EnergiehandelREMIT/EnergiehandelREMIT_node.html, consulté le 24 janvier 2013. ; comparer avec l'article L. 134-17 du Code de l'énergie.

[50] § 58, alinéa 2a *EnWG* : (*BaFin*) : « L'alinéa 2 s'applique à l'identique si la *Bundesanstalt für Finanzdienstleistungsaufsicht* ouvre une procédure dans le domaine régulé des réseaux de fourniture d'électricité et de gaz. »

[51] § 58, alinéa 3 *EnWG* : « Les deux autorités s'emploieront à aller dans le sens d'une interprétation harmonisée de la présente loi conforme à l'esprit de la loi rel. aux restrictions de la

Mais, en second lieu, existent des obligations d'échanges plus précises que la pratique résume ainsi : « Des obligations de coopération avec l'autorité de la concurrence sont inscrites dans les lois sectorielles. Ainsi, il est indiqué que la *Bundesnetzagentur* doit informer le *Bundeskartellam*t de tout cas qui pourrait entrer dans son domaine de compétences, et vice-versa. Ce sont des obligations de saisine commune, des obligations de demandes d'avis qui peuvent être formulées par l'autorité de la concurrence sur des questions qui touchent l'organisation du marché de l'énergie ou du marché des télécommunications, et inversement. Il existe une différence, en Allemagne, entre le domaine des télécommunications et de l'énergie : les avis rendus par le *Bundeskartellamt* à la demande de la *Bundesnetzagentur* dans le domaine des télécommunications sont des avis liants, obligatoires, ce qui n'est pas le cas dans le domaine de l'énergie[52] ».

Cette coopération se fait plus précisément par des décisions prises conjointement après accord de l'autre autorité ainsi que par consultation (A) ou échanges d'informations (B).

A. Les règles de coopération prévoyant des accords et des consultations

1. Dans le premier cas, il est question d'*Einvernehmen*, que l'on peut décrire comme des « accords » liants (dans l'esprit d'une « saisine commune ») et définir de la manière suivante : une autorité administrative ne peut émettre d'acte administratif sans l'accord complet (*Zustimmung*) de l'autre autorité associée à la prise de décision. La mise en œuvre de l'accord est considérée comme ressortant d'une procédure purement interne à l'administration concernée et l'acte est réputé émis par la seule autorité rédactrice[53]. Cette règle sur l'accord bénéficie au *BKArtA* lorsque les décisions prises par l'autorité de régulation multisectorielle touchent à des domaines de compétence de l'autorité de la concurrence ou sont susceptibles d'avoir des impacts sur l'évolution de la concurrence, comme par exemple dans la délimitation d'un marché pertinent.

Le paragraphe 123, alinéa 1er, 1° du *TKG*[54] prévoit une telle prise de décision commune de la *BNetzA* et du *BKartA* pour l'application des paragraphes 10

---

concurrence. » (Traduction de l'auteur).

[52] N. HORSTMANN, *Les actes des ateliers - La coordination des autorités de régulation*, éd. DGCCRF, 2010, p. 20 et s. ; voir M. RUFFERT, « § 11 Post », *op. cit.*, p. 587.

[53] A. GROEBEL, *EnWG, Berliner Kommentar*, (F.-J. SÄCKER, *et al.*), Recht u. Wirtschaft, 2010, ss. § 58 *EnWG*, n° 15.

[54] § 123, alinéa 1er *TKG* : « Collaboration avec les autres autorités nationales – Dans les cas prévus par les § 10, 11, 61, alinéa 3 et § 62, alinéa 2, 3°, la *BNetzA* rend ses décisions en accord (souligné par nous) avec le *Bundeskartellamt.* » (Traduction de l'auteur).

(définition du marché pertinent), 11 (analyse des marchés[55]) et 62, alinéa 2, 3° (utilisation commune des fréquences) du *TKG*. La doctrine voit ainsi dans le § 123, al. 1er du *TKG* une hypothèse nécessitant un « consentement mutuel complet entre les deux autorités, sans lequel une autorité ne peut émettre l'acte considéré[56]. »

Le paragraphe 58, alinéa 1er de l'*EnWG* exige un tel accord entre la *BNetzA* et le *BKartA* pour l'application des paragraphes 6-10 (séparation des réseaux), 25 (accès au réseau gaz) et 28a (nouvelles infrastructures), 56 (application des règlements 715/2009, 994/2010, 1227/2011, 714/2009)[57].

Le paragraphe 48 du *PostG* dispose à l'identique pour ce qui est de la délimitation géographique et matérielle du marché pertinent et le constat d'une position dominante pour l'application de la loi[58]. La doctrine parle parfois pour ce point visé au § 48, phrase 1 du *PostG* de « coopération déterminante » (« *bestimmender Mitwirkung* ») qui, à défaut, rend la prise de décision impossible[59].

L'absence d'un tel accord ne rend pas l'acte nul mais illicite[60], il est en conséquence qualifié de « fautif » (*Verfahrensfehler*), en d'autres termes de vicié ; celui-ci est donc susceptible d'être restauré par un autre acte pris dans le cadre de la même procédure administrative (§ 45, alinéa 1, 5° et alinéa 2 de la loi sur la proc. adm. (*VwVfG*). En application du paragraphe 46 du *VwVfG*, il ne devrait pas avoir irrégularité de la procédure s'il est manifeste que le défaut d'accord n'a pas eu d'influence sur la prise de décision de l'autorité émettrice. Cependant, pour certains auteurs, un tel défaut d'accord a toujours une telle influence, car il porte sur un point de droit essentiel[61].

Une telle exigence d'accord existe aussi depuis 2012 pour la rédaction d'un rapport dit de *Monitoring* adressé à la Commission européenne pour le secteur de l'énergie (cf. § 63, alinéa 3 de l'*EnWG*)[62].

---

[55] Sur ce point, v. Cour constit. féd./*BVerfG*, 8 décembre 2011, 1 *BvR* 1932/08, *ZNER* , 1/2012, p. 65 et s.

[56] K. DITTMAN, *Berliner TKG Kommentar*, (H. J. SÄCKER, et *al.*), Beck, 2009, § 123, nos 8 et s.

[57] A. GROEBEL, *EnWG, Berliner Kommentar*, *op. cit.*, ss. § 58 *EnWG*, nos 4 et s.

[58] § 48 *PostG* : « L'autorité de régulation décide en accord (souligné par nous) avec le *Bundeskartellamt* de la délimitation géographique et matérielle du marché pertinent et le constat d'une position dominante pour l'application de la présente loi. » (Traduction de l'auteur).

[59] P. BADURA, *PostG Kommentar*, *op. cit.*, ss. § 48, n° 5.

[60] M. GEPPERT, *Bek'scher TKG Kommentar*, (M. GEPPERT, R. SCHUTZ, *et al.*), Beck, 2006, ss. § 123 *TKG*, n° 10.

[61] Pour le droit postal, v. P. BADURA, *PostG Kommentar*, *op. cit.*, ss. § 48, nos 5 et s.

[62] § 63, alinéa 3 *EnWG* : « La *Bundesnetzagentur* publie chaque année un rapport sur son activité ainsi que sur son activité de Monitoring et, dans la mesure où existent des aspects concurrentiels, en accord (souligné par nous) avec le *Bundeskartellamt* et le présente à la Commission européenne et à l'Agence de coopération des régulateurs de l'énergie. Dans ce rapport le

2. Dans le second cas, il s'agit d'avis ou de consultations qui ne lient pas l'autre autorité, ce qui laisse deviner que l'on agit le plus souvent dans des domaines où prévaut la spécialité de l'une ou l'autre autorité. Les textes parlent ici d'une consultation pour avis (*Stellungnahme*), § 58, alinéa 1er in fine (lorsque la *BNetzA* agit dans le cadre de la partie III évoquée supra) et alinéa 2 de l'*EnWG*[63], § 123, alinéa 1, 2° du *TKG*[64] et § 48, phrase 3 du *PostG*[65]. Les deux autorités – en général tant de régulation que de concurrence – du *Bund* (et des *Länder* pour l'énergie) doivent se donner la possibilité de donner un avis ; celui-ci s'il n'a pas d'effet obligatoire, doit cependant être donné en temps utile et avant la fin de la procédure (au sens de la loi sur la proc. adm., cf. § 28, alinéa 1er du *VwVfG* en matière d'audition des parties). Il s'agit de pouvoir faire connaître ses considérations (« *Erwägungen* ») et de garantir que l'autorité destinataire ait pu en tenir compte selon le texte même des travaux parlementaires (sur le *TKG*).

Le défaut de consultation ne vicie pas la décision de l'autorité, il n'y a pas de sanction en l'occurrence ; en toute logique, les tiers ne peuvent se prévaloir d'un tel défaut de consultation[66]. Ce droit d'émettre un avis ne fonde donc pas de droit pour une autorité tierce à la procédure.

L'arrêt de l'*OLG* Düsseldorf du 13 avril 2005 cité plus haut en matière postale illustre bien ces derniers points, l'autorité de la concurrence n'étant pas liée par l'avis de l'autorité de la régulation pour ce qui est de l'interprétation du rôle d'une licence délivrée par cette dernière pour caractériser ou non les

---

BKartA en accord avec la *BNetzA* dans la mesure où des aspects relatifs à l'accès au réseau sont concernés inclut son propre rapport de *Monitoring* selon le § 48, alinéa 3 pris avec le § 53, alinéa 3 du *GWB*. Les instructions générales du ministère de l'Économie prévues par le § 61 sont à mentionner dans le rapport. » (Traduction de l'auteur).

[63] § 58, alinéa 2 *EnWG* : « Si c'est le *Bundeskartellamt* qui introduit dans le domaine de l'énergie régulée une procédure au titre des § 19 et 20, alinéa 1er et 2 de la loi rel. aux restrictions de la concurrence ou au titre de l'article 102 TFUE ou encore du § 40, alinéa 2 de la loi rel. aux restrictions de la concurrence (concentrations), il réserve à la *Bundesnetzagentur* la possibilité de donner un avis en temps utile avant la fin de la procédure. (Souligné par nous). »(Traduction de l'auteur).

[64] § 123 *TKG* : « Lorsque la *Bundesnetzagentur* se prononce au titre de la partie II section 2 à 5 de la présente loi, elle réserve au *Bundeskartellamt* la possibilité de donner un avis en temps utile avant la fin de la procédure. Si c'est le *Bundeskartellamt* qui introduit dans le domaine des télécommunications une procédure au titre des § 19 et 20, alinéa 1er et 2 de la loi rel. aux restrictions de la concurrence ou au titre de l'article 102 du traité CE ou encore du § 40, alinéa 2 de la loi rel. aux restrictions de la concurrence (concentrations), il réserve à la *Bundesnetzagentur* la possibilité de donner un avis en temps utile avant la fin de la procédure. (Souligné par nous) ». (Traduction de l'auteur).

[65] § 48 *PostG* : « La *Bundesnetzagentur* réserve au *Bundeskartellamt* la possibilité de donner un avis en temps utile avant la fin de la procédure. (souligné par nous) ».

[66] A. GROEBEL, *EnWG, Berliner Kommentar*, *op. cit.*, ss. § 58 *EnWG*, nos 29 et s.

discriminations constitutives d'un abus de position dominante. Il ne s'agit pas d'une hypothèse évoquée plus haut de « coopération déterminante » (au sens de la phrase 1 du § 48 du *PostG* – constat de la position dominante) pour la cour d'appel. En l'espèce, l'autorité de régulation avait pu faire connaitre sa position à l'autorité de la concurrence avant la fin de la procédure – donc en temps utile comme le précise la cour.

B. Les textes sur les échanges d'informations entre les autorités

Le *GWB* prévoit à son § 50c alinéa 1er et 2 un principe général de coopération par échange d'informations entre les différentes autorités de la concurrence (*BKartA* comme les autorités des *Länder – Landeskartellämter*) et toutes les autorités de régulation[67]. Le pluriel laisse entendre que sont bien visées toutes les autorités de régulations tant fédérales que celles relevant des *Länder*. Sont aussi expressément visées à l'alinéa 2, la *BaFin*, la *Bundesbank* et les autorités de contrôle médiatiques des *Länder*.

Mais le texte du paragraphe 50c précise qu'il s'agit d'une possibilité et non d'une obligation ferme, les termes choisis « *peuvent* [...] dans la mesure où ceci est *nécessaire* » indiquent que nécessité et proportionnalité sous-tendent ces échanges dans le *GWB*. Ces informations peuvent être confidentielles ou personnelles.

Pour les lois sectorielles, ces échanges d'informations entre *BNetzA/BKartA* se trouvent prévus parfois dans des termes identiques à ceux du paragraphe 50c du *GWB* au paragraphe 123 du *TKG* ou au paragraphe 14b, alinéa 2 de l'*AEG* (seule forme de coopération prévue ici) ainsi qu'au paragraphe 58, alinéa 4 de l'*EnWG*[68]. Ceci vaut également entre l'autorité de régulation sectorielle fédérale et celles des *Länder*, cf. § 64a de l'*EnWG*. Ou encore entre les autorités ferroviaires elles-mêmes (régulateur sectoriel et régulateur technique, cf. § 14b, alinéa 2 de l'*AEG)*. On trouve une disposition identique dans la loi sur les télécommunications qui rajoute une telle obligation de communiquer les informations utiles aux autorités de contrôle médiatique des *Länder* à leur demande (on songe ici à l'attribution des fréquences)[69].

---

[67] § 50c *GWB* : « Coopération des agences : Les autorités de la concurrence, les autorités de régulation [...] peuvent indépendamment de la procédure spécifiquement retenue échanger des informations, y compris des données personnelles ainsi que confidentielles dans la mesure où ceci est nécessaire pour l'accomplissement de leurs missions respectives et les utiliser pour leurs procédures [...] ». (Traduction de l'auteur).

[68] § 58, alinéa 4 *EnWG* : « (4) Les autorités de la concurrence, les autorités de régulation [...] peuvent indépendamment de la procédure spécifiquement retenue échanger des informations, y compris des données personnelles ainsi que confidentielles dans la mesure où ceci est nécessaire pour l'accomplissement de leurs missions respectives et les utiliser pour leurs. » (Traduction de l'auteur).

[69] § 123 *TKG* : « (2) La *Bundesnetzagentur* travaille avec les *Landesmedienanstalten*. Elle

Cette idée d'un échange d'informations vient de prendre une dimension institutionnelle accrue avec la création de la *Marktransparenzstelle* auprès de la *BNetzA*[70]. Cet organisme a pour but d'assurer le contrôle de l'évolution des prix sur les marchés de l'électricité et du gaz et d'assurer le respect des exigences du règlement 1227/2011 REMIT. Sa mise en place montre bien la difficulté récurrente de la distribution des rôles entre *BNetzA* et *BKartA* : dans le projet de loi, il est encore question d'établir cette structure auprès du *BKartA*[71]. Mais dans la loi finalement adoptée en 2012[72], c'est la *BNetzA* qui est désignée pour l'accueillir, même si les règles la régissant se trouvent dans la loi sur les pratiques anticoncurrentielles, le *GWB* (§ 47a et s[73].) La doctrine avait critiqué la localisation auprès du *BKartA,* celui-ci agissant *ex post* et n'étant pas idéalement placé en termes d'accès aux informations nécessaires[74]. Le droit de l'UE à la lecture de l'article 7 du R. 1227/2011 permet d'envisager l'une ou l'autre possibilité (cf. pour une comparaison avec la France, la mission de surveillance conférée à la CRE pour la mise en œuvre du même règlement).

En-deçà du niveau formel, il existe une coopération de terrain entre les deux institutions, due à la similarité structurelle et à la perméabilité des personnels entre *BNetzA* et *BKartA*. Ainsi, des contacts réguliers existent depuis longtemps entre les services reposant sur diverses structures informelles, Madame Horstmann de la *BNetzA* disait à ce sujet en 2010 : « Un véritable travail commun se fait au niveau des employés, de la *Bundesnetzagentur* et du *Bundeskartellamt*. Il existe des groupes communs de travaux [...] Le *Bundeskartellamt* a demandé à la *Bundesnetzagentur* de créer une cellule

---

transmet à la demande des *Landesmedienanstalten* toutes les informations nécessaires à l'accomplissement des missions de ces dernières. » (Traduction de l'auteur).

70 V. LÜDEMANN, J. LÜDEMANN, « Transparenz und Wettbewerb: Was kann die neue Markttransparenzstelle für den Großhandel mit Strom und Gas leisten ? », *WuW*, 10, 2012, p. 917 et s. ; v. le § 58a *Zusammenarbeit zur Durchführung der Verordnung (EU) nº 1227/2011* prévoyant une convention de coopération entre *BNetzA* et *BKartA*.

71 *Entwurf eines Gesetzes zur Einrichtung einer Markttransparenzstelle für den Großhandel mit Strom und Gas*, BT-Drucksache 17/10060, 21 juin 2012 ; V. cependant la recommandation de la commission économie et technologie du *Bundestag* dans le sens de la localisation auprès de la *BNetzA*, Beschlussempfehlung und Bericht des Ausschusses für Wirtschaft und Technologie (9. Ausschuss), *BT-Drucksache* 17/11386, 7 novembre 2012.

72 *Gesetz zur Einrichtung einer Markttransparenzstelle für den Großhandel mit Strom und Gas* du 5 décembre 2012, *BGBl.* I 2012, p. 2403 et s.

73 Les § 47a et s. *GWB* évoquent une « coopération en accord » (dans une hyperbole emphatique... « *einvernehmliche Zusammenarbeit* ») entre *BNetzA* et *BKartA* laquelle sera précisée par textes réglementaires du min. féd. de l'Économie pour organiser la coordination du flux des données, l'échange d'informations.

74 V. LÜDEMANN, J. LÜDEMANN, « Transparenz und Wettbewerb : Was kann die neue Markttransparenzstelle für den Großhandel mit Strom und Gas leisten ? », *op. cit.*, p. 926.

commune – non officielle – pour mettre en place un système de contrôle de ce prix final de l'électricité. Donc, les passerelles existent véritablement[75]. » Il s'agit de pratiques plus ou moins officieuses dont les réalités ne filtrent que partiellement vers l'extérieur.

Pour conclure, outre la complexité inhérente aux constructions tirées des différentes lois sectorielles et à une jurisprudence subtile et variable, la pratique allemande a prouvé que souvent cette coopération/coordination/information n'est pas complète selon les dires de certains auteurs ou acteurs de terrain. Il peut tout à fait exister des cas dans lesquels le régulateur multisectoriel et l'autorité de la concurrence mènent des actions et des investigations parallèles et cela sans s'informer préalablement (il en va ainsi quand le *BKartA* est saisi par la Commission européenne – madame Horstmann évoquait un tel *Dawn Raid* du *BKartA* assistant la Commission auprès d'une entreprise du secteur énergétique le jour même de la visite de la chancelière à la *BNetzA* pour le 10e anniversaire de cette institution sans que cette dernière ait été informée). Ceci sans compter les interventions des régulateurs techniques stricto sensu comme l'autorité fédérale des chemins de fer (*EBA*) en charge d'assurer la police technique en termes de sécurité des passagers et des matériels. Tous ces acteurs peuvent mener des enquêtes, chacun de leur côté sans jamais ou trop peu informer l'autre autorité : la *Deutsche Bahn AG* fit ainsi, il y a quelques années, l'objet en quelques jours et pour parfois la même affaire d'une inspection dans les locaux de l'entreprise de la part de la *BNetzA,* puis de demandes de renseignement de l'*EBA* suivies d'une demande du *BKartA*... On peut se rassurer en estimant qu'il s'agissait là des premiers pas titubants des différents et nouveaux acteurs de la régulation ferroviaire – ce fut en effet comme évoqué plus haut le dernier secteur de compétence ajouté à la *BNetzA* – et que depuis tous les acteurs ont appris à mieux coopérer et à se partager les complexes voies de traverses du droit de la régulation...

---

[75] N. HORSTMANN, *op. cit.*, p. 20 et s.

Deuxième partie
Approche transsectorielle

Interrégulation sectorielle ou régulation intersectorielle ? Réflexion sur les configurations institutionnelles de la régulation

Étienne MULLER[1]

Si le contenu exact de la notion de régulation ne fait toujours pas consensus, il semble plus aisé de s'entendre, sinon sur ce qu'est la régulation sectorielle, du moins sur l'existence de ce qu'il est convenu d'appeler les « secteurs régulés » : l'on sait en effet que certains secteurs d'activités économiques font l'objet d'un encadrement particulier, motivé soit par leur caractère « sensible » au regard de certains objectifs d'intérêt général (marchés financiers, audiovisuel) soit par la présence d'un ou plusieurs opérateurs dont la puissance de marché constitue une menace pour la concurrence (industries de réseaux anciennement monopolistiques). L'on connaît également la double particularité d'un tel encadrement : celle-ci tient d'une part à l'existence d'une réglementation spécifique au secteur concerné – réglementation qui apparaît relativement interventionniste en ce qu'elle comporte de notables restrictions aux libertés économiques issues du droit interne et du droit de l'Union européenne[2] – et d'autre part à l'existence d'autorités indépendantes ad hoc auxquelles il appartient de veiller au respect de la réglementation applicable et éventuellement d'en sanctionner la méconnaissance, mais aussi de participer dans une certaine mesure à son élaboration voire, dans certains cas, de trancher des différents liés à son application.

Il n'est pas nécessaire d'entrer ici dans les intéressants débats concernant le degré d'originalité de la fonction remplie par ces autorités et les raisons de leur prolifération. Il suffit, pour notre propos, de retenir que ce qu'on appelle la régulation sectorielle correspond à un schéma institutionnel dans le cadre duquel un secteur d'activités économiques constitue à la fois le champ d'application d'un corps de règles et le champ matériel des compétences d'une autorité publique spécialisée. Il est alors aisé de comprendre en quoi consiste le problème de « l'interrégulation sectorielle » : il se produit inévitablement des situations dans lesquelles un même fait relève à la fois du champ d'application

[1] Professeur à l'université de Bourgogne.

[2] V. S. NICINSKY, *Droit public des affaires*, 3e éd., Paris, Montchrestien, 2012, § 331.

de deux ou plusieurs réglementations différentes et, subséquemment, des compétences de deux ou plusieurs autorités.

Ces hypothèses sont fréquentes, car les découpages sectoriels opérés par les textes n'épousent jamais parfaitement les limites des marchés économiques. Celles-ci ne cessent d'évoluer sous l'influence de différents facteurs. Tout d'abord, la transversalité de certaines activités tient à la structure même de notre économie. La « financiarisation » de certains secteurs peut ainsi donner naissance à des marchés relevant à la fois de la régulation des marchés financiers et d'une autre régulation sectorielle, comme l'illustre le cas des marchés des dérivés financiers de l'énergie et des quotas d'émission de gaz à effet de serre. Ensuite, les évolutions technologiques peuvent également engendrer l'interpénétration de différents secteurs. L'exemple le plus flagrant en est fourni par l'indifférenciation croissante des réseaux et terminaux dédiés à la diffusion audiovisuelle et aux communications électroniques, dont découle l'existence de zones d'interférences voire de conflits entre les régulations sectorielles (gestion du spectre hertzien, régulation des marchés de gros de services audiovisuels) et de points aveugles de la régulation (prolifération sur l'internet de contenus dits « non régulés »). Enfin, la transversalité de certaines situations au regard des différents secteurs régulés découle également de la créativité des opérateurs et des stratégies qu'ils adoptent, pratiquant l'intégration horizontale (opérateurs de communications électroniques, conglomérats financiers) ou créant des produits hybrides qui mettent à l'épreuve les catégories juridiques (assurance vie dite « de capitalisation », assurance crédit etc.)

Cependant, l'actualité de ces phénomènes de transversalité et d'interpénétration des différents secteurs ne doit pas masquer le fait que, d'un point de vue juridique, ils renvoient à une situation somme toute assez banale. Dans un monde marqué par l'inflation normative, il est en effet extrêmement fréquent, et d'ailleurs inévitable, qu'un même fait relève de deux ou plusieurs règlementations et de la compétence de deux ou plusieurs autorités administratives. Aussi serait-on tenté – si l'on se risquait avec plusieurs auteurs à réduire la notion de régulation à une forme particulière de police[3] – de ramener la problématique de l'interrégulation sectorielle au problème classique du concours de polices spéciales, qui fait depuis longtemps les délices des spécialistes de droit de l'urbanisme ou de l'environnement. Or, à ce problème, la jurisprudence administrative a apporté, de façon explicite à

[3] Cette opinion semble partagée aujourd'hui par « la plupart des auteurs » (G. Marcou, « La notion de régulation », *AJDA*, 2006, p. 347). V. notamment : J. Petit in P. Gonod, F. Melleray, Ph. Yolka (dir.), *Traité de droit administratif*, t. 2, Paris, Dalloz, 2011, p. 25 ; v. cependant, *contra* : D. Truchet, *Droit administratif*, 4e éd., Paris, PUF, 2011, p. 370.

partir de la fin des années 1950[4], une réponse de principe connue sous le nom de « principe d'indépendance des législations[5] ». Celle-ci peut apparaître en quelque sorte comme la négation ou le refus de toute interrégulation : lorsque deux législations distinctes trouvent à s'appliquer à une même situation, ces deux législations doivent s'appliquer indépendamment l'une de l'autre. Bien que critiquée pour sa rigidité, cette solution n'est pas sans justification : elle procède de l'idée qu'il n'appartient pas aux autorités administratives de hiérarchiser les objectifs des différentes législations et réglementations qu'elles sont chargées d'appliquer, car cela reviendrait à se substituer indument au pouvoir politique.

Toutefois, pour cette raison même, l'indépendance des législations ne constitue qu'un principe jurisprudentiel supplétif, qui ne trouve à s'appliquer que dans la mesure où le législateur ou le pouvoir réglementaire n'ont pas eux-mêmes défini la manière dont les réglementations en cause doivent s'articuler. Or, entre les différentes régulations sectorielles tendent aujourd'hui à se multiplier différents mécanismes d'articulation dont les développements qui vont suivre tenteront de repérer les principaux types. La raison en est qu'une mise en œuvre cloisonnée des réglementations sectorielles risquerait de mettre en péril les objectifs d'intérêt général poursuivis. En effet, le cloisonnement des régulations sectorielles donne prise à l'opportunisme des opérateurs économiques, qui peuvent être tentés de se livrer à un « arbitrage réglementaire », c'est-à-dire essayer de situer leurs activités dans le champ d'application de la réglementation la moins contraignante, voire de jouer des interférences entre deux autorités en les poussant à se contredire l'une l'autre.

De sorte que l'on est amené à se demander si, en définitive, la question des méthodes de l'interrégulation sectorielle n'est pas celle de la pertinence du schéma institutionnel de la régulation sectorielle[6]. En effet, le moyen a priori le plus simple et le plus efficace de régler les problèmes d'interférence dans l'application des différentes réglementations sectorielles n'est-il pas d'opter pour une autorité unique ? À cet égard, la *Bundesnetzagentur* allemande, qui est chargée de la régulation à la fois de l'électricité, du gaz, des télécommunications, de la poste et des chemins de fer, a pu apparaître comme le modèle institutionnel d'une régulation « multisectorielle ».

---

[4] CE, 1er juillet 1959, *Sieur Piard*, *Leb.*, p. 413.

[5] V. B. GENVEVOIS, « Les autorisations administratives en matière de réhabilitation de l'habitat ancien », *Droit et ville*, 1979, nº 8, p. 97 s. ; M.-F. DELHOSTE, *Les polices administratives spéciales et le principe d'indépendance des législations*, thèse, Paris (éd.), LGDJ, 2001.

[6] V. en ce sens : G. CLAMOUR, *Intérêt général et concurrence*, thèse, Paris (éd.), Dalloz, 2006, p. 675-678.

De prime abord, une telle vision suscite d'autant l'intérêt qu'elle coïncide avec une tendance au rapprochement ou à la fusion des autorités indépendantes, qu'elle pourrait ainsi contribuer à justifier. Elle n'en comporte pas moins une sérieuse limite, dans la mesure où elle tend à réduire la problématique de l'interrégulation à la seule dimension des interférences entre les interventions des différentes autorités sectorielles ; or il y a tout lieu de penser que cette problématique est avant tout celle de l'articulation entre des réglementations sectorielles différentes.

En d'autres termes, l'instauration d'une autorité unique « multisectorielle » ne constitue pas une réponse définitive à la question de l'interrégulation, mais modifie seulement la manière dont celle-ci se pose : les moyens de satisfaire le besoin d'interrégulation – s'ils sont instaurés – seront alors recherchés dans la mise en place de processus internes sous l'autorité d'un pouvoir de décision unique, au lieu de consister dans un rapport de collaboration entre autorités distinctes.

Plus généralement, les modalités de l'interrégulation sectorielle semblent dépendre des configurations institutionnelles de la régulation. C'est donc dans le cadre ce ces différentes configurations qu'il convient de les présenter (I), avant de tenter d'appréhender les raisons des choix opérés parmi ces différentes possibilités (II).

I. – Des modalités variables selon les configurations institutionnelles

Les techniques permettant de satisfaire les besoins d'interrégulation sectorielle ne sont pas les mêmes selon que coexistent des autorités sectorielles autonomes (A.) ou qu'est instaurée une unique autorité bi ou plurisectorielle (B.) ; le terme de « rapprochement » institutionnel des autorités peut être employé pour désigner une formule intermédiaire, qui tend à instaurer un rapport suivi de collaboration tout en préservant l'autonomie des autorités (C.).

A. La collaboration ponctuelle d'autorités autonomes

Dans la configuration où coexistent plusieurs autorités sectorielles, les rapports de collaboration que celles-ci peuvent être ponctuellement amenées à nouer pour traiter de faits ou de questions transsectoriels prennent des formes juridiques généralement bien connues.

Le premier degré de collaboration entre les autorités consiste dans la transmission d'informations.

Celle-ci peut intervenir de façon spontanée et informelle, mais elle peut être également favorisée ou imposée par les textes. De telles dispositions sont nombreuses, en particulier dans le cadre des relations entre l'Autorité des marchés financiers (AMF) et l'Autorité de contrôle prudentiel et de résolution (ACPR). Si des obligations de requérir des informations sont parfois énoncées[7], les textes prévoient le plus souvent l'obligation faite à une autorité de communiquer spontanément à une autre certaines informations[8]. Le fait que les informations ainsi transmises puissent alors donner lieu à une enquête voire à l'ouverture d'une procédure de sanction autorise d'ailleurs à assimiler à une telle transmission d'informations la faculté donnée à l'ACPR et à la Commission de régulation de l'énergie (CRE) de saisir d'une demande de sanction le collège de l'AMF, celui-ci étant, dans les deux cas, seul juge de l'opportunité de saisir sa commission des sanctions.

Parfois, les textes visent à donner à l'échange d'informations un caractère plus général. Ainsi, l'AMF est érigée en « point de contact » unique pour la transmission par les autorités des autres États membres de l'Union européenne d'informations également destinées à l'ACPR[9] ; en outre, dans deux hypothèses – entre l'AMF et l'ACP d'une part[10] et entre l'AMF et la CRE d'autre part[11] – la loi prévoit un échange permanent de tous « renseignements utiles à l'accomplissement de leurs missions respectives ». Cela peut alors constituer une première étape vers une forme de « rapprochement » des autorités sectorielles, que l'on étudiera plus loin.

Outil indispensable de l'interrégulation, l'échange d'informations peut cependant voir son efficacité réduite par des règles de confidentialité. Celles-ci s'avèrent variables selon les cas. On notera ainsi que l'échange d'informations entre l'AMF et la CRE est quelque peu asymétrique à cet égard, puisque si la loi dispose que la première peut communiquer à la seconde des informations couvertes par le secret professionnel, la réciproque n'est pas prévue[12] ; quant aux échanges entre l'AMF et l'ACPR, ils ne peuvent, en principe, porter sur des informations couvertes par le secret professionnel qu'avec l'accord de l'organisme dont ces informations émanent[13].

---

[7] Par ex. dans le cadre du contrôle qui lui incombe des ressources financières des entreprises de marché et des dispositions qu'elles prennent pour prévenir certains risques, l'AMF « s'appuie sur les contrôles effectués » par l'ACP « et les recommandations qui s'ensuivent » (article L. 421-11 CMF).

[8] Par exemple l'ACP doit informer l'AMF des sanctions qu'elle a infligées à des opérateurs ayant méconnu leurs obligations prudentielles (article L. 612-38 CMF).

[9] Conformément aux exigences de la directive nº 2004/39/CE du 21 avril 2004 concernant les marchés d'instruments financiers (article L. 632-8 CMF).

[10] Article L. 631-1 CMF.

[11] Article L. 621-21, I, al. 1er CMF ; article L. 134-17, al. 1er du Code de l'énergie.

[12] Article L. 621-21, III CMF.

[13] Article L. 631-1, al. 6 CMF.

Un degré supérieur dans la collaboration est représenté par la consultation ; il est attendu de l'autorité consultée non seulement qu'elle transmette des informations mais qu'elle adopte une position sur un sujet donné.

La forme juridique de la consultation est généralement celle de l'avis simple, qui est particulièrement présent dans les textes régissant les relations entre l'ARCEP et le CSA[14]. À la différence de la simple communication d'informations, la consultation associe dans une certaine mesure l'autorité consultée au processus de décision : l'avis de l'autorité consultée est évidemment susceptible d'influer sur le sens de la décision prise ; en outre, la publicité généralement donnée à l'avis met en lumière la mesure dans laquelle il a ou non été pris en compte par l'autorité compétente. Rien ne semble d'ailleurs s'opposer à ce qu'une autorité sectorielle sollicite l'avis d'une autre sans que cela ait été prévu par un texte, pourvu alors qu'elle ne s'estime pas liée et conserve son pouvoir propre d'appréciation[15].

C'est en cela que la consultation se différencie du troisième mode de collaboration entre des autorités autonomes que constitue le *partage de compétences*.

C'est le cas d'abord lorsque les textes prévoient que la prise d'une décision par une autorité est subordonnée à l'accord de l'autre. Par exemple, si l'ACPR demeure compétente pour délivrer un agrément à un établissement de crédit dont les activités comprennent, à titre accessoire, le conseil en investissement ou la gestion de portefeuille pour le compte de tiers, le programme d'activité de cet opérateur doit, au préalable, avoir été approuvé par l'AMF[16]. C'est le cas ensuite lorsque les textes exigent qu'une décision soit prise par une autorité sur avis *conforme* d'une autre. Par exemple, afin d'éviter qu'un opérateur de communications électroniques ne tire profit de l'indifférenciation des fréquences attribuées par l'ARCEP et le CSA pour échapper à la compétence de l'ARCEP en matière de contrôle des « réseaux ouverts au public[17] », la loi prévoit que lorsqu'un service de communications électroniques utilise une fréquence dont l'attribution est confiée au CSA, celui-ci ne peut l'attribuer

---

[14] Ces deux autorités devant se consulter mutuellement dans de multiples hypothèses, par exemple avant que l'ARCEP ne règle un différend d'interconnexion susceptible de restreindre de façon notable l'offre de services audiovisuels (article L. 36-6 CPCE), lorsque le CSA est saisi d'un différend relatif à la distribution de services audiovisuels ayant des incidences sur l'offre de communications électroniques (article L. 71-1 de la loi n° 86-1067 du 30 septembre 1986 relative à la liberté de communication), ou encore lorsque l'ARCEP détermine un marché pertinent incluant la diffusion audiovisuelle (Article L. 37-1 CPCE).

[15] CE, 3 juillet 1981, *Mme Jacquens*, *Leb.*, p. 294 ; CE, 30 juin 1997, *Mlle Cornebois*, *Leb.*, tables, p. 897.

[16] Article L. 532-1 al. 2 CMF.

[17] Article L. 33-1 CPCE.

qu'après avis conforme de l'ARCEP[18]. Dans ces cas, si le pouvoir de décider est toujours attribué à l'une des deux autorités, celle-ci ne le monopolise plus mais le partage avec l'autre. Ce partage s'apparente *a minima* à la faculté d'empêcher l'adoption d'un certain contenu par la décision prise ; en pratique, il confine au pouvoir de déterminer positivement tout ou partie du contenu de la décision.

Ces modalités relativement bien connues de l'interrégulation correspondent donc à la configuration où coexistent plusieurs autorités sectorielles autonomes. À celle-ci s'oppose l'hypothèse d'une unique autorité bi ou plurisectorielle.

B. L'instauration d'une autorité unique

Il a été observé qu'au plan européen « le cas [des autorités de régulation] bi-sectorielles » relevait « plus de la règle que de l'exception[19] ». Ce constat est valable notamment pour la France, où les cas d'autorités chargées de la régulation de deux secteurs différents se sont multipliés avec la dévolution de la régulation du secteur du gaz naturel à la CRE déjà chargée de l'énergie électrique, celle de la régulation des activités postales à l'ART rebaptisée pour l'occasion en ARCEP ou, plus récemment, la création d'une Autorité de contrôle prudentiel unique pour les secteurs bancaire et de l'assurance. L'Allemagne connaît quant à elle deux exemples d'autorités « multisectorielles », d'une part avec la *BaFin*[20], chargée de la surveillance des activités de banques, d'assurance mais aussi des transactions financières, d'autre part et surtout avec la *Bundesnetzagentur* (*BNetzA*), chargée de la régulation des secteurs des télécommunications, des activités postales, de l'énergie électrique et gazière et des activités ferroviaires[21].

Sans que cela suffise, comme on le verra, à expliquer le succès relatif de cette formule institutionnelle, l'instauration d'une autorité bi ou plurisectorielle peut apparaître comme une solution possible aux problèmes liés au brouillage des frontières sectorielles et aux stratégies transversales des opérateurs, voire « la solution la plus radicale au problème de l'interrégulation sectorielle[22] ».

Cependant, il serait selon nous erroné de penser que cette solution institutionnelle suffise à régler définitivement le problème de l'interrégulation. Cela reviendrait en effet à réduire ce problème au besoin d'articuler les

---

[18] Article 23 de la loi du 30 septembre 1986 relative à la liberté de communication, précitée.

[19] H. DELZANGLES, *L'indépendance des autorités de régulation sectorielles. Communications électroniques, énergies et postes*, thèse, Bordeaux IV, 2008 (dactyl.), p. 613.

[20] *Bundesanstalt für Finanzdienstungsaufsicht.*

[21] V. J. WALTHER, « Un "modèle allemand" d'autorité de régulation pour l'Europe ? Concentration et diversification des autorités de régulation sectorielle en Allemagne », *RJEP*, n° 692, décembre 2011, p. 20.

[22] H. DELZANGLES, *op. cit.*, p. 618.

compétences d'une pluralité d'autorités sectorielles, alors que son objet premier est d'articuler des réglementations dont les champs d'application sont définis par référence à des secteurs aux frontières relatives et poreuses. Ceci apparaît clairement si l'on admet que le principe d'indépendance des législations vaut également dans l'hypothèse où une même autorité est chargée de l'application de législations distinctes ; bien qu'il faille se montrer prudent en invoquant ce qui n'est somme toute qu'une manière de raisonner que le juge utilise avec beaucoup de pragmatisme, on peut penser qu'en l'absence d'articulation prévue par les textes, les services de l'autorité unique saisis au titre d'une réglementation sectorielle n'ont pas à fonder leur décision sur des motifs relevant d'autres réglementations sectorielles[23]. Pour le dire autrement, il peut y avoir une autorité unique sans véritable interrégulation. D'aucuns ont d'ailleurs pu estimer que la *BNetzA* allemande était « une juxtaposition des régulations plutôt qu'un vrai rapprochement[24] ».

Le problème de l'interrégulation continue donc de se poser; seule sa configuration se trouve à l'évidence modifiée, dans la mesure où les solutions qui peuvent lui être apportées sont ici mises en œuvre « au sein même » d'une autorité unique[25].

Toutefois, les différences entre ces modalités d'une interrégulation que l'on peut alors qualifier « d'endogène[26] » et les modalités « exogènes » précédemment envisagées ne sont peut-être pas toujours aussi tranchées qu'il y paraît. La raison en est qu'une certaine spécialisation sectorielle tend le plus souvent à réapparaître au sein de l'autorité unique, sinon au plan de ses instances décisionnelles, comme l'illustre l'existence de deux sous-collèges sectoriels au sein de l'ACPR, au moins au plan de ses services[27] et, avec elle, différents « rapports » internes de collaboration. Toute proportion gardée, les techniques précédemment envisagées d'échange d'informations et de consultation peuvent donc se retrouver à l'intérieur d'une autorité unique. En revanche, l'instauration d'une autorité unique exclut incontestablement la technique de la compétence partagée : à l'évidence, réintroduire des mécanismes d'accord préalable ou d'avis conforme entre les instances ou les

---

[23] Rappr. CE, 18 décembre 1981, *Min. des Relations extérieures c. M. Pelaz e. a.*, *Leb.*, p. 264, concl. D. Labetoulle.

[24] ARCEP, *Réflexions sur l'évolution de la régulation audiovisuelle et des communications électroniques*, octobre 2012, p. 19. V., dans le même sens : J. WALTHER, *op. cit.*, p. 22.

[25] H. DELZANGLES, *op. cit.*, p. 619.

[26] L. GRARD, « L'interrégulation pour accompagner la libéralisation de l'énergie et des télécommunications », *Cahiers de droit de l'entreprise*, n° 2/2004, p. 11.

[27] Comme c'est le cas au sein de l'ARCEP ou de la CRE.

services d'une même autorité reviendrait à recréer la coexistence de plusieurs autorités au sein de celle-ci[28].

Au total, c'est donc *l'unicité du pouvoir de décision* qui paraît caractériser cette interrégulation « endogène ». Or cette unicité n'est pas dénuée d'effets quant à la manière dont sont articulées les réglementations sectorielles. D'abord, elle exclut toute « faculté d'empêcher » qui puisse permettre à une autorité de s'opposer à l'adoption d'une décision par une autre pour des raisons inhérentes à ses propres missions. Ensuite, elle implique plus généralement que les arbitrages qui devront être réalisés entre les objectifs ou les valeurs contradictoires des différentes réglementations applicables se feront selon des processus internes et informels[29], ce qui est de nature à atténuer les antagonismes éventuels et à les rendre moins perceptibles de l'extérieur.

Mais l'alternative entre une pluralité d'autorités autonomes et une autorité bi ou plurisectorielle unique n'épuise pas les configurations possibles de l'interrégulation sectorielle. Entre ces deux pôles existe un troisième terme que l'on peut appeler le « rapprochement » des autorités.

C. Le rapprochement des autorités

Les hypothèses ici envisagées consistent en une relation entre deux ou plusieurs autorités de régulation qui présente un certain degré d'institutionnalisation sans toutefois aller jusqu'à abolir le pouvoir propre de décision des autorités.

Comme les échanges ponctuels, ce rapprochement peut revêtir un caractère relativement informel, à l'instar du *Joint Regulator Group* britannique[30] dont l'existence ne repose à ce jour sur aucun texte ni convention formelle entre ses membres[31]. À une échelle plus modeste, le CSA et l'ARCEP ont mis en place en 2002 un groupe de liaison (le GLAC) placé sous la co-présidence d'un membre

[28] De fait, si l'on considère l'exemple de l'ACP, les sous-collèges sectoriels n'ont vocation à statuer que sur « les questions [...] spécifiques à [leur] secteur », l'examen des questions communes aux secteurs de la banque et de l'assurance relevant du collège plénier ou du collège en formation restreinte selon qu'elles sont d'ordre général ou individuel (article L. 612-12 CMF).

[29] On ne trouve aucune procédure ressemblant de près ou de loin à des « avis interne » dans les dispositions relatives à l'ACP ou à la CRE ni dans leurs règlements intérieurs ; l'absence de tout formalisme est également la règle dans les rapports entre les départements et les chambres de la Bundesnetzagentur allemande (v. J. WALTHER, *op. cit.*).

[30] Bien qu'informel, ce groupe d'une dizaine d'autorités sectorielles est doté d'un président et d'un secrétaire désigné chaque année par l'une des autorités participantes. Ces dernières lui consacrent une page dédiée sur leurs sites Internet, présentant notamment les coordonnées du secrétariat et des minutes succinctes des réunions du groupe. V. par ex. :http://www.ofcom.org.uk/about/organisations-we-work-with/joint-regulators-group

[31] Et ce malgré le souhait d'une plus grande formalisation exprimée en 2007 par le *Select Committee* sur les régulateurs de la Chambre des Lords (v. son rapport « UK Economic Regulators », vol. I, HL Paper 189-I, 13 novembre 2007, pts 1.19-23).

de chaque autorité et destiné à permettre des réunions périodiques consacrées à des sujets d'intérêt commun ; il semble cependant que ce GLAC ait cessé de se réunir entre 2007 et 2011, vraisemblablement du fait de dissensions entre les deux régulateurs au sujet de la réallocation des fréquences radioélectriques libérées par le passage à la TNT[32]. Cela témoigne des limites de ces initiatives informelles, dont le succès ou l'échec demeure entièrement tributaire de la bonne volonté de leurs membres.

C'est pourquoi les pouvoirs publics peuvent intervenir pour imposer un rapprochement entre des autorités sectorielles.

Un premier pas en ce sens peut être vu dans les dispositions législatives qui prévoient que « coopèrent » entre elles de manière permanente, d'une part l'AMF et l'ACPR[33] et, d'autre part, l'AMF et la CRE[34]. Toutefois, ces dispositions se bornent à exiger un échange d'informations, auquel s'ajoute, s'agissant des rapports entre l'AMF et la CRE, le pourvoir donné à la première de consulter pour avis la seconde à propos « de toute question entrant dans le champs des compétences de celle-ci[35] » ; il ne s'agit donc que de rendre obligatoires des formes de collaboration que l'on a identifiées plus haut. Or il peut paraître souhaitable d'aller plus loin dans l'institutionnalisation de la collaboration entre les autorités, en lui conférant une structure permanente.

L'une des possibilités est alors de prévoir la participation de membres de deux ou plusieurs autorités sectorielles à un organisme tiers, dont la mission est de permettre l'échange d'informations voire de délibérer certaines affaires transsectorielles. Telle était, encore il y a peu, la vocation du Conseil de la régulation financière et du risque systémique auquel participent notamment le président de l'AMF et le gouverneur de la banque de France, président de l'ACPR, ainsi que le vice-président de cette dernière. Mais cette configuration est alors susceptible de connaître une évolution qu'illustre parfaitement la transformation récente de ce conseil en un Haut conseil de stabilité financière[36] : finalement doté d'un pouvoir propre de décision dans les matières relevant de sa compétence[37], l'organisme tiers donne naissance à une nouvelle autorité transsectorielle.

---

[32] V. *Les Échos*, n° 20281, 17 octobre 2008, p. 25.

[33] Article L. 631-1 CMF.

[34] Article L. 621-21, I, al. 1er CMF ; article L. 134-17, al. 1er du Code de l'énergie.

[35] Article L. 621-21 al. 2 CMF ; on observe que la réciproque n'est pas prévue.

[36] V. les articles L. 631-2 et suivants du Code monétaire et financier modifiés par l'article 13 de la loi n° 2013-672 de régulation et de séparation des activités bancaires (*JORF*, 26 juillet 2013, p. 12530).

[37] Le Haut conseil étant désormais doté notamment du pouvoir d'imposer aux établissements des exigences de fonds propres supplémentaires afin de prévenir des risques systémiques (article L. 631-2-1, 4° CMF).

Il en va différemment lorsque les pouvoirs publics optent pour des modalités de rapprochement qui garantissent l'intégrité des compétences des autorités concernées. Le « pôle commun » instauré entre l'AMF et l'ACPR par l'ordonnance du 21 janvier 2010 afin d'œuvrer à la définition d'une politique commune de contrôle en matière de commercialisation des produits bancaires, financiers et d'assurance en est l'illustration la plus parlante[38]. Si les textes disposent que ce pôle commun est animé par un coordonnateur désigné conjointement par leurs secrétaires généraux respectifs, ils demeurent muets sur sa nature juridique et se gardent de le désigner comme un organisme autonome. En revanche, ils prévoient que ses modalités de fonctionnement devront être précisées par une « convention » conclue entre les deux autorités[39]. Le législateur n'a fait d'ailleurs en cela que consacrer la pratique de la « charte » par laquelle l'AMF et les diverses autorités auparavant compétentes dans les secteurs de la banque et de l'assurance étaient convenues des modalités de leur coopération[40]. Cette pratique a, en outre, trouvé une traduction supplémentaire à travers la conclusion par l'AMF et la CRE d'un « protocole d'accord » concernant les modalités de leur coopération pour la régulation des marchés de l'énergie et des quotas d'émissions de gaz à effet de serre[41] – dont l'objet est toutefois plus limité puisqu'il se borne à l'échange d'informations et à la mise à disposition de services sans véritable politique commune de contrôle.

À l'évidence plus proche d'une mesure d'organisation interne que d'un véritable contrat[42], cette forme conventionnelle exprime la volonté d'assurer une continuité dans le rapport de collaboration entre les deux autorités sans pour autant intégrer celles-ci dans un ordre hiérarchique au sein duquel elles perdraient leur autonomie. La convention conclue le 30 avril 2010[43] entre l'AMF et l'ACPR précise d'ailleurs que « le pôle commun est un mécanisme de coordination qui n'ajoute ni ne retranche aucune compétence ni aucun pouvoir aux deux autorités », toute décision « [demeurant] prise uniquement par l'ACP ou par l'AMF » ; de fait, le coordonnateur du pôle ne peut, tout au

38 Articles L. 612-47 à L. 612-49 CMF.

39 Article L. 612-49 CMF.

40 Charte entre la CCAMIP, la Commission bancaire, le Comité des entreprises d'assurances, le CECEI et l'AMF relative à la coopération en matière d'agrément, de modification de l'actionnariat et de changement de dirigeants des groupes financiers transsectoriels, signée le 21 octobre 2005.

41 Protocole d'accord du 10 décembre 2010.

42 V. CONSEIL D'ÉTAT, *Le contrat, mode d'action publique et de production de normes*, Rap. publ., 2008, *EDCE*, n° 59, p. 230-231.

43 Dont le texte peut être trouvé sur le site de l'AMF : http://www.amf-france.org/documents/general/9380_1.pdf

plus, que formuler des propositions, y compris en ce qui concerne les priorités de contrôle définies dans le cadre des réunions du pôle commun[44].

À la réflexion, ce « rapprochement » des autorités ne semble pas pouvoir être placé tout à fait sur le même plan que les hypothèses précédentes. On peut remarquer en effet qu'il est *déjà* une réponse apportée au besoin d'interrégulation, ce que n'est pas nécessairement, on l'a vu, l'instauration d'une autorité unique. Plus précisément, cette formule paraît constituer une sorte de compromis lorsque la récurrence ou l'importance de problématiques transsectorielles nécessite une coordination accrue, sans que l'instauration d'une autorité unique ne soit souhaitable.

Le succès relatif de cette formule de compromis semble devoir s'expliquer par le fait que les configurations institutionnelles de la régulation dépendent d'impératifs multiples et parfois contradictoires.

II. – Le choix des modalités de l'interrégulation sectorielle

Les différentes modalités de l'interrégulation sectorielle ne peuvent être comparées *in abstracto* sans méconnaître que la régulation sectorielle recouvre des réglementations qui peuvent être relativement hétérogènes. Aussi peut-on penser que c'est avant tout le degré de convergence des régulations qui conditionne leur adéquation (A.) Toutefois, dans les faits, le choix des formules institutionnelles s'avère souvent guidé par des considérations étrangères à l'interrégulation (B.).

A. Le degré de convergence des régulations

Si le choix d'une configuration institutionnelle devait être guidé principalement par le besoin d'interrégulation, on pourrait avancer que son adéquation dépend du degré de convergence des réglementations sectorielles qu'il s'agit d'articuler.

Plus précisément, c'est la convergence des objectifs des régulations sectorielles qui semble être déterminante.

L'idée d'une conciliation entre une pluralité d'intérêts et d'objectifs constitue sans doute le point commun des différentes définitions qui ont pu être proposées de la notion de régulation. Le besoin d'interrégulation peut d'ailleurs s'expliquer par le fait que cette logique de conciliation « dépasse le cadre sectoriel », relativisant ainsi « l'intérêt d'une définition sectorielle de la régulation[45] ». Il n'en demeure pas moins qu'une telle conciliation est d'autant

---

[44] Articles 3 et 11 de la convention ; il n'est pas jusqu'au rapport annuel du pôle commun qui ne doive être soumis à l'approbation des autorités membres (article 9).

[45] G. CLAMOUR, *Intérêt général et concurrence*, préc., p. 673.

plus aisée que les objectifs d'intérêt général poursuivis sont relativement homogènes et reflètent une option politique univoque. Or, dans le cas français, où l'adhésion au libéralisme économique est traditionnellement plus hésitante que dans le contexte anglo-saxon, les objectifs de la régulation dépassent souvent la promotion d'un certain degré de concurrence pour intégrer d'autres considérations d'intérêt général qui peuvent varier sensiblement d'un secteur à l'autre[46].

Ce qui sépare la régulation des communications électroniques de celle de l'audiovisuel en constitue l'exemple éloquent : tandis que la première, qui découle de la transposition du droit dérivé de l'Union européenne, présente une dimension économique prépondérante, la seconde, plus ancienne, est dominée par les objectifs spécifiquement nationaux de défense du pluralisme et de soutien à la création audiovisuelle. Dès lors, le choix des réponses institutionnelles à apporter aux multiples besoins d'interrégulation causés par l'indifférenciation croissante des contenus transmis par Internet et la polyvalence des terminaux de communication nécessite une réflexion préalable sur les objectifs de la régulation. Telle est, en substance, ce que soulignent les contributions de l'ARCEP et du CSA à la consultation lancée en août 2012 par le Premier ministre, visant à formuler des propositions en vue d'un « rapprochement » futur des deux régulateurs[47]. Les perspectives possibles que ces deux documents dessinent sont connues : soit, prenant acte des difficultés croissantes à garantir le pluralisme des contenus et à pérenniser les mécanismes actuels de soutien à la création, le législateur opte pour une convergence des objectifs vers une régulation essentiellement économique (principalement tournée vers la concurrence, la création d'emplois et l'innovation technologique) ; soit la décision est prise de conserver la régulation des contenus existante en tentant de l'étendre à ceux qui parviennent pour l'heure à y échapper. Si, comme le suggère l'exemple britannique de l'OFCOM, la fusion pourrait peut-être constituer une bonne solution dans le premier cas, elle conduirait dans le second à « effectuer, en interne, des arbitrages » entre les objectifs contradictoire, au risque de déposséder le Gouvernement et au Parlement de leurs compétences[48].

En d'autres termes, lorsque les réglementations sectorielles concernées poursuivent des objectifs divergents voire potentiellement antagonistes, leur

---

[46] J.-L. AUTIN, « Le devenir des autorités administratives indépendantes », *RFDA*, 2010, p. 875.

[47] CSA, *Contribution à la réflexion sur l'évolution de la régulation de l'audiovisuel et des communications électroniques*, octobre 2012 ; ARCEP, *Réflexions sur l'évolution de la régulation audiovisuelle et des communications électroniques*, préc.

[48] ARCEP, rap. préc., p. 26.

égale dignité peut paraître mieux garantie par l'autonomie des régulateurs. C'est peut-être une considération de cet ordre qui justifie que l'AMF ait été tenue à l'écart de la fusion ayant donné lieu, en 2010, à la création de l'ACP, dans la mesure où il existe un conflit potentiel d'objectifs entre les missions de contrôle prudentiel et de supervision des marchés financiers, en particulier dans un contexte de crise affectant un établissement bancaire qui est lui-même une entreprise cotée[49].

Plus généralement, l'on peut se demander si, lorsque coexistent différents intérêts publics difficilement conciliables, la meilleure réponse au besoin d'interrégulation ne consisterait pas en définitive dans l'abandon de la définition sectorielle de la régulation au profit d'une « régulation par objectifs » intersectorielle[50] ; dans ce cas, la réponse la plus appropriée à des besoins récurrents d'interrégulation paraît résider davantage dans une formule de « rapprochement » intermédiaire des autorités que dans leur fusion. Telle pourrait bien être bientôt, après l'AMF et l'ACPR, l'option privilégiée s'agissant de l'ARCEP et du CSA. Toutefois, il faut se garder, là encore, des « recettes » institutionnelles toutes faites : dans un contexte de crise appelant une décision rapide, une hiérarchisation autoritaire des objectifs peut être préférable à un désaccord prolongé entre deux régulateurs[51].

En outre, la régulation « par objectifs » suppose la coexistence de deux voire plusieurs autorités compétentes pour un même secteur et peut donc se révéler coûteuse. Ceci invite à relativiser l'importance du besoin d'interrégulation comme critère de choix d'une configuration institutionnelle, pour mettre en lumière le poids d'autres considérations.

B. Le poids des considérations étrangères à l'interrégulation

L'observation des faits permet rapidement de comprendre que diverses considérations étrangères à la problématique de l'interrégulation interviennent dans le choix des configurations institutionnelles de la régulation. Le fait que la régulation du secteur postal ait été confiée à l'autorité déjà en charge des communications électroniques alors qu'il n'existe guère de besoin d'interrégulation entre les deux secteurs est un indice fort en ce sens ; de même, bien qu'il existe une connexité indéniable entre les secteurs de l'électricité et du gaz naturel qui concourent tous deux aux objectifs de la

---

[49] B. DELETRÉ, *Rapport de la mission de réflexion et de propositions sur l'organisation et le fonctionnement de la supervision des activités financières en France*, Inspection générale des Finances, nº 2008-M-069-02, janvier 2009, p. 20-22.

[50] *Ibid.*, p. 52 s.

[51] On songe, par exemple, à la gestion des phénomènes dits de « panique bancaire » (*bank run*).

politique énergétique[52], il semble que la dévolution de leur régulation à une unique Commission de régulation de l'énergie s'explique avant tout par le souci de « permettre une certaine optimisation des moyens[53] ».

Plus généralement, les configurations institutionnelles de la régulation semblent être le fruit d'un concours de considérations et de circonstances relativement contingent. Cela n'est d'ailleurs aucunement une spécificité française. Ainsi, le choix allemand de créer l'autorité multisectorielle qu'est la *BNetzA* semble lui-même s'expliquer par diverses préoccupations avant tout d'ordre économique et managériale[54] ; quant aux fusions d'autorités de régulation intervenues en Grande-Bretagne, il a été montré qu'elles s'inscrivaient dans une « extrême instabilité institutionnelle » où domine « l'influence du gouvernement du moment[55] ». Certes, une volonté de « rationalisation » est depuis plusieurs années manifestée par plusieurs rapports parlementaires[56] ; mais le besoin d'interrégulation n'y apparaît pas comme une préoccupation centrale.

L'importance accordée au souci de diminuer le coût de la régulation n'est, bien entendu, guère surprenante dans le contexte actuel. Systématiquement invoqués, les arguments financiers se révèlent cependant quelque peu hasardeux dans leurs prédictions, en particulier l'intuition assez répandue selon laquelle la fusion serait nécessairement vectrice d'économies d'échelles par la mutualisation des « fonctions support[57] » ; ainsi les dépenses de l'ACP se sont-elles, dès sa première année d'existence, révélées plus importantes que celles cumulées des quatre autorités que l'ACP a remplacées[58]. Le coût aléatoire de la fusion peut d'ailleurs être utilisé comme un argument en faveur de la formule intermédiaire du « rapprochement » d'autorités conservant leur autonomie, laquelle ne nécessiterait « aucun moyen nouveau[59] ».

[52] Articles L. 100-1 à L. 100-4 du Code de l'énergie.

[53] F.M. GONNOT, député, *Rapport sur le projet de loi relatif aux marchés énergétiques et au service public de l'énergie*, n° 400, 26 novovembre 2002, p. 14 ; le rapport poursuivant : « … sans faire obstacle à la nécessaire prise en compte des spécificités du secteur gazier par une organisation interne adaptée ».

[54] J. WALTHER, « Un "modèle allemand" d'autorité de régulation pour l'Europe ? Concentration et diversification des autorités de régulation sectorielle en Allemagne », préc.

[55] Th. PERROUD, « L'indépendance des autorités de régulation au Royaume-Uni », *RFAP*, 2012, p. 745-746.

[56] V. F.-M. GONNOT, rapport préc., et surtout : R. DOSIÈRE et Ch. VANESTE, députés, *Rapport sur les autorités administratives indépendantes fait au nom du Comité d'évaluation et de contrôle des politiques publiques*, n° 2925, t. 1, 28 octobre 2010, p. 59 s.

[57] R. DOSIÈRE et Ch. VANESTE, rap. préc., p. 70.

[58] *Ibid.*, p. 133-134.

[59] V. notamment : ARCEP, rap. préc., p. 22.

En second lieu interviennent des arguments managériaux. L'autorité bi ou multisectorielle serait ainsi le moyen de permettre un redéploiement rapide des services sur les différents secteurs en fonction des besoins, ainsi que d'« atteindre une taille critique qui entraîne [...] une plus grande notoriété[60] ». En sens inverse, la fusion, surtout si elle s'opère par l'absorption d'une autorité par une autre, peut sonner comme un « désaveu » cause de démotivation pour les services de l'autorité absorbée[61]. Enfin, on ne saurait exclure que puissent parfois intervenir des velléités moins avouables, comme celle de diminuer l'influence d'une autorité politiquement dérangeante[62].

Une idée mérite qu'on s'y arrête davantage, parce qu'elle se rapproche du besoin d'interrégulation sans toutefois se confondre avec lui. Il s'agit du mérite prêté au rapprochement des autorités de permettre « l'unification [...] des règles et des procédures applicables[63] ». En d'autres termes, une collaboration suivie et plus ou moins institutionnalisée entre plusieurs autorités de régulation économique, à défaut de permettre l'émergence tant attendue d'un droit de la régulation, favoriserait au moins l'échange de bonne pratiques et le développement d'approches communes s'agissant de problématiques transversales, y compris lorsqu'il n'existe pas ou peu de phénomènes intersectoriels nécessitant une interrégulation. Cet argument revêt un grand intérêt, dans la mesure où l'hétérogénéité relative des réglementations sectorielles peut être vue comme la source d'une moindre efficacité, par comparaison avec le droit de la concurrence[64]. Il reste que, outre la diversité précédemment évoquée des objectifs, des différences technologiques ou des logiques économiques à l'œuvre dans les différents secteurs semblent constituer les limites d'une telle évolution.

Plus généralement, l'hétérogénéité des régulations sectorielles paraît être, au fond, la principale explication de la diversité des modalités de l'interrégulation sectorielle. Cela donne à penser que le souci de « rationalisation » institutionnelle, s'il est pleinement légitime (on pense en particulier à l'idée d'une

---

[60] R. Dosière et Ch. Vaneste, rap. préc., p. 70.

[61] B. Deletré, *Rapport de la mission de réflexion et de propositions sur l'organisation et le fonctionnement de la supervision des activités financières en France*, préc., p. 61.

[62] V. le point de vue du président de la Commission nationale de la déontologie de la sécurité, voyant une « régression » dans l'absorption de celle-ci par le Défenseur des droits (*Le Monde*, 25 novembre 2009).

[63] J.-M. Pontier, « Synthèse des rapports nationaux » in *étude de droit comparé sur les autorités administratives indépendantes*, annexe de P. Gélard, rap. préc. (non paginé).

[64] V. le constat fait par l'ARCEP concernant la régulation économique des communications électroniques dans le contexte d'un basculement de la valeur au profit des producteurs de terminaux et des fournisseurs de contenus en ligne (ARCEP, rap. préc., p. 17).

évaluation parlementaire périodique des autorités), ne doit cependant pas tendre à la promotion d'un prétendu « modèle » unique. Sauf peut-être à imaginer une convergence généralisée des objectifs des régulations sectorielles ; autant dire un appauvrissement de la notion même d'intérêt général.

L'interrégulation entre le CSA et l'ARCEP

Jean CATTAN[1]

Des premières heures de l'audiovisuel aux heures les plus récentes de la communication en ligne, les techniques employées aux fins de communication par voie électronique n'ont cessé d'évoluer. Cette évolution a entraîné avec elle des usages toujours nouveaux et des problématiques juridiques sans cesse renouvelées. À la complexité des problèmes adressés s'ajoute une multiplicité institutionnelle sans égale.

Hormis les ministres chargés des communications électroniques, de la culture et de la communication coexistent diverses autorités administratives et autorités publiques indépendantes en charge de la régulation des communications par voie électronique. On compte aujourd'hui l'Autorité de la concurrence, la Commission nationale informatique et liberté (CNIL), la Haute autorité pour la diffusion des œuvres et la protection des droits sur Internet (HADOPI), le Conseil supérieur de l'audiovisuel (CSA) et l'Autorité de régulation des communications électroniques et des postes (ARCEP).

Cette multiplicité institutionnelle est souvent perçue comme une source d'incohérence freinant la capacité de l'État soit à porter le développement des moyens de communication, soit à protéger leurs utilisateurs. D'un autre côté, cette diversité peut aussi être perçue comme le simple fruit de l'histoire du secteur ou encore comme une nécessité compte tenu de la variété des problématiques existantes.

À ce titre, il peut être considéré, en simplifiant, que si la régulation de la communication audiovisuelle est tournée vers le pluralisme, le financement de la création audiovisuelle et la protection des publics sensibles, la régulation des communications électroniques est, elle, orientée vers le développement d'une concurrence économique offrant aux utilisateurs un accès au coût le plus juste aux procédés de communication les plus évolués.

De même, alors que la CNIL peut être schématiquement décrite comme ayant pour mission essentielle de veiller au respect de la vie privée et à la protection des données personnelles, la HADOPI peut être considérée comme ayant pour tâche de veiller au développement d'usages culturels licites sur Internet ainsi qu'à la prévention et à la sanction des usages illicites. L'Autorité

[1] Docteur en droit public.

de la concurrence quant à elle aurait pour mission de veiller au respect du droit de la concurrence sur l'ensemble de la chaîne allant des supports de communication aux terminaux en passant par l'accès aux contenus.

Dans cet environnement institutionnel, le CSA et l'ARCEP occupent une place toute particulière tenant notamment au fait que les deux autorités ont, parmi d'autres missions, celle de réguler l'accès aux supports de communications électroniques. En ce sens, le CSA et l'ARCEP sont par exemple les affectataires des fréquences dédiées respectivement à la communication audiovisuelle et aux communications électroniques. En cela, ils attribuent des autorisations d'exploiter les bandes de fréquences à des opérateurs de communication audiovisuelle ou de communications électroniques. Qui plus est, les deux autorités ont pour missions de sanctionner les comportements irréguliers des opérateurs et de régler les différends émergeant entre ces derniers. Deux activités quasi-juridictionnelles qui ne sont pas sans donner une importance particulière au CSA et à l'ARCEP.

Finissant d'achever les parallèles entre les deux institutions, la convergence des usages et supports de communication a régulièrement poussé les responsables politiques à se pencher sur l'opportunité d'un rapprochement entre deux institutions le plus souvent placées sous le signe des « frères ennemis[2] ». Ce discours sur la convergence des autorités compétentes en matière de communication, qui remonte à la convergence des techniques de communication et à l'apparition de l'Internet grand public, a traversé les quinze dernières années. Se plaçant dans la continuité des mandatures précédentes le gouvernement actuel a amorcé sa réforme du secteur de la communication par l'annonce de l'éventualité d'un rapprochement du CSA et de l'ARCEP.

À ce sujet, dans un communiqué de presse en date du 21 août 2012, le Premier ministre faisait un double constat d'une convergence doublée d'une divergence. La convergence désignée est celle entre infrastructures, services, contenus, réseaux mobiles, fixes et terminaux. La divergence à l'œuvre est celle à l'œuvre entre l'encadrement des contenus diffusés par voie hertzienne et l'encadrement des contenus diffusés en ligne.

En conséquence, il était demandé à la ministre en charge des communications électroniques et à son ministre de rattachement « d'apprécier l'impact des évolutions constatées, en particulier sur les plans culturel, économique et social, et à présenter leurs propositions pour assurer la cohérence et l'efficacité de la régulation. Cette réflexion s'appuiera sur les positions de l'ARCEP et du

[2] Dans la lettre hebdomadaire de l'ARCEP du 25 janvier 2013, il était par exemple fait mention d'un *tweet* envoyé pendant la cérémonie des vœux de l'Autorité des communications électroniques et des postes (ARCEP) tenue en Sorbonne le 23 janvier 2013 : « JL Silicani fait un Big up à tout le monde, même au CSA (il toussote en même temps mais bon). »

CSA et sera coordonnée avec celle conduite par Pierre Lescure sur l'Acte II de l'exception culturelle. Les ministres feront part au Premier ministre des conclusions de ce travail d'ici à la fin du mois de novembre et proposent les évolutions législatives et réglementaires nécessaires[3]. » En répondant à cette question par voie de rapports publiés au mois d'octobre 2012[4], les deux autorités ont dressé un état des lieux et des perspectives sur les formes d'interrégulation qui les impliquent.

Suite à cette double consultation, le débat sur le rapprochement de l'ARCEP et du CSA était encore vivant au début de l'année 2013. Dans son programme de travail du 3 janvier 2013, le gouvernement pouvait encore annoncer que le projet de loi sur l'audiovisuel à venir « procédera au rapprochement entre le CSA et l'ARCEP et tirera les conclusions de la mission de l'acte II de l'exception culturelle[5]. » En fin d'année 2013, ce débat semblait derrière nous. À cette époque, c'est la question de la délégation de certains pouvoirs de la HADOPI au CSA qui agitait l'exécutif avec, en arrière plan, la question du contrôle du CSA sur les contenus véhiculés sur Internet.

Néanmoins, le 2 octobre 2014, le président de la République défendait un rapprochement entre les deux autorités. Cette annonce, qui s'inscrit en faux avec les divergences de vues que pouvaient avoir les deux autorités de leur avenir (II.), ne fait qu'ajouter un énième revirement dans ce débat lancinant et renforcer l'intérêt qui doit être porté aux formes d'interrégulation existantes entre les deux autorités (I.). Quelle que soit l'issue des débats sur leur fusion.

I. – Les formes d'interrégulation pratiquées entre le CSA et l'ARCEP

Sans être intensive, la pratique de l'interrégulation entre le CSA et l'ARCEP est bien existante et le plus souvent inscrite en droit. Soit le CSA et l'ARCEP interviennent tous deux dans un processus décisionnel mené par une autorité tierce (A.), soit le CSA et l'ARCEP se consultent réciproquement (B.).

---

[3] Premier ministre, *Rapprochement entre le CSA et l'ARCEP*, Gouvernement.fr, 21 août 2013.

[4] ARCEP, *Réflexions sur l'évolution, à l'ère d'internet, de la régulation de l'audiovisuel et des communications électroniques et sur ses conséquences*, octobre 2012 et CSA, *Contribution à la réflexion sur l'évolution de la régulation de l'audiovisuel et des communications électroniques*, octobre 2012.

[5] Premier ministre, *Programme de travail du gouvernement*, Gouvernement.fr, 3 janvier 2013, p. 4.

A. L'interrégulation indirecte : la consultation conjointe du CSA et de l'ARCEP par des autorités tierces

Le CSA et l'ARCEP peuvent être tous deux consultés par une même autorité tierce en vue de l'adoption d'une décision. Il en va ainsi lorsque le Premier ministre (1.) et l'Autorité de la concurrence (2.) consultent l'ARCEP et le CSA. La confrontation de ces deux perspectives et du résultat obtenu permet de faire apparaître une interrégulation non formalisée et plus ou moins effective.

1. La consultation conjointe du CSA et de l'ARCEP par le Premier ministre

a. Conformément aux articles L. 36-5 du Code des postes et des communications électroniques (CPCE) et 9 de la loi du 30 septembre 1986 relative à la liberté de communication[6], l'ARCEP et le CSA sont respectivement consultés sur les projets de loi, décrets et règlements qui concernent leur secteur.

Par exemple, les deux autorités ont été consultées sur le projet de décret modifiant le décret du 3 mai 2006 portant création du comité stratégique pour le numérique[7]. Jusqu'à sa suppression le 1er mars 2013[8], ce comité placé auprès du Premier ministre était chargé « de coordonner et d'orienter les actions menées en vue de la numérisation de la diffusion hertzienne de la télévision, de l'arrêt complet des émissions analogiques et de la réutilisation des fréquences ainsi libérées ». Composé notamment du Premier ministre et des ministres de la communication audiovisuelle, des communications électroniques et de l'aménagement du territoire, le comité stratégique pour le numérique associait à ces travaux et de façon permanente les présidents du CSA et de l'ARCEP. Dans une certaine mesure, ce comité pouvait être considéré comme un lieu d'interrégulation entre le CSA et l'ARCEP sur les sujets relatifs à la gestion des fréquences.

Avant sa suppression, le comité avait vu sa composition, sa vocation et son organisation modifiées par un décret du 2 mai 2012[9]. Puisque la transition de la télévision analogique à la télévision numérique avait été assurée, il s'agissait de procéder à une extension de ces compétences. À cette occasion, tant le CSA

---

[6] Loi n° 86-1067 du 30 septembre 1986 *relative à la liberté de communication*, *JORF*, 1er octobre 1986, p. 11755.

[7] Décret n° 2006-502 du 3 mai 2006 *portant création du comité stratégique pour le numérique*, *JORF*, 104, 4 mai 2006, p. 6603.

[8] Décret n° 2013-130 du 8 février 2013 *supprimant le comité stratégique pour le numérique*, *JORF*, 35, 10 février 2013, p. 2398.

[9] Décret n° 2012-612 du 2 mai 2012 *modifiant le décret n° 2006-502 du 3 mai 2006 portant création du comité stratégique pour le numérique*, *JORF*, 104, 3 mai 2012, p. 7834.

que l'ARCEP s'étaient exprimés sur l'évolution du comité et la gestion des fréquences.

Par l'intermédiaire d'une réforme du comité, les deux institutions ont alors exprimé leur vue sur l'avenir de la gestion des fréquences en France. Ainsi, le CSA a saisi cette occasion pour s'exprimer sur l'avenir de la gestion du spectre. Selon lui la « migration vers les normes les plus efficaces possibles[10] » alors projetée ne devait pas concerner que la radiodiffusion mais aussi la communication mobile. Dans la lignée des travaux engagés au niveau européen[11], le CSA se prononçait en faveur de l'étude prospective de l'aménagement du spectre autour des « nouvelles méthodes d'accès au spectre basées sur le partage de ressource : espaces blancs de la radiodiffusion, radio-cognitive, mutualisation entre opérateurs, régime d'autorisation "APL (5)" ». Lors de cette consultation, l'ARCEP était restée plus en retrait. Tandis que le CSA attirait l'attention du Premier ministre sur la bande des 900 MHz, l'ARCEP mettait en exergue l'importance de la CMR (pour Conférence mondiale des radiocommunications) à venir. C'était là le seul apport véritable de sa contribution.

b. Toujours en matière de gestion des fréquences, l'article 41 du Code des postes et des communications électroniques (CPCE) dispose qu'il revient au Premier ministre de définir « après avis du Conseil supérieur de l'audiovisuel et de l'Autorité de régulation des communications électroniques et des postes, les fréquences ou bandes de fréquences radioélectriques qui sont attribuées aux administrations de l'État et celles dont l'assignation est confiée au conseil ou à l'autorité ».

Avant de définir les fréquences qui seront attribuées aux opérateurs par le CSA et l'ARCEP, le Premier ministre consulte ces deux autorités. Cette consultation intervient fréquemment, notamment à chaque fois qu'il s'agit de modifier le tableau national des fréquences, soit le document qui assure la compilation de l'ensemble des affectations de fréquences relevant du domaine public hertzien.

Le premier arrêté visant à la fois l'avis du CSA et de l'Autorité de régulation des télécommunications, l'ancêtre de l'ARCEP, remonte à 1999[12]. À ce jour, vingt-trois avis ont éprouvé cette procédure[13]. En comparant les deux séries

[10] CSA, avis n° 2012-08 du 27 mars 2012 *sur un projet de décret modifiant le décret n° 2006-502 du 3 mai 2006 portant création du comité stratégique pour le numérique*, *JORF*, 104, 3 mai 2012, texte n° 97.

[11] Référence est faite par le CSA à Radio Spectrum Policy Group, *Usage collectif du spectre et autres approches sur le partage du spectre*, 6 novembre 2011.

[12] Arrêté du 25 janvier 1999 *relatif au tableau national de répartition des bandes de fréquences*, *JORF*, 21, 26 janvier 1999, p. 1344.

[13] Voir en dernier lieu ARCEP, avis n° 2013-0606 du 16 mai 2013 *sur le projet d'arrêté portant*

d'avis émis par l'ARCEP d'une part et par le CSA d'autre part, on observe une pratique et des perspectives différentes venant des deux autorités même si, de manière générale, elles n'aboutissent pas à des avis défavorables. Car, la plupart du temps, la participation conjointe des deux autorités à une consultation menée dans le cadre de l'adoption d'un même acte ne crée pas de réelle interaction du fait des sujets concernés. Si les deux autorités doivent être consultées, elles n'ont pas forcément intérêt à se prononcer sur toutes les questions relatives à la gestion du spectre, notamment s'il s'agit de changements mineurs concernant des fréquences dont elles ne sont pas les affectataires[14].

De façon plus notable, l'ARCEP et le CSA sont tous deux intervenus à titre consultatif auprès du Conseil de la concurrence puis de l'Autorité de la concurrence lorsque ces institutions sont intervenues à trois reprises dans l'affaire du rachat de TPS par le groupe Canal Plus.

2. La consultation conjointe du CSA et de l'ARCEP par le Conseil puis l'Autorité de la concurrence dans l'affaire du rachat de TPS par le groupe Canal Plus

L'affaire du rachat de TPS par le groupe Canal Plus a été marquée de trois décisions donnant lieu à la production d'avis de la part du CSA et de l'ARCEP. L'affaire a commencé avec la notification d'une opération de concentration de TPS par le groupe Canal Plus auprès du ministre de l'économie, des finances et de l'industrie. Conformément à la procédure décrite aux L. 430-1 à L. 430-7 du Code de commerce alors en vigueur, le ministre a saisi pour avis le Conseil de la concurrence.

a. Par un avis n° 06-A-03 du 13 juillet 2006 relatif à l'acquisition des sociétés TPS et CanalSatellite par Vivendi Universal et le groupe Canal Plus, le Conseil de la concurrence a estimé que « l'opération envisagée soulève d'importants problèmes de concurrence et qu'elle ne saurait être autorisée sans la mise en place d'engagements suffisants, du fait de leur nature mais aussi de la conjugaison attendue de leurs effets[15] ». Conformément à l'article 41-4 de la loi n° 86-1067 du 30 septembre 1986, d'une part, et à l'article 35 du décret

---

modification du tableau national de répartition des bandes de fréquences et CSA, avis n° 2013-06 du 29 mai 2013 *relatif au projet de modification du tableau national de répartition des bandes de fréquences*, *JORF*, 144, 23 juin 2013, texte n° 35.

[14] En ce sens, voir par exemple CSA, avis n° 2012-05 du 13 mars 2012 *sur un projet de modification du tableau national de répartition des bandes de fréquences*. Dans son rapport annuel pour l'année 2012, le CSA fait savoir que « Ce projet n'affectant pas les bandes de fréquence gérées par le Conseil, après en avoir délibéré lors de sa réunion plénière du 13 mars 2012, a émis un avis favorable. » in CSA, *Rapport annuel 2012*, 2013, p. 165.

[15] CONSEIL DE LA CONCURRENCE, avis n° 06-A-03 du 13 juillet 2006 *relatif à l'acquisition des sociétés TPS et CanalSatellite par Vivendi Universal et Groupe Canal Plus*, p. 75.

n° 2002-689 du 30 avril 2002 fixant les conditions d'applications du livre V du Code de commerce relatif à la liberté des prix et de la concurrence, d'autre part, le Conseil de la concurrence avait préalablement saisi pour avis le CSA et l'ARCEP.

Il est intéressant d'observer les éléments d'analyse fournis par le CSA ou l'ARCEP et de voir ceux finalement retenus par le Conseil de la concurrence. On observe ainsi que le Conseil de la concurrence évoque les productions du CSA et de l'ARCEP essentiellement pour consolider une position[16] sur laquelle il se fonde ou pour exploiter des données et analyses chiffrées fournies par les deux autorités[17]. Il arrive néanmoins que le Conseil de la concurrence prenne en compte les propositions déclinées par le CSA et l'ARCEP dans leur avis mais pour s'en écarter ensuite. Dans l'avis du13 juillet 2006, il en va ainsi lorsqu'il est question du modèle concurrentiel du marché de gros de la télévision payante largement dépendant des remèdes associés à la concentration notifiée[18].

b. Cinq ans après l'avis de 2006, l'Autorité de la concurrence devait constater, par une décision du 20 septembre 2011, que le groupe Canal Plus n'avait pas respecté plusieurs des engagements qui avaient conditionné son rachat de TPS[19] et, par là même, retirer l'autorisation délivrée en vue de la réalisation de la concentration. Dans cette décision, les références aux avis du CSA et de l'ARCEP sont plus anecdotiques. Tandis qu'il est fait référence aux chiffres ou analyses de marchés fournis par le CSA, les références faites à l'avis de l'ARCEP sont quant à elles inexistantes.

La concentration devait être notifiée, avec de nouveaux engagements et validée une nouvelle fois par l'Autorité de la concurrence. Le 23 juillet 2012, l'Autorité de la concurrence a approuvé l'acquisition de TPS et CanalSatellite par Vivendi Universal et Canal Plus à condition que soient respectés diverses injonctions[20]. Là encore, le CSA et l'ARCEP se sont prononcés préalablement par voie d'avis. Si ces deux productions sont évoquées dans l'avis de l'Autorité

---

[16] Conseil de la concurrence, avis n° 06-A-03, *op. cit.*, points 129, 131, 189, 269 pour les références faites à l'avis du CSA.

[17] *Id.*, points 292, 329, 369, 377, 390, 394, 505, 509, 685 pour le CSA et points 129, 189, 265 à 267, 295, 351, 427, 483, 492 pour les références faites à l'avis de l'ARCEP.

[18] *Id.*, points 621 et s.

[19] Autorité de la concurrence, décision n° 11-D-12 du 20 septembre 2011 *relative au respect des engagements figurant dans la décision autorisant l'acquisition de TPS et CanalSatellite par Vivendi Universal et Groupe Canal Plus.*

[20] Autorité de la concurrence, décision n° 12-DCC-100 du 23 juillet 2012 *relative à la prise de contrôle exclusif de TPS et CanalSatellite par Vivendi et Groupe Canal Plus.*

de la concurrence, celle-ci se fonde bien plus sur les données fournies par le CSA[21].

En guise d'épilogue, l'affaire s'est clôturée par la décision du 21 décembre 2012 du Conseil d'État rejetant les recours formés contre la décision de l'Autorité de la concurrence[22]. Dans cet arrêt, il est encore fait référence aux positions et analyses développées par le CSA et l'ARCEP[23], ce qui tendrait à démontrer l'utilité de la procédure notamment pour fonder l'autorité de décisions ultérieures intervenant dans un domaine exigeant une connaissance sectorielle poussée.

Cette position pourrait d'ailleurs être généralisée : par référence aux interventions croisées du CSA et de l'ARCEP, les autorités tierces semblent conforter leurs propres positions. De la sorte, l'interrégulation indirecte entre le CSA et l'ARCEP participe au renforcement de l'autorité des décisions adoptées. Et le gain de légitimité de la décision finale est d'autant plus grand que les avis procèdent de deux autorités aux perspectives et intérêts différents.

L'interrégulation directe entre le CSA à l'ARCEP s'inscrit pour sa part dans une toute autre perspective. Il s'agit d'assurer la cohérence des décisions adoptées par chaque autorité et de gérer en bonne harmonie les éventuels empiétements de compétence.

B. L'interrégulation directe : la consultation réciproque du CSA et de l'ARCEP

L'interrégulation directe entre le CSA et l'ARCEP prend une double forme. Elle est aussi bien institutionnalisée que formalisée par le biais de mécanismes de consultations réciproques. Au premier titre, dans leur contribution à la réflexion engagée par le gouvernement sur l'avenir de la régulation de la communication audiovisuelle et des communications électroniques, l'ARCEP et le CSA évoquent tous deux l'existence d'un groupe de liaison leur permettant d'échanger sur des sujets d'intérêts communs. L'ARCEP rappelait encore dans son rapport annuel 2012 qu'« Un groupe de travail ARCEP-CSA, dont

---

[21] ARCEP, avis n° 2012-0518 du 26 avril 2012 *rendu à l'Autorité de la concurrence portant sur les concentrations constituées par l'acquisition du contrôle exclusif des sociétés TPS et CanalSatellite par Vivendi Universal dans le secteur de la télévision payante et CSA*, avis n° 2012-10 du 2 mai 2012 *à l'Autorité de la concurrence sur la nouvelle notification de l'acquisition des sociétés TPS et CanalSatellite par les sociétés Vivendi et Groupe Canal+*.

[22] CE, arrêt du 21 décembre 2012, *Société groupe Canal Plus et autres*, n°s 362347, 363542 et 363703

[23] *Id.*, points 75, 99 et 125.

le pilotage est assuré, pour l'ARCEP, par le collège, se réunit régulièrement afin d'échanger sur les problématiques communes aux deux autorités[24] ».

Cette forme institutionnalisée de collaboration est difficilement analysable de l'extérieur, faute de données publiées. De même, bien que les mécanismes de consultation entre le CSA et l'ARCEP sont à double sens, les consultations du CSA par l'ARCEP ne donnent prise qu'à peu de commentaires, du fait de l'inconsistance des mécanismes de publication notamment.

Dans sa contribution à la réflexion initiée par le gouvernement, le CSA fait savoir qu'il a « saisi l'ARCEP au sujet de différends portant sur les conditions techniques de distribution d'un service de télévision par un fournisseur d'accès à internet, à l'exception de ceux qui sont relatifs aux autres conditions de distribution[25] ». En effet, comme le résume l'ARCEP, les deux autorités « doivent accueillir leurs avis réciproques quand ils prennent des décisions qui concernent respectivement les services de radio et de télévision, et les communications électroniques[26] ».

L'ARCEP précise qu'« En 2011, le CSA a sollicité 4 fois l'avis de l'ARCEP et 3 fois celui de l'Autorité de la concurrence[27] ». Aussi, dans son rapport annuel 2009, l'ARCEP fait-elle savoir qu'elle « a rendu un avis conforme en date du 9 juillet 2009 au CSA afin que celui-ci puisse autoriser certaines sociétés à utiliser une ressource radioélectrique pour l'exploitation d'un service de communication électronique par voie hertzienne terrestre en mode numérique[28] ».

À l'inverse, de la lecture des rapports annuels pour les années 2010 à 2012, il ressort que l'ARCEP n'aurait rendu aucun avis au CSA sur cette période. Dans le même sens, une recherche dans la base des avis et décisions disponible

---

[24] ARCEP, *Rapport annuel 2012*, juin 2013, p. 43.

[25] CSA, *Contribution…*, *op. cit.*, p. 7.

[26] ARCEP, *Réflexions…*, *op. cit.*, p. 8.

Ainsi, au titre de l'article 17-1 de la loi du 30 septembre 1986, le CSA est compétent pour connaître « de tout différend relatif à la distribution d'un service de radio ou de télévision » et l'ARCEP est consultée par le CSA dans les cas de règlement des différends. Il est en effet précisé que « Lorsque les faits à l'origine du différend sont susceptibles de restreindre l'offre de services de communications électroniques, le conseil recueille l'avis de l'Autorité de régulation des communications électroniques et des postes, qui se prononce dans un délai d'un mois. »

Il en va de même lorsque des fréquences sont assignées en vertu de l'article 23 de la loi du 30 septembre 1986 : « Lorsqu'un service de communications électroniques utilise des fréquences ou bandes de fréquences dont l'assignation a été confiée au Conseil supérieur de l'audiovisuel en application de l'article L. 41 du Code des postes et des communications électroniques, l'autorisation d'usage de la ressource radioélectrique ne peut être donnée par le conseil qu'après avis conforme de l'Autorité de régulation des communications électroniques et des postes. »

[27] ARCEP, *Réflexions…*, *op. cit.*, p. 8.

[28] CSA, *Rapport 2009*, juin 2010, p. 43.

sur le site de l'ARCEP fait apparaître que le dernier avis de l'ARCEP au CSA remonte à 2006. Enfin, une recherche sur Légifrance ne fait apparaître aucune décision du CSA adoptée sur avis de l'ARCEP. En l'absence de données claires, transparentes et concordantes, il est difficile de se prononcer sur une pratique qui semble somme toute anecdotique.

Cela nous conduit à nous concentrer sur le processus de consultation du CSA par l'ARCEP. On observe alors deux domaines en particulier, celui de la régulation du marché de la radiodiffusion (1.) et celui de l'attribution par l'ARCEP d'autorisations d'exploitation de fréquences situées sur les bandes dont le CSA est affectataire (2.).

1. La consultation du CSA par l'ARCEP aux fins de régulation du marché de la radiodiffusion

a. En vertu de l'article L. 37-1 CPCE et du décret auquel il renvoie, l'ARCEP doit parfois demander l'avis du CSA lorsqu'elle définit les marchés du secteur des communications électroniques qui devront être soumis à une régulation *ex ante*. En effet, à l'article D. 301 CPCE, il est précisé que « Les projets de mesures pris en application du premier alinéa de l'article L. 37-1 [...] sont soumis pour avis [...] lorsqu'ils incluent la diffusion de la radio et de la télévision dans le périmètre d'un marché pertinent, au Conseil supérieur de l'audiovisuel, qui se [prononce] dans un délai de six semaines. » C'est le cas du marché des services de radiodiffusion destinés à livrer un contenu radiodiffusé aux utilisateurs finals. Techniquement, ce marché correspond au « dernier maillon de la chaîne de valeur du secteur audiovisuel où se rencontrent l'offre et la demande d'acheminement du signal à partir du site de diffusion vers les récepteurs des consommateurs finals[29] ».

Par les décisions de l'ARCEP n° 06-0160[30] et n° 06-0161 du 6 avril 2006[31], TDF a été identifiée comme disposant d'une puissance significative de marché sur le marché de gros de la radiodiffusion. TDF s'est donc vue imposer « des

---

[29] A. Ronzano, *Lettre du CREDA/concurrence*, 22 avril 2009. Pour information, cette « chaîne de valeur du secteur audiovisuel [qui] comporte quatre activités : la production, l'édition, la commercialisation ou distribution des contenus et, enfin, l'acheminement du signal du lieu de production aux terminaux des auditeurs ou des téléspectateurs. », in Autorité de la concurrence, décision n° 10-D-09 du 9 mars 2010 *relative aux demandes de mesures conservatoires présentées par la société Itas Tim concernant des pratiques mises en œuvre par la société TDF dans le secteur des services de diffusion par voie hertzienne en mode numérique*, p. 3.

[30] ARCEP, décision n° 06-0160 du 6 avril 2006 *portant sur la définition du marché pertinent de gros des offres de diffusion hertzienne terrestre de programmes télévisuels et sur la désignation d'un opérateur exerçant une influence significative sur ce marché.*

[31] ARCEP, décision n° 06-0161 du 6 avril 2006 *portant sur les obligations imposées à TDF en tant qu'opérateur exerçant une influence significative sur le marché pertinent de gros des offres de diffusion hertzienne terrestre de programmes télévisuels.*

obligations de comptabilisation des coûts et de séparation comptable, ainsi que plusieurs obligations sur le seul segment de marché des offres de gros de diffusion de la TNT. Sur ce marché, TDF doit en effet publier une offre d'accès des diffuseurs concurrents à ses pylônes et infrastructures de diffusion et fournir cet accès dans des conditions transparentes, non discriminatoires et à des tarifs ni excessif, ni d'éviction. Et en attendant la séparation comptable, l'opérateur historique doit aussi formaliser, sous forme de protocoles, les conditions et tarifs de prestations internes à TDF[32] ».

En 2007, TDF disposait encore de la « quasi-totalité des infrastructures » et de 82 % des parts du marché concerné[33]. Bien que la Commission européenne ne recommande plus à l'ensemble des Etats membres de réguler *ex ante* le marché relatif à la radiodiffusion, à l'expiration des décisions 2006 l'ARCEP a tout de même poursuivi, sur avis du CSA, son travail de régulation asymétrique sur TDF.

En conséquence, par sa décision n° 2009-0484 du 11 juin 2009[34], l'ARCEP a accru les obligations pesant sur TDF : « si TDF reste soumise à l'interdiction de pratiquer des tarifs excessifs ou d'éviction pour l'accès à ses pylônes et à ses sites qui sont difficiles à répliquer, il lui est à présent demandé d'appliquer des tarifs en rapport avec les coûts pour l'accès à ses sites non réplicables[35] ». Les critères de cette « non-réplicabilité » sont les suivants : « une hauteur maximale d'antenne fixée sur le pylône supérieure ou égale à 50 mètres, soit des conditions d'accès difficiles ou localisation exceptionnelle[36] ». À l'heure de la conversion du signal de télévision terrestre de l'analogique au numérique, la domination de TDF a conduit l'Autorité de la concurrence, l'ARCEP et le CSA à agir.

Alors qu'elle était saisie par Itas Tim « de pratiques mises en œuvre par la société TDF dans le secteur des services de diffusion par voie hertzienne en mode numérique[37] », l'Autorité de la concurrence put relever que TDF usait

---

[32] ARCEP, « TNT : les concurrents de TDF n'ont que 18 % du marché », *Lettre de l'ARCEP*, mars/avril 2007, n° 55, p. 12.

[33] *Ibid.*

[34] ARCEP, décision n° 2009-0484 du 11 juin 2009 *portant sur la définition du marché pertinent de gros des offres de diffusion hertzienne terrestre de programmes télévisuels en mode numérique, sur la désignation d'un opérateur exerçant une influence significative sur ce marché et sur les obligations imposées à cet opérateur sur ce marché.*

[35] COMMISSION EUROPÉENNE, *Télécommunications : la Commission accepte la proposition de l'ARCEP de maintenir la régulation sur les marchés français des services de radiodiffusion*, IP/09/905, 11 juin 2009.

[36] AUTORITÉ DE LA CONCURRENCE, avis n° 09-A-09 du 17 avril 2009 *relatif à une demande d'avis de l'ARCEP en application de l'article L. 37-1 CPCE, portant sur l'analyse des marchés de gros de services de diffusion audiovisuelle*, p. 10.

[37] Décision n° 10-D-09 du 9 mars 2010, *op. cit.*

de son histoire monopolistique et de son omniprésence sur le territoire pour orienter les collectivités locales vers ses services. Or, les collectivités jouent un très grand rôle dans l'implantation des structures de diffusion notamment en délivrant les autorisations de construire. Confrontés à cette situation, l'ARCEP et le CSA ont publié en juillet 2010 une brochure commune destinée à informer les collectivités locales de l'existence de concurrents sur un marché libéralisé depuis 1986 et des vertus du jeu concurrentiel en la matière[38].

b. Par ailleurs, l'article L. 36-8 CPCE dispose que lorsqu'elle est saisie d'une demande de règlement des différends, l'ARCEP doit consulter le CSA si « les faits à l'origine du litige sont susceptibles de restreindre de façon notable l'offre de services de communication audiovisuelle ». Dans ce cas, le CSA se prononce dans un délai de six semaines établi par le dernier alinéa de l'article R. 11-1 CPCE.

Toujours dans le contexte du passage de la télévision au tout numérique, l'ARCEP eut à régler un différend entre les sociétés TowerCast et TDF. Alors que la décision n° 2009-0484 précitée imposait de nouvelles obligations à TDF vis-à-vis des opérateurs, alternatifs Towercast n'a pas pu négocier de nouveau lesdits contrats avec TDF. Par une décision n° 2011-0809 du 12 juillet 2011[39] rendue sur avis du CSA, l'ARCEP a fait « droit à la demande de TowerCast en imposant à la société TDF de mettre en conformité les tarifs des contrats[40] » conclus antérieurement à la décision de 2009.

Cette consultation du CSA a d'ailleurs fait débat jusque devant la cour d'appel de Paris. Dans son rapport annuel pour l'année 2012, l'ARCEP rapporte que la cour d'appel de Paris eut à se prononcer sur la validité de sa décision. Et il y apparaît que, dans un arrêt du 25 septembre 2012, « La cour d'appel a validé la procédure suivie par l'Autorité, notamment en écartant le grief tiré d'une atteinte aux exigences du procès équitable résultant, selon la société TDF, de l'avis partial qu'aurait rendu le CSA. En revanche, la Cour considère que l'Autorité n'était pas en droit d'imposer la modification d'un contrat en cours, dès lors que la décision relative au deuxième cycle d'analyse de marché n'avait pas elle-même prévu cette possibilité. La société Towercast s'est pourvue en cassation contre cet arrêt[41]. »

---

[38] ARCEP ET CSA, *La diffusion de la TNT…*, *op. cit.*

[39] ARCEP, décision n° 2011-0809 du 12 juillet 2011 *se prononçant sur une demande de règlement de différend opposant les sociétés Towercast et TDF.*

[40] ARCEP, *L'ARCEP demande à la société TDF de mettre en conformité certains contrats en cours le cadre de régulation du marché de l'accès aux infrastructures de diffusion de la TNT défini en 2009*, Arcep.fr, 18 juillet 2011.

[41] ARCEP, *Rapport annuel 2012*, juin 2013, p. 42.

Au 7 février 2012, avant d'amorcer un nouveau cycle de régulation du marché des services de diffusion audiovisuelle hertzienne terrestre, l'ARCEP constatait que : « TDF jouit encore d'une position dominante sur ce marché et que de nombreuses contraintes freinent encore le développement de la concurrence (notamment la réplication des infrastructures). Néanmoins, les opérateurs alternatifs ont pris pied sur le marché de la diffusion TNT et les effets de ces offres sont tangibles (baisse sensible des prix, particulièrement en cas de concurrence en infrastructures). Dans ce contexte, l'Autorité propose la poursuite de la régulation[42] ».

Conformément à l'article D. 301 CPCE cité supra, le CSA a de nouveau été consulté tout comme l'Autorité de la concurrence. Dans son rapport annuel, l'ARCEP résume leur avis : « En juin 2012, le CSA a estimé que "la société TDF [devait] continuer à être soumise à un ensemble d'obligations de nature à garantir le développement de la concurrence"[43]. L'Autorité de la concurrence a, quant à elle, considéré qu'il demeurait "légitime pour l'ARCEP de maintenir un encadrement ex ante du marché de gros des services de diffusion hertzienne terrestre de programmes télévisuels[44]" ».

Dans sa décision nº 2012-1137 du 11 septembre 2012 relative à la régulation du marché de la radiodiffusion pour le cycle 2012-2015[45] et conformément aux avis rendus par le CSA et l'Autorité de la concurrence, l'ARCEP « confirme la pertinence du marché de gros des services de diffusion hertzienne terrestre de programmes télévisuels pour une régulation ex ante au cours du cycle 2012-2015, ainsi que l'exercice d'une influence significative de TDF sur ce marché[46] ».

---

[42] ARCEP, *L'ARCEP lance une consultation publique sur son analyse du bilan et des perspectives de la régulation du marché des services de diffusion audiovisuelle hertzienne terrestre*, Arcep.fr, 7 février 2012.

[43] Référence est faite à l'avis nº 2012-12 du 5 juin 2012 *à l'Autorité de régulation des communications électroniques et des postes (ARCEP) sur un projet de décision portant sur la définition du marché pertinent de gros des offres de diffusion hertzienne terrestre de programmes télévisuels, sur la désignation d'un opérateur exerçant une influence significative sur ce marché et sur les obligations imposées à cet opérateur sur ce marché.*

[44] AUTORITÉ DE LA CONCURRENCE, avis du 8 juin 2012 *relatif à une demande d'avis de l'Autorité de régulation des communications électroniques et des postes en application de l'article L. 37-1 du Code des postes et des communications électroniques, portant sur l'analyse des marchés de gros amont des services de diffusion hertzienne terrestre de programmes audiovisuels.*

[45] ARCEP, décision nº 2012-1137 du 11 septembre 2012 *portant sur la définition du marché pertinent de gros des services de diffusion hertzienne terrestre de programmes télévisuels en mode numérique, sur la désignation d'un opérateur exerçant une influence significative sur ce marché et sur les obligations imposées à cet opérateur sur ce marché.*

[46] ARCEP, *L'ARCEP adopte sa décision régulant le marché de gros de la diffusion hertzienne terrestre de programmes télévisuels pour le cycle 2012-2015*, Arcep.fr, 17 septembre 2012.

Dans cette dernière décision, l'ARCEP se fonde de façon extensive sur les analyses et données produites par le CSA. Aussi est-elle tenue de répondre aux demandes d'explications des autorités consultées. Il en va ainsi par exemple en ce qui concerne la non-substituabilité de certains marchés de gros de diffusion hertzienne terrestre, soit un sujet sur lequel l'ARCEP a étoffé sa position en réponse aux demandes de l'Autorité de la concurrence et du CSA[47].
Un autre domaine où l'interrégulation fonctionne de manière efficace est celui de l'attribution des fréquences intéressant les deux autorités soit par leur destination, soit par leur localisation sur le spectre. Le cas des fréquences interstitielles en témoigne.

2. La consultation du CSA pour l'attribution par l'ARCEP d'autorisations d'exploiter des fréquences interstitielles

Les fréquences interstitielles sont des fréquences situées entre les bandes de fréquences dont la gestion est confiée au CSA et qui font l'objet d'autorisations exclusives attribuées à des opérateurs de télévision. Ces fréquences sont aussi appelées « *espaces blancs* » ou encore « *white spaces* ». Outre-Atlantique, leur exploitation a été libéralisée afin qu'elles puissent être librement partagées, sans concertation préalable et par tous types d'utilisateurs. Ce renouveau permet d'envisager le développement du « *Super Wi-Fi* », soit une technique de communication libre basée, comme le Wi-Fi, sur le partage des fréquences sans autorisation préalable, mais à l'échelle régionale et non plus seulement locale.

Or, les fréquences concernées par ces modes d'exploitation encore potentiels sont essentiellement situées sur une portion du spectre dont le CSA est l'affectataire. Néanmoins, en raison de leur destination c'est à l'ARCEP que les opérateurs de communications électroniques s'adressent pour bénéficier de l'autorisation expérimentale d'exploiter des fréquences interstitielles.

Ainsi, la première autorisation d'expérimentation à avoir été remarquée est celle qui a été délivrée à Infosat le 18 septembre 2012[48]. Il ressort des visas de cette décision qu'elle a été adoptée après « accord du conseil supérieur de l'audiovisuel en date du 27 juillet 2012 ». Le 10 juillet 2013, une autorisation similaire a été attribuée à TDF. L'expérimentation vise ici à « évaluer la compatibilité électromagnétique des systèmes TV White Space avec la technologie DVB-T dans la zone de Metz[49] ». Et plus récemment, le

---

[47] ARCEP, décision n° 2012-1137 du 11 septembre 2012, *op. cit.*, p. 19 et s.
[48] ARCEP, décision n° 2012-1184 du 18 septembre 2012 *attribuant une autorisation d'utilisation de fréquences radioélectriques dans la bande 590-598 MHz à la société Infosat Télécom pour la réalisation d'une expérimentation technique dans le département de la Seine-Maritime.*
[49] CSA, *Espaces blancs de la bande 470-790 MHz : expérimentation autorisée*, Csa.fr, 24 juillet 2013.

18 septembre 2013, le CSA a donné son accord à [l'ARCEP] sous certaines conditions pour une durée de six mois sur les bandes de fréquences comprises entre les fréquences 746 et 756 MHz et entre les fréquences 777 et 787 MHz, afin que la « société Hub Télécom, opérateur de réseau mobile professionnel (PMR), [puisse procéder] à une expérimentation technique sur la zone aéroportuaire de Roissy-Charles-de-Gaulle dans la bande 470-790 MHz[50] ».

Alors que l'exploitation des fréquences interstitielles pourrait être de nature à faire naître des craintes de brouillage chez les titulaires d'autorisations exclusives, l'intervention concertée du CSA et de l'ARCEP apaise les craintes et permet à l'innovation de suivre son cours. Du fait de l'absence de proposition sérieuse de rapprochement entre le CSA et l'ARCEP, c'est dans ce contexte de collaboration productive que l'on doit envisager l'évolution du secteur si l'on veut que la France participe de plain-pied à l'évolution des techniques de communication qui font le quotidien de ses habitants.

II. L'éventualité d'un rapprochement entre l'ARCEP et le CSA

Avec la capacité d'accéder à des contenus audiovisuels par le biais d'Internet, la question se pose de la convergence institutionnelle entre le CSA et l'ARCEP. Différentes perspectives de rapprochement plus ou moins distanciés ont été dessinées par les deux autorités en réponse à leur consultation par les ministres compétents.

La publication par le CSA et l'ARCEP de documents répondant à la question de savoir comment les deux autorités percevaient leur rôle, l'avenir de la régulation dont ils ont la charge ainsi que l'évolution de leur relation a permis d'assainir un débat souvent vague. Il en ressort notamment que l'ARCEP (1.) et le CSA (2.) ont chacun une perspective différente sur l'évolution du secteur ainsi que de leur relation. Ce qui a probablement contribué à la distanciation au moins temporaire de l'hypothèse d'un rapprochement entre le CSA et l'ARCEP.

A. La perspective de l'ARCEP sur son rapprochement avec le CSA

Dans sa contribution, l'ARCEP met en avant les priorités réglementaires « exprimées par les acteurs auditionnés par l'ARCEP : mieux appréhender les acteurs de l'internet ; optimiser la gestion du spectre hertzien ; simplifier les relations entre les acteurs économiques et les régulateurs[51] ».

[50] CSA, *Expérimentation dans les espaces blancs de la TNT dans la zone aéroportuaire de Roissy-Charles-de-Gaulle*, Csa.fr, 3 octobre 2013.
[51] ARCEP, *Réflexions...*, *op. cit.*, p. 22.

Différentes modalités de rapprochement sont ensuite présentées par l'ARCEP. Est d'abord envisagée « Une coopération institutionnelle renforcée entre l'ARCEP et le CSA » par le biais d'une « instance commune ». À cet égard, l'ARCEP considère que « renforcer le rôle du comité stratégique pour le numérique » peut « être utile ». Cependant, comme cela a été évoqué *supra*, cette instance a été supprimée alors que ses missions nouvellement définies correspondaient tout à fait aux besoins des secteurs des communications audiovisuelles et électroniques.

L'ARCEP envisage aussi le scénario alternatif de la « spécialisation des deux autorités ». Alors que l'ARCEP recevrait l'entièreté de la régulation dite « technico-économique », « le CSA conserverait la régulation des contenus audiovisuels[52] ». Pour l'ARCEP, cette nouvelle répartition devrait cependant entraîner le transfert en sa faveur de compétences en droit de la concurrence, « comme c'est le cas au Royaume-Uni dans les secteurs concernés[53] » précise-t-elle.

Un dernier scénario envisagé par l'ARCEP est la « fusion de l'ARCEP et du CSA ». L'ARCEP précise que « Dans tous les cas, la fusion devrait être l'occasion de rationaliser l'ensemble de la gestion du spectre. » Dans cette hypothèse, les fonctions de l'Agence nationale des fréquences (ANFR) seraient transférées à une institution unique, comme c'est le cas au Royaume-Uni.

Pour que le Gouvernement conserve sa « fonction d'arbitrage, notamment entre les besoins en fréquences de l'audiovisuel et des télécoms », l'ARCEP propose que le Premier ministre garde un pouvoir de décision appuyé sur une entité telle que le feu Comité stratégique pour le numérique. L'ARCEP énonce clairement que l'inverse n'est pas possible : un regroupement des compétences au sein de l'ANFR serait contraire à l'exigence d'indépendance émise en la matière par le droit de l'Union européenne. Néanmoins l'ARCEP vise une gestion plus souple et plus neutre du spectre. À l'appui de cette perspective, l'ARCEP évoque la question de l'exploitation des espaces blancs présentés supra[54]. Mais si un des objectifs visés est de « simplifier le dispositif de régulation pour les opérateurs en leur offrant un guichet "unique" » alors l'ARCEP considère qu'il serait préférable de transférer « les compétences exercées par l'Autorité de la concurrence à l'autorité fusionnée, dans les deux secteurs concernés[55] ».

L'ARCEP ponctue son analyse d'un éventuel rapprochement institutionnel sur des mises en garde. En premier lieu, la neutralité ne peut être sacrifiée

---

[52] *Id.*, p. 23.
[53] *Id.*, p. 24.
[54] *Id.*, p. 18.
[55] *Id.*, p. 25.

sur l'autel d'une meilleure régulation des « fournisseurs de services et de contenus en ligne[56] ». L'ARCEP explique que « le principe de neutralité, tel qu'il résulte des textes communautaires transposés, interdit au régulateur des communications électroniques, d'opérer une discrimination, au sein des règles applicables aux conditions d'acheminement du trafic, qui se fonderait sur une distinction entre les contenus audiovisuels et les autres contenus[57] ».

En deuxième lieu, il ne faut pas croire qu'une fusion pourrait créer des économies d'échelle. Pour appuyer sa position, l'ARCEP cite l'exemple de l'OFCOM où « *la complexification de la structure* » a compensé le « rapprochement des services transverses[58] ». Qui plus est l'ARCEP fait observer que le nombre des agents de l'autorité britannique équivaut à l'ensemble des agents de « l'ARCEP, du CSA, de l'ANFR et de l'ADLC (au prorata de la place des deux secteurs concernés dans son activité[59] ».

Enfin, l'ARCEP considère que le nouvel équilibre institutionnel qui résulterait d'un éventuel regroupement institutionnel « pourrait aboutir à déposséder le Gouvernement et le Parlement d'une part significative de leurs prérogatives actuelles dans des domaines particulièrement sensibles et de plus en plus stratégiques[60] ». Il est en effet probable que le contrôle institutionnel opéré sur la prise de décision se trouve affecté par un regroupement des compétences au sein d'une autorité unique. L'acteur et l'observateur perdraient en transparence et en capacité d'influence. À l'inverse, précisément parce que les différentes opinions qui peuvent à présent être exprimées ouvertement et publiquement resteraient entre les murs d'une même institution, le Parlement pourrait quant à lui exiger une ouverture et exercer un contrôle plus important sur le processus décisionnel en la matière.

B. La perspective du CSA sur son rapprochement avec l'ARCEP

Dans sa contribution d'octobre 2012, le CSA considérait que « Quelle que soit la forme que prendrait un rapprochement institutionnel, les exigences liées au respect du pluralisme et de l'exception culturelle rendent indispensable de maintenir, du moins à moyen terme, deux collèges distincts[61]. » Il évoquait alors deux propositions. La première consistait en un « rapprochement progressif des deux institutions » avec pour première étape, le « maintien de deux autorités, création d'une instance paritaire commune de régulation, coopération renforcée entre les services » et une deuxième étape consistant

[56] *Ibid.*
[57] ARCEP, *Réflexions...*, *op. cit.*, p. 25.
[58] *Id.*, p. 26
[59] *Ibid.*
[60] *Ibid.*
[61] CSA, *Contribution...*, *op. cit.*, p. 12.

en la « création d'une autorité unique, maintien de deux collèges, fusion des services ». Le CSA louait ce dispositif en ce qu'il « garantirait la prise en compte du financement de la création audiovisuelle et cinématographique dans la mise en œuvre du principe de neutralité des réseaux[62] ». La deuxième proposition tendait à la création d'« autorité et collège uniques ».

À cette époque, le CSA s'était aussi montré plus ou moins réticent à l'idée d'un rapprochement avec la HADOPI. En attendant le rapport Lescure, le CSA avait pu considérer que « mis à part un souci partagé de développer l'offre légale, les sujets d'intérêt commun entre l'HADOPI et le CSA sont quasiment inexistants[63] ».

Mais depuis l'arrivée de son nouveau président, M. Olivier Schrameck, la position du CSA a connu un revirement. Alors qu'il était interrogé sur le rapprochement entre le CSA et l'ARCEP[64], en avril 2013, le président du CSA déclarait ne « pas faire de cette question une priorité ». Les raisons invoquées en étaient les suivantes : « je connais la lourdeur et le coût des fusions, nous devons nous concerter pour des missions communes. Je vous ai parlé de la gestion du spectre, je suis préoccupé des problèmes de régulation sur l'Internet, je l'ai dit à plusieurs reprises. Cela concerne plusieurs autorités administratives indépendantes, pas seulement l'ARCEP, l'HADOPI, la CNIL[65]... »

Le président appelait ensuite « à une concertation de l'ensemble des autorités administratives indépendantes pour mieux exercer leurs missions de régulation. Mais je ne résonne pas en termes institutionnels et encore moins personnels. » Il ajoutait que si des collèges communs devaient être créés, c'était « à condition qu'ils n'alourdissent pas le processus de décision, il faut que nous soyons ouverts et réactifs. Il faut donc que les structures soient simples et accessibles.[66] » Cette position rejoint celle qu'il avait déjà exprimée le 23 janvier de cette année : « Concernant le rapprochement entre [l'ARCEP] et le CSA voulu par Matignon, le futur président du CSA penche plus pour une "coopération" que pour une fusion, car tout "changement structurel profond" entraîne un "coût parfois inattendu" et une "lourdeur souvent inévitable[67]". »

En écho à ces propos, le deuxième semestre de l'année 2013 a connu un certain émoi autour de l'éventualité d'un transfert des compétences de sanction de la HADOPI au CSA. Si la question a d'abord été évoquée dans

[62] CSA, *Contribution...*, *op. cit.*, p. 15.

[63] CSA, *Contribution...*, *op. cit.*, p. 13.

[64] L'entretien est retranscrit dans un document accessible depuis CSA, *Olivier Schrameck sur BFM, au sujet de la future loi sur l'audiovisuel et de la situation de France Télévisions*, Csa.fr, 26 avril 2013.

[65] *Ibid.*

[66] *Id.*, p. 4.

[67] P. Gonzales, *Schrameck contre la fusion CSA-ARCEP*, Lefigaro.fr, 23 janvier 2013.

le cadre du débat sur la loi relative à l'indépendance de l'audiovisuel public actuellement en discussion, ce transfert pourrait aussi bien intervenir dans le cadre d'une autre loi à venir. En septembre 2013, la ministre de la culture et de la communication pouvait faire savoir que « La réponse graduée sera reprise par le CSA [...] Un grand projet de loi sur la création est en préparation [...] Y intégrer la question du transfert de la réponse graduée, donc de l'outil de défense du droit d'auteur, est en effet envisagé[68] ».

D'une certaine manière, cette nouvelle posture rejoint celle alors défendue par l'ARCEP. Dans son rapport, l'autorité rappelait que si convergence il devait y avoir c'était « celle des contenus entre eux et non celles des contenus et des contenants. La convergence pose ainsi essentiellement la question, extrêmement délicate, de la mise en cohérence de la régulation entre les différents contenus acheminés sur Internet. » La question qui devrait donc être posée est donc celle de la coexistence de la réglementation des contenus audiovisuels et celle des autres contenus à ce jour régulés par la HADOPI et par le juge.

De manière générale, il semblerait que le CSA continue à orienter ses missions vers le contrôle des contenus audiovisuels quel que soit leur mode de diffusion. D'ailleurs, il est désormais envisagé que le CSA se voit « "doté de compétences économiques" mais surtout "chargé de conventionner des sites légaux pour valoriser des bonnes pratiques, encourager des offres légales et favoriser avec les acteurs de l'internet une meilleure exposition des œuvres européennes[69]". »

Ce rapprochement avec la HADOPI va donc de pair avec un éloignement de l'ARCEP et répond aux divergences de vues exprimées dans les publications d'octobre 2012 du CSA et de l'ARCEP. En effet, comme cela a déjà été observé supra, les points d'intérêts communs entre le CSA et l'ARCEP sont nombreux mais les chevauchements presque inexistants.

Le fait que depuis la publication des réflexions du CSA et de l'ARCEP, le gouvernement et le législateur se soient détournés de la solution d'un rapprochement institutionnel entre le CSA et l'ARCEP ne réduit pas l'intérêt de cette période au cours de laquelle la question a été débattue. Il peut être considéré au contraire que le départ du gouvernement de l'idée d'un rapprochement résulte des positions contrastées données par le CSA et de l'ARCEP. Et la divergence d'approches entre deux autorités de régulation aura permis au gouvernement d'éviter une erreur. On retrouve finalement une

---

[68] A. FILIPPETTI citée in M. Rees, *Comment le CSA compte réguler tous les contenus culturels numériques*, PCINpact.com, 23 septembre 2013.
[69] *Ibid.*

pensée défendue par Joseph Stiglitz : « Les coûts de duplication sont bien inférieurs à ceux des erreurs[70]. »

[70] « *There is no easy answer, but the approach that the United States has by and large taken is I think correct: multiple oversight, a broad system of checks and balances. The costs of duplication are far less than the costs of mistakes.* » in J. Stiglitz, *Regulation & Failure*, in D. Moss et J. Cisternino, *New perspectives on regulation*, The Tobin Project, Cambridge, 2009, p. 18.

L'interrégulation bancaire et financière ou les relations privilégiées entre l'AMF et l'ACPR à travers le pôle commun « Assurance-Banque-Épargne »

Jérôme LASSERRE CAPDEVILLE[1]

Le droit régissant le régulateur bancaire, c'est-à-dire l'Autorité de contrôle prudentiel et de résolution (ACPR)[2], et le régulateur de la finance, l'Autorité des marchés financiers (AMF), et particulièrement évolutif[3]. Il est d'ailleurs à noter que le droit de l'un a tendance à « inspirer » le droit de l'autre[4]. En effet, si l'encadrement légal de l'AMF a clairement influencé le législateur lors de la mise en place de l'ACPR par l'ordonnance n° 2010-76 du 21 janvier 2010, le phénomène inverse peut se constater dans la loi n° 2010-1249 du 22 octobre 2010 de régulation bancaire et financière.

Il serait dès lors maladroit d'opposer radicalement ces deux régulateurs. Au contraire, leurs domaines de compétences respectifs, c'est-à-dire d'une part les secteurs de la banque et l'assurance, et, d'autre part, celui de la finance, sont particulièrement proches. Ainsi, les prestataires de services d'investissement (PSI), qui ont un rôle important en matière financière, sont souvent des établissements de crédit. En outre, si les entreprises d'investissement peuvent également être de tels prestataires, leur agrément leur est tout de même délivré par l'ACPR[5], sauf si l'entreprise a vocation à exercer à titre principal le service de gestion de portefeuille pour le compte de tiers[6].

---

[1] Maître de conférences HDR, université de Strasbourg.

[2] L'Autorité de contrôle prudentiel (ACP) et ainsi devenue l'Autorité de contrôle prudentiel et de résolution (ACPR) à la suite de l'adoption de la loi n° 2013-672 du 26 juillet 2013 de séparation et de régulation des activités bancaires : *JO*, 27 juillet 2013, p. 12530.

[3] Songeons récemment à la loi n° 2013-672 du 26 juillet 2013 de séparation et de régulation des activités bancaires : v. supra. ; sur ce texte, J. LASSERRE CAPDEVILLE, « Séparation et régulation des activités bancaires. Une avancée du droit », *JXP G*, n° 36, 2013, 925, p. 1587 ; v. également, *Petites affiches*, n° 194, 27 septembre 2013, n° spécial.

[4] J. LASSERRE CAPDEVILLE, « La convergence du droit régissant l'Autorité des marchés financiers et l'Autorité de contrôle prudentiel », *RD banc. fin.*, n° 4, 2011, dossier 20, p. 57.

[5] C. mon. fin., article L. 532-1.

[6] Dans ce cas, l'agrément doit être délivré par l'AMF. – C. mon. fin., article L. 532-1, al. 3.

Il est donc logique qu'une coopération étroite ait été prévue entre ces deux régulateurs. Cette relation se manifeste ainsi, aujourd'hui, de plusieurs manières. Tout d'abord, le collège de chacun comprend un représentant de l'autre. D'une part, depuis la création de l'AMF, l'article L. 621-2, II, 5°, du Code monétaire et financier dispose que le collège de l'autorité comprend « un représentant de la Banque de France désigné par le gouverneur », ce dernier étant pour mémoire le président de l'ACPR. D'autre part, et à l'inverse, depuis la loi n° 2010-1249 du 22 octobre 2010, l'article L. 612-5, 1°bis, du Code dispose que le président de l'AMF est membre du collège de l'ACPR.

Par ailleurs, un certain nombre de règles de coopération entre les deux régulateurs figurent dans le Code monétaire et financier[7]. C'est ainsi, notamment, qu'aux termes de l'article L. 631-1 du Code monétaire et financier : « La Banque de France, l'Autorité de contrôle prudentiel et de résolution et l'Autorité des marchés financiers coopèrent entre elles. Elles se communiquent les renseignements utiles à l'accomplissement de leurs mission respectives ». L'article précise que ces renseignements sont couverts par le secret professionnel en vigueur dans les conditions applicables à l'organisme qui les a communiqués et à l'organisme destinataire.

En outre, cette relation peut se faire par la participation de leurs présidents à d'autres autorités de contrôle. Il en va plus particulièrement ainsi, depuis la loi n° 2013-672 du 26 juillet 2013, avec le Haut Conseil de stabilité financière[8] qui comprend à la fois le Gouverneur de la Banque de France, qui est donc président de l'ACPR, et le président de l'AMF[9]. Sans préjudice des compétences respectives des institutions que ses membres représentent, ce Haut Conseil de stabilité financière exerce la surveillance du système financier dans son ensemble, dans le but d'en préserver la stabilité et la capacité à assurer une contribution soutenable à la croissance économique. À ce titre, il veille, notamment, à la coopération et à l'échange d'informations entre les institutions que ses membres représentent (et donc l'ACPR et l'AMF), de même qu'entre ces institutions et lui-même[10].

En dernier lieu, et c'est ce qui retiendra ici plus particulièrement notre attention, la loi n° 2010-76 du 21 janvier 2010 est à l'origine de la création d'un « pôle commun » à l'Autorité de contrôle prudentiel et de résolution

[7] Pour une contestation à propos de cette coopération, Comm. sanctions AMF, 13 mars 2013, « Société SG Securities (Paris) SAS, M. A et Mme B », *Revue Banque*, n° 70, 2013, p. 90, obs. J.-Ph. Kovar et J. Lasserre Capdeville.

[8] Il en allait de même, depuis la loi n° 2010-1249 du 22 octobre 2010 de régulation bancaire et financière, avec le Conseil de régulation financière et du risque systémique.

[9] C. mon. fin., article L. 631-2.

[10] C. mon. fin., article L. 631-2-1.

et à l'Autorité des marchés financiers : le Pôle Assurance-Banque-Épargne. Celui-ci a pour objectif principal de permettre aux deux régulateurs précités de s'alerter mutuellement sur les risques de mauvaise commercialisation de divers produits (bancaires, d'assurance, d'investissement, d'épargne, etc.), de dialoguer sur les meilleurs moyens de les circonscrire et de lancer des actions communes en appui des politiques de contrôle développées par chaque autorité. Ce pôle, dont les missions sont clairement orientées vers la protection de la clientèle, est encadré par les articles L. 612-47 à L. 612-50 du Code monétaire et financier.

L'organisation de ce pôle commun est pourtant des plus réduite. Un coordonnateur, chargé de la mise en œuvre des missions du pôle, est désigné conjointement par les secrétaires généraux de l'ACPR et de l'AMF[11]. Il est d'ailleurs placé sous l'autorité conjointe de ces deux secrétaires généraux. Le rôle et les pouvoirs de ce coordonnateur sont précisés par une convention du 30 avril 2010 passée par les deux régulateurs concernés[12]. Il bénéficie d'un droit à l'information étendue de leur part[13]. En revanche, et c'est à souligner, le pôle commun n'a pas de moyens propres. Le coordonnateur l'anime en s'appuyant sur les moyens consacrés par l'ACPR et l'AMF à la supervision des relations entre les professionnels et leurs clients. Ainsi, le pôle commun ne modifie en rien la répartition des pouvoirs de chaque autorité, chacune conservant sa compétence propre. Les décisions prises ne leur sont pas communes[14], mais demeurent prises uniquement par l'ACPR ou l'AMF.

Néanmoins, ce pôle commun demeure fort mal connu du grand public. Pourquoi a-t-il été institué ? Quelles en sont les fonctions concrètes ? Quels en sont ses résultats après trois années d'activité ? Telles sont les questions auxquelles nous tâcherons de répondre ici, à travers l'étude des raisons (I) et des missions (II) de ce pôle.

I. – Les raisons de l'institution du pôle commun à l'ACPR et l'AMF

La protection de la clientèle est, aujourd'hui, devenue une préoccupation essentielle pour les régulateurs bancaire et financier. Prenons l'exemple

---

[11] Au 1er janvier 2012, Mme Nathalie Lemaire, directrice des relations avec les épargnants de l'AMF, a succédé à Fabrice Pesin, secrétaire général adjoint de l'ACP, comme coordonnateur du pôle commun.

[12] Conv. AMF, Banque de France, ACP, 30 avril 2010. *Dr. sociétés*, 2010, comm. 144, obs. R. Mortier.

[13] C. mon. fin., article L. 612-48, II.

[14] G. DAMY, « Agréments et contrôles des restructurations des établissements de crédit », *Juris-Classeur Banque-Crédit-Bourse*, fasc. 185, 2012, n° 181.

de l'ACPR. Jusqu'à la création de l'Autorité de contrôle prudentiel par l'ordonnance nº 2010-76 du 21 janvier 2010, la mission de protection du consommateur dans le secteur de la banque s'exerçait essentiellement par le contrôle de la solvabilité des organismes financiers, ce qui permettait d'avoir la certitude que les dépôts des banques n'étaient pas mis en danger par une prise excessive de risques. Il en va différemment aujourd'hui. L'ACPR veille ainsi, selon l'article L. 612-1 du Code, « à la préservation de la stabilité du système financier et à la protection des clients [...] ». De façon plus précise, l'Autorité est chargée « de veiller au respect par les personnes soumises à son contrôle des règles destinées à assurer la protection de leur clientèle, résultant notamment de toute disposition législative et réglementaire ou des codes de conduites approuvés à la demande d'une association professionnelle, ainsi que des bonnes pratiques de leur profession qu'elle constate ou recommande, ainsi qu'à l'adéquation des moyens et procédures qu'elles mettent en œuvre à cet effet[15] ».

Les deux régulateurs cherchent dont à protéger, de la même façon, la « partie faible » de l'opération financière, bancaire ou d'assurance, et plus particulièrement l'épargnant à qui est proposé des produits d'investissement que cela soit sous forme d'instruments financiers, de comptes bancaires structurés ou de contrats d'assurance. Or, il aurait été peu cohérent de laisser chaque régulateur dans « son coin », alors que l'une de leurs missions est manifestement très proche.

Ainsi, nous voilà en présence d'un dispositif de coordination institutionnalisé qui n'ajoute ni ne retranche aucune compétence aux deux autorités. Des réunions du pôle commun ont lieu tous les mois. Les personnes y participants varient d'ailleurs selon les sujets inscrits à l'ordre du jour. Ces échanges mensuels sont l'occasion de définir, mettre en œuvre et enfin suivre le déroulement des missions du pôle commun qui sont multiples et variées.

II. – Les missions du pôle commun à l'ACPR et l'AMF

L'article L. 612-47 du Code monétaire et financier prévoit quatre missions pour ce pôle commun. Tout d'abord, il doit coordonner les priorités de contrôle des professionnels en matière de respect des obligations à l'égard de leurs clientèles (A). De plus, il est tenu d'analyser les résultats de l'activité de contrôle des deux autorités en vue de proposer à leurs secrétaires généraux les conséquences et enseignements à en tirer (B). En outre, le pôle a pour mission de coordonner la veille sur l'ensemble des opérations et services proposés à la clientèle et la surveillance des campagnes publicitaires relatives aux produits

[15] C. mon. fin., article L. 612-1, II, 3°.

offerts (C). Enfin, il offre un point d'entrée commun pour les demandes du public (D).

Soulignons, avant d'étudier ces missions, que les personnes et entités concernées par ces dernières, c'est-à-dire les « professionnels assujettis », sont celles qui sont déjà soumises au contrôle des deux régulateurs coopérants. Pour l'ACPR, par exemple, il s'agit de celles mentionnées à l'article L. 612-2 du Code monétaire et financier, et notamment les établissements de crédit. Pour l'AMF, sont concernées les personnes et entités mentionnées à l'article L. 621-9 du Code monétaire et financier. Elles sont également particulièrement nombreuses.

A. Coordination des propositions de priorités de contrôle

En premier lieu, le pôle commun est compétent pour coordonner les propositions de priorités de contrôle définies par les deux autorités en matière de respect des obligations à l'égard de leurs clientèles par les personnes soumises à leur contrôle. Dès lors, une fois par an au moins, chaque autorité élabore un projet de priorités de contrôles qui doit être adressé au coordonnateur afin qu'il détermine s'ils « comportent entre eux des synergies ou des contradictions ». C'est ainsi qu'il lui est possible de proposer aux secrétaires généraux des deux autorités « de modifier les propositions de priorités de contrôle ». Les propositions de priorités de contrôle doivent dans tous les être validées par les deux autorités[16].

Mais la pratique est allée plus loin. Il convient de noter en effet, à la lecture de la convention du 30 avril 2010 « *définissant les modalités de fonctionnement du pôle commun en question* », que cette dernière se montre favorable à l'exercice de contrôles coordonnés, alors que ceux-ci ne sont pas envisagés par l'article L. 612-47, 1° du Code monétaire et financier. Ainsi, selon l'article 12 de la convention : « Les contrôles coordonnés sont des contrôles qui peuvent être menés par l'ACP et l'AMF, conformément aux dispositions législatives et réglementaires applicables ». Ces contrôles sont alors susceptibles de prendre l'une des formes suivantes :

> « 1° L'ACP peut recourir, pour ses contrôles, à l'AMF; l'AMF peut recourir, pour ses contrôles, à l'ACP. Dans ce cadre, un ou plusieurs collaborateurs d'une autorité peuvent être mis à disposition de l'autre autorité afin de participer à un contrôle mené par celle-ci ;
> 2° L'ACP et l'AMF peuvent recourir, pour leurs contrôles, à une même personne désignée concomitamment par chaque autorité ;

[16] Article 11 de la convention du 30 avril 2010.

3º L'ACP et l'AMF peuvent mener des contrôles de manière concomitante et dans les mêmes délais[17]. »

C'est ainsi que de tels contrôles conjoints ont été réalisés en pratique. Ce fut le cas à trois reprises en 2010, puis douze fois en 2011 et enfin dix fois en 2012. Le plus souvent ces contrôles ont concerné des entités intervenant dans la chaîne de commercialisation d'instruments financiers ou de contrats d'assurance vie : courtiers d'assurance, conseillers en investissements financiers (CIF), sociétés de gestion de portefeuille (SGP), etc. Le rapport d'activité du pôle commun pour l'année 2012 précise que les priorités de contrôle pour l'année 2013 devraient concerner les mêmes catégories d'acteurs dans la chaîne de commercialisation, tout en élargissant le périmètre à la vente à distance.

B. Analyse des résultats de l'activité de contrôle des deux autorités

En second lieu, le pôle commun a pour mission d'analyser les résultats de l'activité de contrôle des deux autorités en matière de respect des obligations des professionnels à l'égard de leur clientèle et de proposer aux secrétaires généraux les conséquences à en tirer conformément aux compétences respectives de chaque autorité. Ces propositions concernent notamment les futures priorités de contrôles coordonnés en matière de commercialisation[18].

Or, concrètement, les effets de ces analyses de résultats ont parfois été plus importants encore. C'est ainsi, par exemple, que l'ACP et l'AMF ont été amenées à constater que le périmètre des services de placement soulevait de nombreuses interrogations de la part des distributeurs et des producteurs de produits financiers. Il est vrai que trois services d'investissement, au sens de l'article L. 321-1 du Code monétaire et financier, paraissent correspondre à ce que l'on appelle communément un « placement » : il en va de la sorte avec le « *placement non garanti* », le « *placement garanti* » et enfin la « prise ferme ». Face à une telle incertitude les deux régulateurs ont décidé d'adopter une position commune, publiée le 16 juillet 2012 sous forme de question-réponse[19], afin de clarifier le périmètre des services de placement au regard des activités de commercialisation d'instruments financiers.

Des réponses communes peuvent ainsi être constatées. Songeons encore aux alertes sur le *Forex*[20]. À plusieurs reprises[21], en effet, l'ACP et l'AMF ont publié un communiqué de presse mettant en garde les particuliers contre

---

[17] Notons que les éventuels rapports ou encore les « lettres de suites » qui sont, dans le prolongement de ces contrôles coordonnés, respectivement établis par chaque autorité, selon les procédures qui lui sont applicables, sont portés à la connaissance du coordonnateur.

[18] Articles 13 et 14 de la convention.

[19] Position AMF nº 2012-08 et position ACP nº 2012-P-02.

[20] Le *Forex*, ou *foreign exchange*, est un marché des changes de gré à gré.

[21] 7 juillet 2011, 20 septembre 2011, 22 mai 2012 et 6 juillet 2012.

des propositions d'investissement sur le marché des changes, c'est-à-dire le *Forex*. Ces alertes successives avaient pour but d'établir et de porter à la connaissance du public une liste régulièrement mise à jour des sites *Internet* identifiés proposant en France, sans y être autorisés, des investissements sur le marché des changes non régulé. Elles rappelaient également la nécessité pour les clients, avant de s'engager, de vérifier que l'intermédiaire qui propose ou conseille des investissements figure bien sur la liste des établissements financiers autorisés à exercer en France[22]. L'ACP et l'AMF invitaient enfin le public à ne pas répondre aux sollicitations d'intermédiaires ne figurant pas dans le registre des agents financiers.

En tout cas, après plus de trois années d'existence, les contrôles réalisés dans le cadre du pôle commun ont permis aux équipes des deux autorités de mener des analyses communes et de faire converger leurs pratiques de contrôle, afin de répondre à un objectif commun : veiller au respect des règles de protection du client.

C. Coordination de la surveillance des opérations et services passés ainsi que des campagnes publicitaires

En troisième lieu, le pôle est compétent pour coordonner la veille sur l'ensemble des opérations et services visés plus haut de façon à identifier les facteurs de risques et la surveillance des campagnes publicitaires relatives à ces produits. Ainsi, chacune des deux autorités a en charge la veille sur les opérations, services et produits qui relèvent de sa compétence pour constater de tels facteurs. Dès lors, en lien avec le correspondant de l'autre autorité, le responsable du pôle s'assure de la bonne coordination de ces activités de veille, notamment dans le but de recenser les domaines non couverts par chaque autorité et de prévenir les doublons. Il s'assure à cette fin de l'échange d'informations entre les deux autorités en organisant des réunions régulières et des remontées d'informations[23].

La surveillance des campagnes publicitaires relatives aux opérations, services et produits a donné lieu à des études et des mesures particulièrement importantes. C'est ainsi que les deux régulateurs se sont intéressés, dans le cadre du pôle commun, à la question du recueil des informations relatives à la connaissance des clients dans le domaine des contrats d'assurance vie et des instruments financiers. Il est vrai que le questionnement de l'épargnant est une étape essentielle pour une bonne commercialisation, et le respect, par le professionnel, de ses différentes obligations en la matière. Ainsi, lors de la commercialisation d'un tel « produit », le professionnel doit impérativement

[22] Le registre des agents financiers est consultatble sur Internet : www.regafi.fr.
[23] Article 15 de la convention.

s'enquérir des exigences et des besoins du client, de sa situation financière, de ses objectifs ainsi que de ses connaissances et de son expérience en matière financière, afin de délivrer un conseil adapté. Le questionnement doit en outre être adapté à la complexité des produits proposés.

Revenons un instant sur ce devoir de conseil. Rappelons que celui-ci impose au professionnel, outre d'informer son partenaire, de lui faire part de son opinion quant à l'opportunité d'effectuer l'opération en question[24]. Le conseil suppose alors une appréciation de nature à orienter directement la décision de l'autre partie[25]. Il se distingue en cela de l'obligation d'information en ce qu'il incite à opérer certains choix sur « de vagues critères d'opportunités[26] », et non pas des critères objectifs et précis. Or ce devoir pèse, légalement, sur le professionnel, non seulement en matière d'assurance[27], mais également en matière financière[28] dans un certain nombre de cas. Au-delà de la loi, la jurisprudence y fait également référence pour certaines opérations d'investissement[29], même si une large incertitude demeure sur le champ d'application exact de ce devoir[30].

Au-delà de ces doutes juridiques, les travaux menés au sein du pôle commun ont conduit à la publication d'une recommandation de l'ACPR pour la commercialisation des contrats d'assurance vie[31] et d'une position de l'AMF pour la commercialisation des instruments financiers[32]. Ces textes, qui sont entrés en application depuis le 1er octobre 2013, sont particulièrement utiles. Ainsi, après une analyse des pratiques du marché, les deux autorités précisent leurs attentes sur les modalités de recueil et la traçabilité des informations mais aussi sur la nature des informations recueillies et leur exploitation dans le processus de commercialisation.

---

[24] J. Lasserre Capdeville et N. Bourdallé, « Le développement jurisprudentiel de l'obligation de mise en garde du banquier », *Banque et droit*, n° 107, 2006, p. 18, n° 5.

[25] Sur cette obligation, R. Routier, *Obligations et responsabilités du banquier*, Dalloz, 2011, 3e éd., n° 551 et s.

[26] R. Routier, *op. cit.*, n° 551-11

[27] V. par ex., C. assur., article L. 520-1 ; C. mutualité, article L. 223-25-3.

[28] V. par ex., C. mon. fin., article L. 533-13, I ; Règl. gén. AMF, article 314-44.

[29] Cass. com., 8 janvier 2013, n° 11-19.387, *RDI*, 2013, p. 145, note H. Heugas-Darraspen ; *JCP E*, 2013, 1304, n° 21, obs. H. Causse ; cass. civ. 1ère, 11 septembre 2013, n° 12-15.897, *Gaz. pal.*, n° 314, 10 novembre 2013, p. 10, note J. Lasserre Capdeville ; *LEDB*, novembre 2013, p. 7, n° 147, obs. R. Routier.

[30] Certains auteurs estiment ainsi, à tort selon nous, que ce devoir de conseil s'impose encore au banquier dispensateur de crédit, J. Huet, « L'existence d'un devoir de conseil du banquier », *D.*, 2013, Point de vue, p. 2921.

[31] Recommandation de l'ACP du 8 janvier 2013 sur le recueil, des informations relatives à la connaissance du client dans le cadre du devoir de conseil, en assurance vie 2013-R-01.

[32] Position AMF n° 2013-02 du 8 janvier 2013 sur le recueil des informations relatives à la connaissance du client.

D. Réception des demandes des clients, assurés, bénéficiaires, ayants droit et épargnants

En dernier lieu, le pôle commun a pour mission d'offrir un point d'entrée commun habilité à recevoir les demandes des clients, assurés, bénéficiaires, ayants droit et épargnants susceptibles d'être adressées à l'Autorité de contrôle prudentiel et de résolution ou à l'Autorité des marchés financiers.

C'est ainsi qu'en 2012, la plate-forme téléphonique *Assurance Banque Épargne Info Service* a reçu 326 260 appels, dont 274 250 sur des sujets bancaires, 38 460 relatifs au domaine de l'assurance et 13 550 sur la bourse et les produits financiers[33]. L'année précédente on comptait 415 090 appels reçus, dont 355 340 relatifs à des sujets bancaires. Le nombre d'appels a donc baissé de 21 % entre 2011 et 2012. Ce recul ne remet pas en cause, bien entendu, l'opportunité d'une telle plate-forme[34].

De plus, les régulateurs bancaire et financier et la Banque de France ont lancé, fin 2012, une nouvelle version de leur site commun Assurance Banque Épargne Info Service www.abe-infoservice.fr avec l'objectif de proposer au grand public un outil d'information plus moderne et plus facile d'utilisation sur les questions d'assurance, de banque, de crédit et d'épargne. Il permet notamment de répondre aux interrogations des particuliers. Il témoigne du fait que le pôle commun a pour volonté de communiquer davantage et mieux avec les épargnants[35].

Pour conclure, nous voici ainsi en présence d'un nouvel « outil » de protection des clients fondé, et c'est original, sur une collaboration étroite entre l'ACPR et l'AMF. La lecture des trois rapports d'activités annuels établis à ce jour par le pôle commun Assurance-Banque-Épargne témoigne de son utilité concrète. Il est indiscutablement parvenu à améliorer la cohérence du dispositif français de régulation des produits d'épargne.

Ne serait-il pas judicieux dès lors, pour le législateur, de prévoir des dispositifs analogues de coordination à l'égard d'autres superviseurs concernés par des domaines de compétence très proches ? Songeons notamment à l'ARCEP et au CSA. On peut légitimement se le demander.

---

[33] Pôle commun. *Rapport d'activité pour l'année 2012*, p. 8.

[34] Le rapport d'activité pour l'année 2012 (*op. cit.*, p. 13) mentionne ainsi les questions les plus fréquemment posées en matière bancaire : Une enseigne de grande distribution me propose une carte, quels points dois-je vérifier ? J'ai contracté un crédit à la consommation, est-ce que je peux me rétracter ? Quelles précautions dois-je prendre avant de clôturer mon compte bancaire ?

[35] N. Lemaire, Conclusion, Pôle commun. *Rapport d'activité pour l'année 2012*, p. 28.

Troisième partie
Approche transnationale

La régulation financière, agent révélateur des risques et des tensions de l'interrégulation

Régis BISMUTH[1]

Prise dans ses multiples dimensions, institutionnelle et matérielle, nationale et internationale, la régulation financière constitue un laboratoire d'exploration incroyablement fécond de phénomènes que l'on pourrait qualifier « d'interrégulation ». Cette dernière est entendue sans prétention doctrinale et de façon extrêmement large afin de désigner la rencontre, qui peut être aussi bien une connexion qu'une collision, spontanée ou organisée, entre « autorités de régulation » ou entre deux ou plusieurs « objectifs ou logiques de régulation ».

Ces distinctions s'imposent dans le domaine de la régulation financière car une même autorité peut poursuivre différents objectifs de régulation qui ne sont pas nécessairement convergents et parce qu'un même objectif de régulation peut être poursuivi par différentes autorités, parfois de façon concurrente car selon des logiques différentes. Ainsi, plutôt que de se concentrer sur des phénomènes permettant d'améliorer ou d'optimiser la régulation d'un secteur concerné, l'interrégulation est envisagée ici sous l'angle de ses effets perturbateurs, en ce qu'elle génère des tensions entre les différents processus de régulation qui sont en jeu.

Si ces effets perturbateurs se manifestent dans les phénomènes d'interrégulation identifiables à l'échelle nationale, en particulier lorsqu'il s'agit de la coordination des différents objectifs de régulation (I.), une attention particulière mérite d'être consacrée aux processus internationaux car ils constituent autant d'occasions de démultiplier les manifestations d'interrégulation et les tensions qu'elles génèrent (II.).

I. – À l'échelle nationale : l'interrégulation en tant que coordination des différents objectifs de régulation

En se limitant strictement à l'échelon national, la régulation financière offre une première occasion d'identifier des tensions résultant de phénomènes d'interrégulation. Celles-ci trouvent leur origine dans la pluralité d'objectifs

[1] Professeur à l'université de Poitiers.

assignés à l'autorité (ou aux autorités) en charge de l'encadrement du secteur financier. Ces objectifs sont en effet susceptibles, dans certaines circonstances ou dans certains domaines, de présenter une incompatibilité telle que l'autorité (ou les autorités) puisse(nt) être amenée(s) à devoir sacrifier l'un des objectifs sur l'autel d'un autre. Ce qui est désigné par l'expression « dilemme du régulateur » ou du « superviseur » (« *the supervisor's dilemma*[2] ») fournit une illustration appropriée d'une telle difficulté (A.), laquelle est révélatrice des pouvoirs discrétionnaires du régulateur dans cette configuration (B.).

A. Le dilemme du régulateur ou l'arbitrage des différents objectifs de régulation

Le « dilemme du régulateur » peut se manifester dans la situation d'une institution bancaire en proie à des difficultés financières non encore rendues publiques et susceptibles d'en affecter la continuité d'exploitation. La question se posant aux autorités de régulation est de savoir si elles doivent faire primer l'objectif de protection de l'actionnaire de la banque en exigeant de cette dernière la prompte publication de cette information, l'objectif de protection des déposants de la banque en lui ordonnant de ne pas rendre public cette information et/ou celui du maintien de la stabilité du système financier. En effet, la divulgation d'une telle information est de nature à créer une panique parmi les déposants les conduisant à retirer leurs dépots et parmi les actionnaires les conduisant à vendre massivement leurs titres, deux comportements moutonniers favorisant la débâcle de la banque qui, compte tenu de la dimension systémique du secteur financier, peut se propager par le biais d'un effet domino à d'autres institutions financières.

En revanche, le maintien temporaire sous silence de cette information peut permettre aux autorités de régulation d'envisager plus sereinement la mise en œuvre d'une stratégie permettant à la banque d'assurer le redressement de sa situation financière, par exemple en négociant un plan de reprise avec une autre institution bancaire ou en la nationalisant, préservant ainsi la stabilité du système financier. L'échec d'un tel redressement serait toutefois extrêmement préjudiciable aux actionnaires ou déposants qui n'auraient pas eu l'opportunité de se retirer à temps, et plus particulièrement à ceux ayant acquis des titres ou réalisés des dépôts entre le moment où l'information aurait dû être publiée et celle où elle l'a effectivement été.

Cette situation est d'ailleurs envisagée par le Règlement général de l'AMF, lequel dispose « [qu]'en cas de danger grave et imminent menaçant la viabilité financière de l'émetteur [...] la divulgation d'informations au public peut

---

[2] M. Tison, « Do not attack the watchdog ! Banking supervisor's liability after Peter Paul », *Common Market Law Review*, vol. 42, 2005, p. 641.

être différée pendant une période limitée si elle risque de nuire gravement aux intérêts des actionnaires existants ou potentiels en compromettant la conclusion de négociations particulières visant à assurer le redressement financier à long terme de l'émetteur[3] ». Au-delà de la position surprenante de cet article suggérant qu'un report de publication peut nuire gravement aux intérêts des actionnaires potentiels, il apparaît clairement que le choix du(des) régulateur(s) n'est pas dicté par une hiérarchie d'objectifs et qu'il lui(leur) appartient de réaliser l'arbitrage semblant le plus approprié. Il est dès lors loisible de pronostiquer que la décision pourrait être différente selon l'envergure financière de la banque, l'impératif de stabilité financière devant sans doute prévaloir pour une banque très importante dont la chute ferait peser un risque de nature systémique (« *too big to fail* »), et ce, au détriment de la protection des actionnaires potentiels.

B. L'arbitrage des différents objectifs de régulation, révélateur du pouvoir discrétionnaire du régulateur

Le choix d'interrégulation ainsi réalisé échappe, en principe, à tout contrôle juridictionnel et constitue une décision qui, sauf négligence ou carence des autorités, ne saurait engager la responsabilité du régulateur, une position inverse risquant de paralyser son action. Cela a d'ailleurs été très remarquablement affirmé en 2004 par la cour du Luxembourg dans l'affaire *Peter Paul* qui concernait la responsabilité du régulateur bancaire allemand, lequel avait favorisé l'impératif de stabilité financière au détriment de la protection des déposants. La CJCE avait validé l'argument allemand en soutenant que sa réglementation « est fondée sur des considérations tenant à la complexité de la surveillance bancaire, dans le cadre de laquelle les autorités ont l'obligation de protéger une pluralité d'intérêts, parmi lesquels plus particulièrement celui de la stabilité du système financier[4] ».

Ce pouvoir discrétionnaire a également été reconnu dans le cadre de la contestation devant la CEDH de la nationalisation de la banque Northern Rock. Par une décision d'irrecevabilité rendue en 2012, la cour de Strasbourg a admis que « *given the exceptional circumstances prevailing in the financial sector, both domestically and internationally, at the relevant time, a wide margin of appreciation is appropriate*[5] » et que les mesures contestées ont été prises « *with the aim of protecting the financial sector in the United Kingdom from the contagion that might spread to other key institutions if Northern Rock*

[3] RGAMF, Article 223-2(III)(1).

[4] CJCE, 12 octobre 2004, *Peter Paul et autres*, aff. C-222/02, *Rec.*, p. I-9425, § 44.

[5] CEDH, 10 juillet 2012, Requête n° 34940/10, *Dennis Grainger and others c. the United Kingdom*, § 39.

were allowed to fail[6] ». Dès lors, la cour a considéré qu'il ne lui revenait pas de se substituer à l'arbitrage qui avait été réalisé par les autorités nationales[7].

La structure institutionnelle de la régulation financière et le nombre d'autorités en jeu n'ont, en la matière, qu'une importance minime. En France, la régulation financière est articulée selon une logique bipolaire (*twin peaks regulation*) entre l'Autorité des marchés financier (AMF) et l'Autorité de contrôle prudentiel et de résolution (ACPR)[8], la première veillant à la protection de l'épargne, à l'information des investisseurs et au bon fonctionnement des marchés[9], la seconde – adossée à la Banque de France – à la préservation de la stabilité du système financier et à la protection des clients[10]. La résolution d'un tel « dilemme du régulateur » ferait donc intervenir au moins ces deux instances selon des procédures d'interrégulation plus ou moins formalisées qui peuvent être également prescrites par le législateur[11], mais cela n'affecterait en rien le régime de responsabilité des régulateurs[12]. Dans le cadre de l'affaire de la nationalisation de Northern Rock, il était question de décisions prises conjointement par les « *Tripartie Authorities* », à savoir le *Treasury*, la *Bank of England* et la *Financial Services Authority* (FSA). Dans celui de l'affaire *Peter Paul*, il était question du retrait d'agrément d'une institution bancaire prononcé par le seul office fédéral de surveillance des établissements de crédit (le *Bundesaufsichtsamt für das Kreditwesen* qui a été depuis remplacé par une

---

[6] *Ibid.*

[7] Elle a notamment relevé de façon plus générale que « *[b]ecause of their direct knowledge of their society and its needs, the national authorities are in principle better placed than the international judge to appreciate what is in the public interest on social or economic grounds, and the Court will generally respect the legislature's policy choice unless it is "manifestly without reasonable foundation"* » (*ibid.*, § 36).

[8] Sur ce modèle, v. R. BISMUTH, *La coopération internationale des autorités de régulation du secteur financier et le droit international public*, Bruxelles, Bruylant, 2011, p. 64, note 281. V. aussi, E. WYMEERSCH, « The Structure of Financial Supervision in Europe : About Single Financial Supervisors, Twin Peaks and Multiple Financial Supervisors », *European Business Organization Law Review*, vol. 8, 2007, p. 237 et s.

[9] Code monétaire et financier, Article L.621-1.

[10] Code monétaire et financier, Article L.612-1(I) al. 1.

[11] V. par exemple l'Article L. 631-1(I) du Code monétaire et financier précisant que « [l]a Banque de France, l'Autorité de contrôle prudentiel et de résolution et l'Autorité des marchés financiers coopèrent entre elles. Elles se communiquent les renseignements utiles à l'accomplissement de leurs missions respectives ». Sur ces aspects, v. également R. BISMUTH, *op. cit.*, note 8, p. 97 et s.

[12] Sur la responsabilité des autorités de régulation financière en France, v. R. RINI, *La responsabilité des autorités de surveillance bancaire en Europe, Étude comparée du droit suisse et des droits allemand, anglais et français dans le contexte de l'Union européenne*, Bâle, Schulthess, 2008, p. 97 et s., p. 128 et s. V. aussi, R. BISMUTH, *op. cit.*, note 8, p. 132 et s.

autorité unique, la BaFin, intégrant la surveillance des marchés financiers et des entreprises d'assurance).

Ainsi, qu'ils soient intra-autorité ou inter-autorités, spontanés ou organisés, les processus nationaux d'interrégulation et les décisions qui en résultent se matérialisent par des choix dans lesquels le juge ne souhaite pas s'immiscer, reconnaissant dès lors aux régulateurs un large pouvoir discrétionnaire pour l'accomplissement de leurs missions impliquant une pluralité d'objectifs. Il n'est dès lors pas excessif d'avancer que l'interrégulation nationale, certes parfois organisée par le droit, échappe dans une large mesure à son contrôle. Il en est de même, mais dans des proportions différentes, pour les processus d'interrégulation financière qui se sont développés à l'échelon international.

II. – À l'échelle internationale : l'interrégulation en tant que connexion des régulations nationales (et régionales)

Le développement de la coopération internationale entre les autorités de régulation financière peut aussi être appréhendée comme le résultat d'un dilemme se posant aux régulateurs nationaux et régionaux, d'une nature certes différente. Dans un contexte d'internationalisation croissant des marchés, les régulateurs sont en effet pris en tenaille entre, d'une part, les objectifs de protection de stabilité du système financier se traduisant par un renforcement des exigences réglementaires et, d'autre part, une ambition d'assurer la compétitivité et l'attractivité de la place financière générant une incitation à abaisser les exigences réglementaires[13], une course vers le moins-disant réglementaire (« *race to the bottom*[14] »). La coopération internationale des régulateurs a constitué une réponse adéquate à ce dilemme vécu par les régulateurs nationaux dans la mesure où elle a permis à ceux-ci de s'accorder sur une harmonisation de leur régulation en fixant des règles minimales communes – ou un *level playing field* – mettant un frein aux tentations de course à la dérégulation[15].

L'harmonisation réglementaire ne constitue toutefois pas un exercice aisé car cette coopération internationale va faire se rencontrer des régulations financières qui se sont instituées et développées selon des approches et des logiques distinctes. Sans aller jusqu'à évoquer les différences fondamentales et culturelles entre le modèle de capitalisme anglo-saxon favorisant un

---

[13] E. B. KAPSTEIN, « Resolving the Regulator's Dilemma : International Coordination of Banking Regulation », *International Organization*, n° 2, vol. 43, 1989, p. 324.

[14] W. KERBER, « The Theory of Regulatory Competition and Competition Law », in K. M. MEESSEN (ed.), *Economic Law as an Economic Good*, Munich, Sellier, 2009, p. 27 et s.

[15] Par exemple des règles prudentielles destinées aux institutions bancaires telles que celles adoptées par le Comité de Bâle.

financement désintermédié par recours aux marchés financiers et celui de capitalisme rhénan privilégiant un financement intermédié par le recours aux banques[16], on peut pointer des différences importantes dans les « styles » de régulation. À cet égard, une opposition se fait ressentir entre, d'une part, une régulation financière continentale et américaine dite « par les règles » (ou « *rule based regulation* ») qui consiste en la mise en œuvre de réglementations très détaillées et rigides et, d'autre part, une régulation financière britannique dite « par les principes » (ou « *principle based regulation* ») qui se traduit par l'édiction de règles plus souples permettant de déléguer davantage de responsabilités au secteur privé[17].

Il serait toutefois excessif d'appréhender ces divergences comme la principale tension résultant de cette interrégulation. Cette dernière existe en effet parce qu'il existe des différences entre les multiples approches de la régulation financière qu'il convient de résorber progressivement. C'est, en d'autres termes, son objet même. Elle n'est cependant possible que parce qu'il existe une similarité de fonctions entre les régulateurs de divers États, c'est-à-dire une « homologie » entre les systèmes nationaux de régulation financière qui partagent dans l'ensemble des fonctions similaires. Il semble dès lors plus opportun de s'attarder sur les tensions identifiables qui concernent la structure de cette interrégulation à l'échelon international plutôt que sur celles, plus routinières, qui touchent aux aspects matériels de cette coopération. À cet égard, la mise en en relation des régulations nationales (et régionales dans le contexte de l'Union européenne) s'est réalisée dans un cadre juridique flou (A.) dont le caractère informel a affecté la cohérence de certaines initiatives internationales (B.).

A. Une mise en relation des régulations nationales (et régionales) au cadre juridique flou

Si l'interrégulation entre autorités d'un même État peut être organisée par la réglementation nationale, l'interrégulation entre autorités étrangères ne s'insère pas dans un cadre juridique précis. Tout juste trouve-t-on quelques références au sein des législations nationales qui traduisent une forme d'habilitation des régulateurs à coopérer à l'échelon international sans pour autant préciser le cadre juridique dans lequel celle-ci s'insère. Ainsi, pour ne se limiter qu'à l'AMF, le Code monétaire et financier indique notamment et de

[16] C. DE BOISSIEU, « Économies financées par les marchés financiers versus économies financées par le secteur bancaire et les conséquences de cette *summa divisio* », *The Journal of Regulation (Actes du Colloque « Débats autour de l'évolution de la Régulation Bancaire et ses impacts »)*, 2012, p. 6 et s.

[17] M. SÈVE, *La régulation financière après la crise*, Thèse, Paris 1, 2012, p. 189 et s.

façon sommaire qu'elle « apporte son concours à la régulation de ces marchés aux échelons européen et international[18] » et qu'elle peut « conclure, avec des autorités homologues [...] des accords de coopération prévoyant notamment l'échange d'informations[19] ». La nature juridique de tels accords par lesquels cette interrégulation se formalise soulève plusieurs doutes. Ils sont en effet présentés comme de simples arrangements administratifs internationaux alors qu'il ne s'agit pas d'une catégorie juridique connue, aussi bien en droit interne (par exemple en droit français)[20] qu'en droit international.

La spécificité de l'interrégulation financière réside également dans le fait qu'elle s'exerce aussi bien bilatéralement entre autorités que plurilatéralement ou multilatéralement au sein d'instances internationales plus ou moins formelles, et ce, dans un cadre juridique tout aussi flou[21]. Ainsi, le Comité de Bâle qui élabore les standards prudentiels bancaires internationaux est hébergé depuis 1974 par la Banque des Règlements internationaux (BRI) et a fonctionné de façon informelle pendant près de quarante années. Ce n'est en effet qu'en 2013 qu'il adopte sa première charte constitutive précisant son rôle, son organisation et ses procédures de travail[22]. Il ne faut toutefois pas déduire de cette décision une clarification du cadre juridique de ses activités puisque cette même charte souligne que le Comité de Bâle « n'est investi d'aucune autorité supranationale formelle et ses décisions n'ont pas force exécutoire[23] » tout en indiquant, dans l'ambigüité qui caractérise le fonctionnement de ces instances, que ses membres « s'engagent à [...] mettre en œuvre et appliquer les normes du [Comité de Bâle] dans leur juridiction intérieure[24] ». Des remarques similaires peuvent être formulées pour l'Association internationale des contrôleurs d'assurance (AICA) qui est une association privée établie en Suisse et également hébergée par la BRI[25] ou l'Organisation internationale des Commissions de Valeurs (OICV), association privée de droit espagnol. Le statut juridique de cette dernière est d'ailleurs surprenant puisqu'elle a conclu un accord de siège avec l'Espagne en 2011 lui reconnaissant des privilèges

---

[18] Code monétaire et financier, Article L. 621-1 al. 1.

[19] Code monétaire et financier, Article L. 632-7(I). Cette disposition concerne les autorités « relevant d'un État non membre de l'Union européenne et non partie à l'accord sur l'Espace économique européen ».

[20] Sur la nature juridique de ces accords, v. R. Bismuth, *op. cit.*, note 8, p. 206 et s.

[21] Pour un panorama, v. E. Avgouleas, *Governance of Global Financial Markets. The Law, The Economics, The Politics*, Cambridge, Cambridge University Press, 2012, p. 157 et s.

[22] Comité de Bâle sur le Contrôle Bancaire, *Charte*, Janvier 2013, www.bis.org/bcbs/charter_fr.pdf.

[23] *Ibid.*, Article 3

[24] *Ibid.*, Article 5(e).

[25] Sur l'AICA, v. R. Bismuth, *op. cit.*, note 8, p. 295 et s.

et immunités similaires à ceux habituellement accordés aux organisations internationales traditionnelles[26].

Ces diverses instances internationales évoluent donc dans un cadre juridique flou, lequel est adossé à des mécanismes de représentation des autorités de régulation nationales qui ne sont pas parfaitement structurés comme ceux des organisations internationales dans lesquelles les États ont en général un représentant unique. Ces instances doivent aménager des mécanismes de représentation tenant compte de la spécificité des structures institutionnelles des régulations nationales, ce qui a mis en lumière les divergences pouvant exister entre autorités d'un même État.

Les États-Unis sont ainsi représentés au sein du Comité de Bâle par quatre autorités de régulation bancaire : la *Federal Reserve*, la *Federal Reserve Bank of New York*, l'*Office of the Comptroller of the Currency* (OCC) et la *Federal Deposit Insurance Corporation* (FDIC). Lors des négociations de l'accord de Bâle II[27], le Congrès américain avait convié les diverses autorités à des auditions qui ont mis en lumière les opinions divergences de certaines d'entre elles sur le nouveau standard prudentiel. En effet, la *Federal Reserve* se montrait enthousiaste sur le projet alors que l'OCC et la FDIC étaient plus réticentes[28]. Surpris d'une telle divergence de la part d'autorités censées représenter les États-Unis d'une seule voix sur la scène internationale, le Congrès avait alors menacé d'adopter une législation imposant aux autorités nationales d'harmoniser leurs positions pour les travaux entrepris au sein du Comité de Bâle[29]. Il était question d'instaurer « *a mechanism for developing uniform United States positions on issues before the Basel Committee on Banking Supervision [and] require a review on the most recent recommendation of the Basel Committee for an accord on capital standards, and for other purposes*[30] ». Sans aller jusqu'à

[26] Pour l'accord de siège, v. *Acuerdo de Sede entre el Reino de España y la Organización Internacional de Comisiones de Valores (OICV/IOSCO)*, 23 novembre 2011, *Boletín Oficial del Estado*, 17 décembre 2011, nº 303, nº 19646, p. 138400. V. également, R. BISMUTH, « Les organismes internationaux de régulation financière : L'exemple de l'Organisation Internationale des Commissions de Valeurs », in E. Lagrange, J.-M. Sorel (dir.), *Traité de droit des organisations internationales*, Paris, LGDJ, 2013, p. 71 et s.

[27] Il y a avait même une cinquième autorité américaine participant aux travaux du Comité de Bâle à cette époque, l'*Office of Thrift Supervision* (OTS). Ses prérogatives ont, depuis le *Dodd-Franck Act*, été transférées à l'OCC ainsi qu'à la *Federal Reserve* (*Dodd-Frank Act*, Sections 300 et s., *Transfer of Powers to the Comptroller of the Currency, the Corporation and the Board of Governors*).

[28] M. S. BARR, G. P. MILLER, « Global Administrative Law : The View from Basel », *European Journal of International Law*, vol. 17, 2006, p. 32, notes 66 et 67.

[29] Sur cet aspect, v. R. BISMUTH, *op. cit.*, note 8, p. 506, nº 825 et s.

[30] H.R. 1226, 109th Congress, 2005 (*United States Financial Policy Committee for fair capital standards Act*).

une telle extrémité afin de remettre de l'ordre à l'échelle nationale, la réforme du système financier américain mise en œuvre par le biais du *Dodd-Frank Act* a instauré un nouveau *Financial Stability Oversight Council* qui regroupe les principales autorités de régulation financière américaine[31]. L'une de ses missions est justement de « *monitor domestic and international financial regulatory proposals and developments*[32] ».

Cet épisode et l'évolution de la législation américaine constituent des illustrations intéressantes des interactions entre les différents niveaux d'interrégulation. Ainsi, l'interrégulation internationale qui est spontanée peut générer un besoin d'interrégulation organisée à l'échelle nationale afin coordonner de façon plus formelle les divergences susceptibles d'exister entre autorités. Elle suggère également que la multiplicité des autorités nationales, par les interactions institutionnelles qu'elle génère, constitue certes une source de désordre mais aussi, de façon assez paradoxale, un facteur d'amélioration de la transparence des activités nationales et internationales de ces autorités.

B. Une connexion des régulations nationales (et régionales) en quête de cohérence

Si l'interrégulation internationale peut indirectement améliorer les fonctionnement des autorités nationales, il peut aussi, du fait de son caractère spontané et faiblement formalisé, générer des interférences et des tensions sur d'autres processus de régulation. Les instances internationales regroupant des autorités de régulation financière nationales adoptent en effet des normes internationales ayant vocation à être transposées dans les ordres juridiques nationaux. Ces normes – souvent désignées « standards financiers » – sont élaborées par chacune des instances pour un secteur spécifique donné. Il n'est cependant pas rare que ces standards concernent ou aient des effets indirects sur d'autres secteurs.

Pour éviter de tels écueils, des mécanismes de coopération entre instances internationales peuvent s'instaurer. Ainsi, le Comité de Bâle, l'OICV et l'AICA coopérèrent au sein d'un *Joint Forum* lui aussi informel ayant vocation à aborder des questions transsectorielles[33] et coordonnent même leurs activités normatives au sein d'un Conseil de Stabilité Financière (CSF)

---

[31] Sur cette instance, v. R. BISMUTH, *op. cit.*, note 8, p. 101, n° 153.

[32] *Dodd-Frank Act*, section 112(a)(2)(D).

[33] Comme le souligne son mandat, l'objectif du *Joint Forum* « *is to support banking, insurance and securities supervisors in meeting their regulatory and supervisory objectives and, more broadly, to contribute to the international regulatory agenda in particular where risks exist across or in gaps between the three supervised sectors* » (*Mandate of the Joint Forum*, www.bis.org/bcbs/jfmandate.htm).

qui est également hébergé par la BRI[34]. Ce sont, dès lors, des mécanismes classiques d'interrégulation existant au niveau étatique afin de coordonner certains secteurs (par exemple ici banque, marchés financiers et assurance) qui sont déployés à l'échelle internationale. Ils sont toutefois facilités dans la mesure où ces instances sont composées d'autorités de régulation ayant développé une intense coopération mutuelle et appartiennent au même réseau de « diplomatie financière[35] » déployé au sein de la BRI qui constitue le « *hub* » de la régulation financière internationale[36].

De tels mécanismes n'existent pas toutefois pour l'ensemble des processus de régulation et l'élaboration d'un standard international n'implique pas nécessairement toutes les parties intéressées, ce qui est susceptible de générer des tensions lors de sa mise en œuvre. Une telle situation s'est produite à l'occasion de la négociation de l'accord de Bâle III réformant l'encadrement prudentiel des banques à la suite de la crise financière de 2008. Ce nouveau dispositif cherche à renforcer les exigences de détention de fonds propres par les banques afin d'améliorer leur solvabilité mais a également introduit de nouvelles règles relatives à leur liquidité, c'est-à-dire à leur capacité à faire face à leurs engagements à court terme. Plus spécifiquement, Bâle III met en place un Ratio de Liquidité à Court Terme (*Liquidity Coverage Ratio*) exigeant que les banques disposent de suffisamment « d'actifs liquides de haute qualité[37] ». Le Comité de Bâle a déclaré que les titres de dette souveraine sont, sous certaines conditions, considérés comme de tels actifs dans la mesure où ils sont peu risqués, à faible volatilité et qu'ils peuvent être rapidement transformés en liquidité sans perdre de leur valeur[38].

L'objectif poursuivi par le Comité de Bâle est tout à fait logique du point de vue d'un régulateur bancaire. En effet, cette exigence permet en période de crise financière d'assurer aux banques la détention d'actifs rapidement mobilisables

---

[34] La Charte du CSF indique que sa mission est « *to coordinate at the international level the work of national financial authorities and international standard setting bodies (SSBs) in order to develop and promote the implementation of effective regulatory, supervisory and other financial sector policies* » (*Charter of the Financial Stability Board*, Juin 2012, article 1, www.financialstabilityboard.org/publications/r_120809.pdf).

[35] L'expression est employée par l'auteur de la monographie de référence sur l'histoire de la BRI ; G. Toniolo, *Central Bank Cooperation at the Bank for International Settlements – 1930-1973*, Cambridge, Cambridge University Press, 2005, p. 367, 476.

[36] La BRI indique d'ailleurs elle-même qu'elle « *acts as a hub for central banks* » www.bis.org/central_bank_hub_overview.htm.

[37] Comité de Bâle sur le Contrôle Bancaire, *Bâle III : Dispositif réglementaire mondial visant à renforcer la résilience des établissements et systèmes bancaires*, juin 2011, p. 9, nº 38.

[38] Sur la définition des « actifs liquides de haute qualité », v. Comité de Bâle sur le Contrôle Bancaire, *Bâle III : Ratio de Liquidité à Court Terme et outils de suivi du risque de liquidité*, janvier 2013, p. 8, nº 24 et s. www.bis.org/publ/bcbs238_fr.pdf.

afin de faire face, par exemple, à une situation de panique bancaire pendant laquelle les déposants risquent de demander spontanément un retrait de leurs dépôts. Une telle règle n'est toutefois pas sans effets macroéconomiques car elle génère une incitation pour les banques à diriger une proportion de leurs ressources vers des titres de dettes souveraines plutôt que d'autres types de crédits (interbancaires, commerciaux, etc.). Outre les banques qui, via leurs associations professionnelles, ont milité contre ce nouveau standard risquant selon elles de contracter le crédit et de freiner la croissance[39], les collectivités territoriales, notamment en France, ont également contesté ce nouveau dispositif au motif qu'il allait renchérir le coût de leur financement. Ainsi, les présidents des associations des maires (AMF), des départements (ADF) et des régions (ARF) de France avaient adressé en juin 2011 une lettre au Premier ministre français afin de l'alerter sur les effets indésirables de Bâle III sur le financement des collectivités territoriales[40]. La Cour des comptes s'est également fait le relais de ces inquiétudes en indiquant dans un rapport sur la gestion de la dette publique locale que si ces nouvelles règles « ne prenaient pas en compte les spécificités des financements au secteur public local français en termes de risque, de durée et de volume de crédits, elles pourraient potentiellement conduire les banques à se montrer plus sélectives dans leur offre de crédit aux collectivités et/ou à renchérir leur conditions[41] ». L'instance internationale a ainsi adopté un standard devenant la norme internationale de facto pour laquelle les autorités nationales ou régionales chargées de sa mise en œuvre ne disposent que d'une très faible marge de manœuvre[42]. En prenant pour centre de gravité la logique du régulateur bancaire, cet épisode montre ainsi comment les processus internationaux d'interrégulation sont susceptibles d'affecter d'autres acteurs à l'échelon national et de générer des tensions au-delà de son espace naturel de régulation.

Les phénomènes internationaux d'interrégulation peuvent également présenter des limites dans la mesure où ils ne peuvent effectivement se coordonner avec d'autres initiatives régulatrices. Les incompatibilités qui

---

[39] Sur ces aspects, v. R. Bismuth, « La réforme de l'encadrement prudentiel des banques par le Comité de Bâle, reflet des tensions entre les différents espaces de régulation financière », in A. Delion, L. Vidal (dir.), *Les réformes des régulations financières – Annales de la régulation*, vol. 3, Paris, IRJS Éditions, 2013, p. 183 et s.

[40] « Nouvelles normes bancaires : Le Sénat s'inquiète pour les collectivités », *Agence France Presse*, 20 juillet 2011. V. aussi, « Crédit bancaire: Les communes au régime sec », *Libération*, 13 novembre 2012, p. 13.

[41] Cour des Comptes, *La gestion de la dette publique locale*, Rapport public thématique, juillet 2011, p. 87.

[42] L'accord de Bâle III a été récemment mis en œuvre par l'UE par le biais de la directive 2013/36/UE et du règlement 575/2013/UE adoptés le 26 juin 2013.

ont été relevées entre l'accord de Bâle III et le dispositif prudentiel européen Solvabilité II en matière d'assurance en constituent une manifestation très éloquente. L'AICA qui a en charge l'adoption de standards financiers pour le secteur de l'assurance a une composition bien plus large que celle du Comité de Bâle avec plus de 140 États représentés au sein du premier contre 27 au sein du second. Par ailleurs, l'AICA a longtemps dû composer avec les autorités du secteur des assurances des 50 États américains qui s'étaient regroupées de façon assez surprenante au sein d'une association de droit privé, la *National Association of Insurance Controllers* (NAIC)[43]. La première autorité fédérale n'a été instituée qu'en 2010 par le biais du *Dodd-Frank Act*, le *Federal Insurance Office* (FIO). Le FIO devrait progressivement se substituer à la NAIC au sein de l'AICA dans la mesure où son rôle est, entre autres, « *to coordinate Federal efforts and develop Federal policy on prudential aspects of international insurance matters, including representing the United States, as appropriate, in the [AICA]*[44] ».

Cette large et hétérogène composition de l'AICA a rendu délicat l'adoption par cette instance d'un standard prudentiel équivalent à celui du Comité de Bâle pour le secteur de l'assurance. Les premières initiatives en la matière ne datent que de 2011 par le biais du lancement du projet *ComFrame*, abréviation de « *Common Framework for the Supervision of Internationally Active Insurance Groups*[45] ». Dans cette configuration, l'UE a bénéficié d'une liberté d'action plus significative afin d'élaborer et de promouvoir internationalement son dernier dispositif prudentiel pour les entreprises d'assurance désigné « Solvabilté II » (« *Solvency II* »)[46]. Cependant, en dépit de la similarité de la structure des deux dispositifs prudentiels, Bâle III et Solvabilité II ont été négociés selon des calendriers distincts, par des acteurs différents et surtout à des échelons distincts. À ce point de vue, la logique du Comité de Bâle est d'établir un *level playing field* dans le secteur bancaire alors que Solvabilité II a pour objectif de libéraliser et d'harmoniser les conditions de la prestation de services dans le domaine des assurances au sein de l'UE. Il n'est donc pas surprenant d'identifier des incompatibilités entre les deux dispositifs prudentiels.

---

[43] Sur cette instance, v. R. Bismuth, *op. cit.*, note 8, p. 81, n° 121 et s.

[44] *Dodd-Frank Act*, section 502 (nouvelle section 313(c)(1)(E) du titre 31 de l'*United States Code*).

[45] AICA, *Common Framework for the Supervision of Internationally Active Insurance Groups – Concept Paper – Invitation for Comments*, 1er juillet 2011. Sur la décision prise par l'AICA de développer ce nouveau dispositif prudentiel, v. AICA, *IAIS Initiates Development of ComFrame*, 1er juillet 2010.

[46] Sur ces aspects, v. R. Bismuth, *op. cit.*, note 39, p. 190 et s.

Solvabilité II met en œuvre un modèle de pondérations des risques distinct de Bâle III pour diverses catégories d'actifs (en particulier la dette souveraine, les emprunts obligataires des entreprises et les prêts immobiliers). Une telle différence d'approche est susceptible des distorsions car elle a pour effet de ne pas placer ces actifs dans des conditions de marché équivalentes face aux banques et aux entreprises d'assurance qui en sont les principaux souscripteurs[47]. Aussi, Solvabilité II pondère la détention de dette souveraine de façon plus favorable que celle d'actions ou d'obligations émises par les entreprises ce qui peut avoir pour effet de détourner les assureurs des actions émises par les banques alors qu'ils en sont des investisseurs traditionnels au moment même où Bâle III exige que les banques renforcent leurs fonds propres. Il peut dès lors en résulter un renchérissement significatif du coût du capital pour les banques susceptible d'affecter par ricochet le financement de l'économie réelle[48].

Ces dissonances entre les dispositifs prudentiels de Bâle III et Solvency II sont particulièrement instructives afin de mettre en perspective les difficultés pouvant exister lorsqu'il s'agit d'assurer l'interrégulation de deux processus distincts à la fois du point de vue du secteur concerné (banque et assurance) et de celui de l'espace de régulation (régional et international). La dimension régionale de Solvabilité II est ici déterminante car le dispositif à vocation à s'exporter par le biais de mécanismes de reconnaissance mutuelle et d'équivalence qui sont prévus par les textes[49]. Alors qu'un dispositif strictement national a de faibles chances de se diffuser à une grande échelle, et en l'absence de standard prudentiel international dans le domaine de l'assurance, la dimension régionale de Solvabilité II est attractive pour les États tiers car il permet d'ouvrir les portes d'un marché intégré. Il devient complexe d'assurer une interrégulation efficace entre un processus international dans le secteur bancaire et un processus régional dans celui de l'assurance lorsque le processus régional a des visées expansionnistes. Il ne serait pas excessif de conclure qu'une interrégulation spontanée efficace requiert une délimitation

---

[47] Institute of International Finance, *The Implications of Financial Regulatory Reform for the Insurance Industry*, août 2011, p. 5.

[48] Sur ces aspects, v. FMI, *Possible Unintended Consequences of Basel III and Solvency II*, IMF Working Paper WP/11/187, 2011, p. 42 et s. www.imf.org/external/pubs/ft/wp/2011/wp11187.pdf.

[49] V. notamment les articles 260 à 246 de la directive 2009/138. V. aussi la lettre du 2 février 2012 de Jonathan Faull, Directeur général Marché intérieur et services, à Gabriel Bernardino, Président de l'AEAPP (Ares(2012)118381) qui évoque l'intérêt de l'Australie, du Chili, de Hong Kong, d'Israël, du Mexique, de Singapour et de l'Afrique du Sud pour une reconnaissance mutuelle de leur réglementation.

précise et rigoureuse des compétences et s'accommode mal des processus de régulation qui, directement ou par ricochet, s'étendent au-delà de leur champ matériel ou géographique de compétences.

La réglementation tarifaire de la terminaison d'appel mobile nationale : le passage à l'interrégulation européenne

Jean CATTAN[1]

L'article 32-1, II, 2° du Code des postes et des communications électroniques (CPCE) confie au ministre en charge des communications électroniques et à l'Autorité de régulation des communications électroniques et des postes (l'ARCEP) le soin de veiller « À l'exercice au bénéfice des utilisateurs d'une concurrence effective et loyale entre les exploitants de réseau et les fournisseurs de services de communications électroniques. »

L'encadrement des tarifs pratiqués par les opérateurs dotés d'une puissance significative de marché. Afin de mettre sur pied cette « *concurrence effective* », les autorités réglementaires nationales des États membres ont hérité leurs missions et compétences des dispositions figurant dans les directives du paquet télécom adoptées en 2002 et modifiées en 2009. Les autorités réglementaires nationales sont tout d'abord tenues de déterminer les marchés qui composent le secteur des communications électroniques ainsi que les acteurs qui y sont dotés d'une puissance significative en vertu des articles L. 37 et L. 37-1 CPCE. Une fois déterminés les marchés et acteurs puissants, l'article 37, point 2°, CPCE confie à l'ARCEP le soin de fixer « les obligations des opérateurs réputés exercer une influence significative sur un marché du secteur des communications électroniques, prévues aux articles L. 38 et L. 38-1 » du code. Au fil des cycles pluriannuels, trois sont achevés à ce jour, l'ARCEP a examiné les marchés composant le secteur des communications électroniques, identifié les acteurs dotés d'une puissance significative et leur a imposé des obligations lorsqu'elle l'estimait nécessaire.

L'article 38, I, 4°, CPCE dispose qu'en matière d'interconnexion et d'accès les opérateurs puissants peuvent notamment se voir imposer l'obligation de « ne pas pratiquer de tarifs excessifs ou d'éviction sur le marché en cause et pratiquer des tarifs reflétant les coûts correspondants ». L'article 38-1 dispose que, « lorsque les obligations prévues au I de l'article 38 ne permettent pas d'atteindre les objectifs fixés à l'article 32-1 », alors, un opérateur en position

[1] Docteur en droit public.

de puissance significative de marché peut se voir imposer l'obligation de « ne pas pratiquer de tarifs excessifs ou d'éviction sur le marché en cause ; pratiquer des tarifs reflétant les coûts correspondants ; respecter un encadrement pluriannuel des tarifs défini par [l'ARCEP] ; prévoir la communication des tarifs à [l'ARCEP] préalablement à leur mise en œuvre, dans la mesure où ces tarifs ne sont pas contrôlés en application de l'article L. 35-2 ; l'autorité peut s'opposer à la mise en œuvre d'un tarif qui lui est communiqué en application du présent alinéa par une décision motivée explicitant les analyses, notamment économiques, qui sous-tendent son opposition ».

Dans la perspective d'un meilleur roulement du jeu concurrentiel, les opérateurs puissants peuvent donc voir leurs tarifs encadrés de l'ARCEP. C'est le cas de la terminaison d'appel mobile nationale.

L'encadrement tarifaire de la terminaison d'appel mobile. Lorsqu'un utilisateur final passe un appel ou envoie un SMS avec son terminal mobile à destination d'un autre utilisateur mobile affilié chez un autre opérateur, le message vocal ou écrit passe du réseau auquel est affilié l'émetteur du message au réseau auquel est affilié son destinataire. Le « service par lequel un opérateur mobile permet à ses clients d'être joints par les abonnés des autres opérateurs fixes ou mobiles[2] » est désigné par l'expression de « terminaison d'appel mobile ». La terminaison d'appel mobile est un des procédés techniques inclus dans cet ensemble plus vaste connu sous le nom d'« interconnexion ».

L'interconnexion est définie à l'article L. 32-1, 9°, CPCE comme « la liaison physique et logique des réseaux ouverts au public exploités par le même opérateur ou un opérateur différent, afin de permettre aux utilisateurs d'un opérateur de communiquer avec les utilisateurs du même opérateur ou d'un autre, ou bien d'accéder aux services fournis par un autre opérateur. Les services peuvent être fournis par les parties concernées ou par d'autres parties qui ont accès au réseau. L'interconnexion constitue un type particulier d'accès mis en œuvre entre opérateurs de réseaux ouverts au public ».

Les enjeux de l'encadrement de la terminaison d'appel mobile. Si aucun opérateur n'a intérêt à bloquer l'accès à son réseau aux abonnés d'un autre opérateur, aucun n'a intérêt à baisser seul le prix de la terminaison d'appel mobile qu'il facture aux autres opérateurs. Mais si les prix de la terminaison d'appel mobile restent hauts, cela se fait à première vue au détriment du consommateur puisque c'est sur lui qu'est finalement répercutée l'alimentation de ce flux financier allant d'opérateur en opérateur.

Or, les communications électroniques par voie mobile exercent un très fort appel sur la dynamique du secteur des communications électroniques.

---

[2] ARCEP, *Décision du Conseil d'État relative à la terminaison d'appel mobile*, Arcep.fr, 24 juillet 2009.

L'utilisation des terminaux et réseaux mobiles aux fins de consultation de services de communication au public en ligne est à n'en pas douter un phénomène qui continuera de marquer l'évolution des communications dans les années à venir. Mais cette évolution n'a pas pour effet de priver d'intérêt les usages originels de la communication mobile, soit la communication par voix et SMS. Ainsi, alors que l'on compte en France près de 75 millions d'abonnements mobiles actifs, « En 2012, 231 milliards de minutes de communications ont été consommées, dont [...] 120 milliards en téléphonie mobile » et 185 milliards de SMS ont été envoyés[3].

Il ne s'agit pas de discuter la pertinence de l'encadrement tarifaire de la terminaison d'appel mobile. Il est néanmoins nécessaire de prendre en considération le fait que la régulation tarifaire de la terminaison d'appel mobile n'est pas une évidence. Outre l'incohérence apparente qu'il y aurait à user d'une régulation des tarifs en économie concurrentielle, certains, comme M. Fabien Fontaine, dénoncent des risques de « *waterbed effect*[4] ». Dans le même sens, un opérateur a pu avancer devant l'Autorité de la concurrence l'éventuelle répercussion de la diminution du plafond de la terminaison d'appel mobile sur d'autres composantes du prix au détail[5].

À l'opposé, tant l'ARCEP que l'Autorité de la concurrence considèrent que la régulation de la terminaison d'appel mobile a entraîné de nombreux effets positifs pour le consommateur. Parmi ces effets positifs, l'Autorité de la concurrence évoque pour la métropole le « développement des offres d'abondance all net [vers tous les opérateurs nationaux], [l'] apparition de forfaits de communications fixes vers mobiles dans les offres triple play des fournisseurs d'accès à Internet » et, pour les DOM, la « réduction des écarts entre tarifs on net et off net [ainsi que le] lancement d'offres d'abondance all net[6] ». Plus en amont, un autre avantage résiderait dans la capacité de la

---

[3] ARCEP, *Les chiffres clé des communications électroniques et postales en France. Chiffres 2012*, juillet 2013, p. 4.

[4] Cet effet, désigné par les économistes comme le « *spill over* » ou le « *waterbed effect* », consiste à déplacer la pratique incriminée d'un produit à un autre. In F. FONTAINE, « La régulation économique à l'épreuve de l'oligopole », *RLDI*, n° 42, octobre 2008, p. 60. Pour plus d'informations sur le « *waterbed effect* » en matière de communications mobiles, voir C. GENAKOS et T. VALLETTI, *Mobile regulation and the « waterbed effect »*, Voxeu.org, 4 janvier 2010.

[5] AUTORITÉ DE LA CONCURRENCE, avis n° 10-A-17 du 29 juillet 2010 *relatif à une demande d'avis de l'Autorité de régulation des communications électroniques et des postes en application de l'article L. 37-1 du code des postes et communications électroniques, portant sur l'analyse des marchés de gros de la terminaison d'appel vocal sur les réseaux mobiles en métropole et en Outre-mer*, p. 9.

[6] *ID.*, p. 10. Dans le même sens, voir ARCEP, *L'Autorité notifie à la Commission européenne et met en consultation publique son projet de décision portant sur la régulation de la terminaison d'appel vocale mobile en métropole et outre-mer*, Arcep.fr, 13 septembre 2010.

régulation *ex ante* des charges de terminaison d'appel d'« offrir aux opérateurs une prévisibilité suffisante, notamment sur l'évolution de leurs ressources ou de leurs dépenses[7]. »

Alors que les deux premiers cycles d'encadrement des marchés ont permis d'éprouver le contrôle juridictionnel opéré sur la réglementation tarifaire de la terminaison d'appel mobile nationale (I), le troisième cycle, quant à lui, a permis d'éprouver les mécanismes d'interrégulation européenne issus des articles 7 et 7bis de la directive « cadre » 2002/21/CE du paquet télécom, telle que révisée en 2009 (II).

I. – Le contrôle juridictionnel de la réglementation tarifaire de la terminaison d'appel mobile nationale

Dans le cadre des deux premiers cycles d'analyse des marchés, les décisions définissant les tarifs de la terminaison d'appel mobile nationale ont fait bénéficié à Bouygues Télécom d'une asymétrie tarifaire consistant en la fixation, pour cet opérateur alors qualifié de nouvel entrant, d'un plafond tarifaire plus élevé. Alors que la décision adoptée par l'ARCEP dans le cadre du premier cycle a été validée par le Conseil d'État (A), la seconde a, elle, été annulée (B). Le contrôle opéré par le Conseil d'État s'analyse comme l'intervention d'un régulateur de type juridictionnel sur l'action d'un régulateur administratif.

A. La validation de l'asymétrie des plafonds tarifaires de la terminaison d'appel mobile nationale prévue dans le cadre du premier cycle d'analyse des marchés

Le choix de l'asymétrie tarifaire. Dès 2003, l'Autorité de régulation des télécommunications (l'ART) avait initié un processus d'analyse des marchés. Le 9 décembre 2004, celui-ci a abouti à l'adoption d'une décision imposant aux trois opérateurs que sont Orange France, SFR et Bouygues Télécom une baisse de leurs tarifs de gros de terminaison d'appel mobile vocale.[8]

---

[7] *Id.*, p. 8.

[8] ART, décision n° 04-936 du 9 décembre 2004 *portant sur la détermination des marchés pertinents concernant la terminaison d'appel vocal sur les réseaux mobiles en métropole* et les décisions n°s 04-937 à 939 du 9 décembre 2004 *portant respectivement sur la détermination des marchés pertinents et sur l'influence significative des entreprises Orange France, SFR et Bouygues Télécom sur le marché de gros de la terminaison d'appel vocal sur son réseau et les obligations imposées à ce titre.* Au sujet de ces décisions, voir ART, *L'ART conclut aujourd'hui sa première analyse de marché sur la terminaison d'appel mobile en métropole. Elle impose aux trois opérateurs mobiles une baisse des tarifs de gros des appels fixe vers mobile de 36 % sur 2 ans. Elle rend un avis positif sur les tarifs de détail de France Télécom, qui répercute intégralement cette baisse au consommateur dès le 1er janvier 2005*, Arcep.fr, 20 janvier 2006.

À cette époque, les plafonds imposés aux opérateurs Orange et SFR étaient de 14,94 centimes d'euros hors taxes par minute. Deux ans plus tard, ils devaient atteindre les 9,50 centimes d'euros hors taxes par minute. Les plafonds de Bouygues devaient quant à eux passer de 17,89 à 11,24 centimes d'euros hors taxes par minute. Cette asymétrie était à l'époque justifiée par le fait que Bouygues Télécom « [bénéficiait] d'économies d'échelle moindres que ses concurrents Orange France et SFR, en raison de son entrée plus tardive sur le marché[9] ». Par cette asymétrie tarifaire favorable à Bouygues Télécom, l'ARCEP encourageait l'entrée d'un nouvel acteur sur le marché et visait ainsi à intensifier le jeu concurrentiel en rendant ce dernier plus égalitaire.

La contestation de l'asymétrie tarifaire et de l'encadrement institutionnel de la réglementation tarifaire de la terminaison d'appel mobile. Une fois cette décision adoptée, l'UFC Que Choisir en a demandé l'annulation au Conseil d'État. Cette saisine compétent en premier et dernier et ressort interroge sur le contrôle institutionnel exercé sur les mesures destinées à répondre à des objectifs d'intérêt public tout en préservant la dynamique du jeu concurrentiel. Comment effectuer un tel contrôle de la façon la plus efficace et la plus démocratique qui soit ? Comme le relève Mme la professeure Rozen Noguellou, en accordant aux autorités réglementaires nationales une indépendance toujours plus grande, le législateur communautaire confie indirectement au juge la mission de contrôle de l'action de régulation sectorielle[10]. Or, « [...] les décisions prises au titre de la régulation ex ante sont souvent l'expression d'un choix politique, de l'orientation que l'on veut donner à un marché donné. » Pour elle, « le juge n'est pas nécessairement le mieux placé pour les apprécier et c'est au législateur qu'il revient d'orienter précisément l'action de l'autorité de régulation en la matière[11] ».

Le contrôle restreint opéré par le Conseil d'État dans sa décision du 5 décembre 2005. Par une décision du 5 décembre 2005[12], le Conseil d'État a soumis la décision attaquée à un contrôle de l'erreur manifeste d'appréciation. L'analyse publiée par le Conseil d'État fait bien apparaître que son contrôle était en l'espèce un contrôle restreint.

Pour considérer que l'ARCEP n'avait pas « entaché les décisions attaquées d'une erreur manifeste d'appréciation au regard des dispositions des

---

[9] ART, *L'ART conclut aujourd'hui sa première analyse de marché...*, *op. cit.*

[10] R. NOGUELLOU, « Le Conseil d'État et la régulation des télécommunications (à propos des arrêts du Conseil d'État du 27 avril 2009, Société Bouygues Télécom et du 24 juillet 2009, Société Orange France et Société française de radiotéléphonie) », *RDP*, 2010, p. 825 et s.

[11] *IBID.*

[12] CE, 2/7SSR, 5 décembre 2005, *Fédération nationale UFC Que Choisir*, n°s 277441, 277443 et 277445.

articles L. 38 et D. 311 du Code des postes et communications électroniques », le Conseil d'État a pris en compte les éléments suivants : « en fixant, pour l'année 2005, au titre d'un encadrement pluriannuel des tarifs, un plafond du prix moyen de la terminaison d'appel à 12,5 centimes d'euro par minute pour les sociétés Orange France et SFR et à 14,79 centimes d'euro par minute pour la société Bouygues Télécom, l'Autorité de régulation des télécommunications, qui s'est fondée sur des analyses du coût réel supporté par ces opérateurs ainsi que sur des considérations relatives aux risques économiques que présenteraient des mesures plus immédiatement contraignantes, et a retenu un niveau de plafond tarifaire comparable à celui observé sur ces marchés à l'étranger[13] ».

Dans son fichage de la décision du 5 décembre 2005 le Conseil d'État invite à rapprocher cette solution de sa décision *France Télécom* du 23 avril 2003. Il s'agissait alors de contrôler la légalité une décision de l'ART demandant à France Télécom « d'apporter des modifications à son offre de référence pour l'accès à la boucle locale ». Dans cette décision, le Conseil d'État considère qu'il appartient « au juge de l'excès de pouvoir, auquel est déférée une décision imposant une modification des prix figurant dans une telle offre de référence, de vérifier que les principes de tarification mentionnés ci-dessus, et notamment le principe de l'orientation des tarifs vers les coûts, rendent nécessaires de telles modifications ». L'analyse produite par le Conseil d'État précise que « le juge de l'excès de pouvoir exerce un entier contrôle sur la décision imposant les modifications ». La nature du contrôle exercé par le Conseil d'État ne serait donc pas un contrôle à l'intensité constante. L'annulation de l'asymétrie tarifaire choisie pour le second cycle d'analyse des marchés semble elle aussi soutenir l'hypothèse d'un contrôle à l'intensité variable.

B. L'annulation de l'asymétrie des plafonds tarifaires de la terminaison d'appel mobile prévue dans le cadre du second cycle d'analyse des marchés

Le maintien d'une asymétrie tarifaire favorable à Bouygues Télécom. Dans le cadre de son second cycle d'analyse des marchés, l'ARCEP a adopté, le 4 octobre 2007, une décision[14] venant imposer « aux trois opérateurs mobiles métropolitains un encadrement des tarifs de terminaison d'appel mobile, selon

[13] *Ibid.*

[14] ARCEP, décision n° 2007-0810 du 4 octobre 2007 *portant sur la détermination des marchés pertinents relatifs à la terminaison d'appel vocal sur les réseaux mobiles français en métropole, la désignation d'opérateurs exerçant une influence significative sur ces marchés et les obligations imposées à ce titre pour la période 2008-2010.*

le principe d'orientation vers les coûts et [fixant] les plafonds de ces tarifs jusqu'au 30 juin 2009[15] ». Le 2 décembre 2008, l'ARCEP a ensuite adopté une décision n° 2008-1176 portant définition de l'encadrement tarifaire des prestations de terminaison d'appel vocal mobile des opérateurs Orange France, SFR et Bouygues Télécom pour la période du 1er juillet 2009 au 31 décembre 2010[16]. Cette décision fixait les plafonds tarifaires de la terminaison d'appel en orientant ces coûts vers « les coûts incrémentaux de long terme d'un opérateur générique efficace[17] ».

Toujours pour ne pas discriminer Bouygues Télécom « qui [achetait] plus de minutes de terminaison d'appel qu'il n'en [vendait][18] », l'ARCEP a décidé de maintenir l'asymétrie tarifaire en faveur de Bouygues Telecom. Ce point cristallisa le mécontentement de SFR et de Orange France qui demandèrent l'annulation de la décision.

La censure de la disproportion de l'asymétrie tarifaire décidée par l'ARCEP. Dans une décision du 24 juillet 2009, le Conseil d'État a validé, « dans son principe », « l'octroi d'une asymétrie tarifaire à Bouygues Télécom[19] » : « la compensation partielle et transitoire [du déficit dont Bouygues Télécom accusait] pouvait légalement être retenue, en application des dispositions des articles L. 32-1, L. 37-1 et L. 38 [CPCE], pour fonder une différenciation tarifaire transitoire au profit de Bouygues Télécom ». Ceci étant, il a été considéré dans cette décision que la différenciation tarifaire mise en place au bénéfice de Bouygues était « à compter du 1er juillet 2010, manifestement disproportionnée au regard de l'objectif qui lui est assigné ». En conséquence « la décision de l'ARCEP n° 08-1176 du 2 décembre 2008 est annulée en tant qu'elle fixe le plafond de tarif de terminaison d'appel sur son réseau mobile imposé à la société Bouygues Télécom à 4 centimes d'euro à compter du 1er juillet 2010 » et l'ARCEP a dû adopter une décision procédant à l'ajustement requis et alignant le plafond de Bouygues[20].

---

[15] Cette décision a été validée par CE, 2/7SSR, 19 mai 2008, *UFC Que Choisir*, n° 311197. Voir ARCEP, *Décision du Conseil d'État relative à la terminaison d'appel mobile*, Arcep.fr, 9 septembre 2009.

[16] ARCEP, décision n° 2008-1176 du 2 décembre 2008 *portant définition de l'encadrement tarifaire des prestations de terminaison d'appel vocal mobile des opérateurs Orange France, SFR et Bouygues Télécom pour la période du 1er juillet 2009 au 31 décembre 2010.*

[17] ARCEP, *Décision du Conseil d'État relative à la terminaison d'appel mobile*, *op. cit.*

[18] *Ibid.*

[19] *Ibid.* L'arrêt visé est CE, 2/7SSR, 24 juillet 2009, *Orange et SFR*, nos 324642 et 324687.

[20] ARCEP, décision n° 2010-0211 du 18 février 2010 *portant définition de l'encadrement tarifaire des prestations de terminaison d'appel vocal mobile de l'opérateur Bouygues Telecom pour la période du 1er juillet au 31 décembre 2010.*

Variations autour de l'intensité du contrôle opéré par le juge de l'excès de pouvoir sur l'asymétrie tarifaire de la terminaison d'appel mobile. Eu égard à la faible intensité du contrôle exercé en 2005, se pose la question des motifs développés par le Conseil d'État pour parvenir à une telle analyse. L'analyse faite par le Conseil d'État de son arrêt du 24 juillet 2009 fait ressortir la nature du contrôle opéré : « Le juge contrôle l'absence de disproportion manifeste, au regard de l'objectif assigné, de la différenciation tarifaire résultant de l'asymétrie entre les plafonds tarifaires fixés pour les différents opérateurs. » Comme les termes de l'arrêt le font apparaître, le contrôle serait donc encore de l'ordre du manifeste.

Dans ses conclusions rendues dans l'affaire *SFR et Orange* ayant donné lieu à l'arrêt du 24 juillet 2009, le rapporteur public, M. Frédéric Lenica, plaidait pour l'adaptation du contentieux du juge de l'excès de pouvoir à l'activité des régulateurs. Afin de comprendre la dimension du contrôle opéré dans l'arrêt du 24 juillet 2009, il faudrait alors le resituer dans le contexte du contrôle juridictionnel opéré par le juge de l'excès de pouvoir en matière de régulation économique. L'arrêt du 24 juillet 2009 serait ainsi à rapprocher en premier lieu d'une autre affaire tranchée par un arrêt *Bouygues Télécom* du 27 avril 2009[21]. Cette affaire était relative à l'attribution des autorisations d'exploitation des fréquences 3G. L'analyse de cette affaire énonce clairement que « le juge exerce un entier contrôle sur les décisions qui touchent à l'attribution et au renouvellement d'autorisations d'utilisation de fréquences radioélectriques ».

Dans ses conclusions sous l'arrêt du 27 avril 2009, M. Frédéric Lenica avait déjà eu l'occasion de distinguer la relation entre le régulateur et le juge selon l'objet des décisions attaquées : « [...] sur les décisions les plus structurantes, au premier rang desquelles se trouvent toutes les décisions qui, de près ou de loin, touchent à l'attribution ou au renouvellement des fréquences, qui constituent de la ressource publique rare », le contrôle du Conseil devrait être « complet ». Mais, d'après le rapporteur public, « probablement faut-il continuer à consentir au régulateur un pouvoir discrétionnaire affirmé en matière de fixation des plafonds de tarifs dans le cadre du contrôle des prix orientés vers les coûts et peut-être même, de manière plus large, en matière financière et tarifaire[22] ».

« [...] la continuité du processus régulateur associant le juge à l'Arcep[23] ». Après l'arrêt du 24 juillet 2009, Mme la professeure Pascale Idoux faisait

[21] CE, 2/7SSR, 27 avril 2009, *Bouygues Télécom*, nº 312741.

[22] F. Lenica, « Contrôle de la rétrocession des fréquences radio-électriques (Conclusions sous Conseil d'État, 27 avril 2009, nº 312741, Bouygues Télécom) », *RJEP*, nº 666, juillet 2009, commentaire 34, p. 24 à 30.

[23] P. Idoux, « Offices respectifs du juge, du droit commun de la concurrence et du régulateur

néanmoins remarquer que le contrôle du Conseil d'État en la matière n'avait plus de restreint que le nom[24]. Il est vrai que l'on conçoit mal comment un contrôle de l'erreur manifeste pourrait conduire à une appréciation à 4 centimes d'euros près d'un plafond tarifaire en matière de terminaison d'appel mobile. Comme le remarque Mme Idoux, il semble bien que « la particularité du litige conduit ainsi à poursuivre, au stade juridictionnel, le dialogue commencé devant l'Arcep, avec les mêmes protagonistes et selon des méthodes d'instruction (notamment l'enquête à la barre) qui tendent à devenir le droit commun du contentieux de la régulation [...]. L'unité et la continuité du processus régulateur associant le juge à l'ARCEP sont ainsi mises en évidence[25] ».

Il apparaît d'ores et déjà que l'ARCEP n'agit pas seule. Le régulateur national décide du tarif de la terminaison d'appel mobile dans un cadre défini par le législateur européen réceptionné par le législateur national puis sous le contrôle plus ou moins approfondi du juge de l'excès de pouvoir. Cette pluralité institutionnelle est allée croissante au fil de l'avancement de la terminaison d'appel mobile à travers les cycles d'analyse des marchés. En témoigne le rôle joué par la Commission européenne et l'organe des régulateurs européens de communications électroniques (l'ORECE) dans le cadre de la procédure ouverte par les articles 7 et 7bis de la directive « cadre » 2002/21/CE, telle que modifiée en 2009 et mise en œuvre lors du troisième cycle d'analyse des marchés.

II. – L'interrégulation européenne de la réglementation tarifaire de la terminaison d'appel mobile nationale

En complément de l'encadrement préalable et général opéré par la Commission européenne sur les autorités réglementaires nationales par la voie de la recommandation (A), la procédure dite « article 7 » a ouvert la réglementation tarifaire de la terminaison d'appel mobile sur un encadrement européen toujours préalable, mais particulier et enrichi (B).

A. La définition européenne de la méthodologie de la réglementation tarifaire de la terminaison d'appel mobile nationale par la voie de recommandation

L'encadrement par la Commission de l'administration nationale des prix de la terminaison d'appel mobile nationale s'est d'abord fait par

sectoriel : l'exemple de l'encadrement tarifaire des prestations de terminaison d'appel vocal », *RLDC*, n° 22, janvier/mars 2010, p. 51.

[24] *Ibid.*

[25] *Ibid.*

voie de recommandations. Le 7 mai 2009, la Commission a publié une « recommandation sur le traitement réglementaire des tarifs de terminaison d'appel fixe et mobile dans l'Union européenne[26] ». Il s'agit d'un guide à destination des autorités réglementaires nationales visant à harmoniser le calcul des tarifs en matière notamment de terminaison d'appel mobile.

En s'appuyant sur une recommandation, les modalités d'encadrement tarifaire trouvent un support juridique ambigu. D'après l'article 288 TFUE (ancien article 249 TCE), la recommandation ne lie pas les autorités nationales. Elle doit néanmoins être suivie scrupuleusement, notamment par le juge national dans l'application du droit européen.

En conformité avec la jurisprudence *Grimaldi*[27], la Cour a énoncé encore récemment, en matière de communications électroniques et dans un arrêt du 18 mars 2010, que « même si les recommandations ne visent pas à produire des effets contraignants et ne sont pas en mesure de créer des droits que les particuliers peuvent invoquer devant un juge national, elles ne sont cependant pas dépourvues de tout effet juridique. En effet, les juges nationaux sont tenus de prendre les recommandations en considération en vue de la solution des litiges qui leur sont soumis, notamment lorsqu'elles éclairent l'interprétation de dispositions nationales prises dans le but d'assurer leur mise en œuvre ou lorsqu'elles ont pour objet de compléter des dispositions de l'Union européenne ayant un caractère contraignant[28]. »

La Commission pouvait donc énoncer au moment de l'adoption de ladite recommandation que les autorités nationales de régulation devaient « en tenir "le plus grand compte[29]" », avec pour conséquence d'influer très largement sur les modes de calcul de la terminaison au niveau national. Pourtant, ces actes ne peuvent faire l'objet d'un recours en annulation. Comme la Cour l'a énoncé de façon générale dans l'arrêt *Reynolds Tobacco*[30], en ce qu'elles ne produisent « pas d'effets juridiques obligatoires de nature à affecter les intérêts du justiciable », les recommandations et avis échappent au recours en annulation.[31]

---

[26] COMMISSION EUROPÉENNE, recommandation du 7 mai 2009 *sur le traitement réglementaire des tarifs de terminaison d'appels fixe et mobile dans l'UE*, *JO*, L 124, 20 mai 2009, p. 67 à 74.

[27] CJCE, arrêt du 13 décembre 1989, *Salvatore Grimaldi c. Fonds des maladies professionnelles*, aff. C-322/88, *Rec.*, 1989, p. 4407.

[28] CJUE, arrêt du 18 mars 2010, *Rosalba Alassini et al. c. Telecom Italia*, aff. jointes C-317 à 320/08, *Rec.*, 2010, p. I-2213 et s., point 40.

[29] COMMISSION EUROPÉENNE, *Télécommunications : la Commission agit sur les tarifs de terminaison pour stimuler la concurrence*, IP/09/170, 7 mai 2009.

[30] CJCE, arrêt du 12 septembre 2006, *R.J. Reynolds Tobacco et al. c. Commission*, aff. C-131/03 P, *Rec.*, 2006, p. I-7795.

[31] *Id.*, point 55.

B. La définition de la terminaison d'appel mobile nationale dans le cadre de la procédure définie aux articles 7 et 7bis de la directive « cadre » 2002/21/CE

Plus récemment, la fixation des plafonds tarifaires dans le cadre du troisième cycle d'analyse des marchés a été l'occasion de mettre en œuvre la procédure d'interrégulation européenne définie aux articles 7 et 7bis de la directive « cadre » 2002/21/CE, telle que modifiée en 2009. Cela a conduit l'ARCEP à corriger les tarifs asymétriques qu'elle avait initialement proposés.

La procédure « article 7 », la terminaison d'appel mobile sur le chemin de l'interrégulation européenne. Conformément à l'article 7, paragraphe 3 de la directive « cadre » 2002/21/CE, lorsque les autorités de réglementation nationales entendent prendre des décisions fixant des obligations aux opérateurs dotés d'une puissance significative de marché, elles sont tenues de mettre « à disposition de la Commission, de l'ORECE et autorités réglementaires nationales des autres États membres, simultanément, le projet de mesure ainsi que les motifs sur lesquels la mesure est fondée ».

Au titre de l'article 7bis, paragraphe 1 de la directive « cadre », la Commission peut « notifier à l'autorité réglementaire nationale concernée et à l'ORECE les raisons pour lesquelles elle estime que le projet de mesure constitue une entrave au marché unique ou a de sérieux doutes quant à sa compatibilité avec la législation communautaire. Dans ce cas, le projet de mesure n'est pas adopté dans un nouveau délai de trois mois suivant la notification de la Commission. » Si la Commission a émis de sérieux doutes quant à la décision qui lui a été notifiée, l'autorité de réglementation nationale doit respecter un délai de trois mois avant d'adopter toute nouvelle décision.

Au cours de ce délai, la Commission, l'ORECE et l'autorité nationale « coopèrent étroitement pour identifier la mesure la plus efficace et appropriée [...], tout en prenant dûment en considération les avis des acteurs économiques et la nécessité de veiller à la mise en place de pratiques réglementaires cohérentes ». Dans les six premières semaines de ces trois mois, l'ORECE peut émettre un avis sur le projet de mesure nationale. L'autorité nationale peut alors modifier, retirer ou maintenir son projet. Lorsque l'ORECE ne partage pas les réserves éventuelles de la Commission, celle-ci peut soit maintenir ses réserves et propositions de modification ou de retrait du projet soit lever ses réserves. Dans le mois qui suit la nouvelle prise de position de la Commission, l'autorité adopte sa décision. Si la Commission a maintenu ses réserves, l'autorité nationale doit alors fournir une « justification motivée ».

En ce qu'il définit le marché pertinent et identifie les acteurs qui y sont dotés d'une puissance significative, le projet de décision peut faire l'objet d'un veto de la part de la Commission , conformément au paragraphe 4 et au point 1 du paragraphe 5 de l'article 7 de la directive 2002/21/CE. Concernant les remèdes éventuellement projetés, quelles que soient les remarques qui lui ont été faites, à la suite de cette période de concertation, l'autorité de réglementation nationale peut maintenir son projet de décision initiale avec, le cas échéant, l'obligation de le motiver de nouveau. Mais cette absence d'obligation de l'autorité nationale de se conformer aux recommandations de la Commission et de l'ORECE n'empêche en rien la Commission d'initier une procédure en manquement par la suite. Ajoutée à l'esprit de concertation inhérent à la régulation européenne des communications électroniques, l'éventualité, même lointaine, d'une sanction contentieuse suffit pour que l'autorité nationale procède à l'ajustement de ces mesures. C'est d'ailleurs la voie empruntée par l'ARCEP à la suite de l'avis négatif de la Commission sur les derniers tarifs proposés par elle en matière de terminaison d'appel mobile[32].

La critique émise par la Commission européenne sur la tarification asymétrique retenue par l'ARCEP en faveur des nouveaux entrants. Dans le cadre du troisième cycle d'analyse des marchés, l'ARCEP avait émis l'intention de faire jouer une asymétrie favorable aux nouveaux entrants sur le marché de la téléphonie mobile Free, Lycamobile et Oméa Télécom jusqu'au 31 décembre 2013. Elle a communiqué son projet le 13 mars 2012. Dans le cadre de la procédure décrite à l'article 7bis, le 13 avril 2012, la Commission européenne a fait part des doutes sérieux qu'elle avait sur la proposition de l'ARCEP de réglementation des tarifs de la terminaison mobile en raison de l'asymétrie favorable concédée à Free et à certains opérateurs mobiles virtuels[33].

Encore une fois, alors que l'asymétrie est acceptée en son principe, c'est son application en l'espèce qui est contestée. Free et ses concurrents n'auraient pas besoin d'une telle faveur. « […] la Commission souhaiterait souligner que le déséquilibre de trafic n'a pas pour cause la présence de petits et de grands opérateurs sur un marché donné, mais est souvent la cause d'une stratégie commerciale distincte de la part du nouvel entrant (p. ex. prix uniforme opposé à *on-net/off-net*). Cela ne devrait en principe pas justifier un niveau plus élevé des tarifs de terminaison des nouveaux entrants[34]. »

---

[32] ARCEP, *La Commission européenne confirme la possibilité de fixer une terminaison d'appel vocale mobile asymétrique pour les opérateurs mobiles nouveaux entrants tout en émettant des réserves sur la justification de cette asymétrie*, Arcep.fr, 13 avril 2012.

[33] Commission européenne, *Stratégie numérique : la Commission met en question la proposition de l'autorité réglementaire française d'appliquer des tarifs de gros plus élevés à Free Mobile, Lycamobile et Oméa Télécom ; elle ouvre une enquête*, IP/12/368, 13 avril 2012.

[34] Commission européenne, *Décision de la Commission concernant l'affaire FR/2012/1304: terminaison d'appel vocal sur les réseaux mobiles individuels de Free Mobile, Lycamobile et*

L'intervention de l'ORECE et la recherche d'un consensus inter-institutionnel. Suite à la publication de la position de la Commission européenne, un groupe d'expert a été mis en place au sein de l'ORECE en vue de publier un avis dans les six semaines prévues à cet effet. Le 25 avril, une rencontre a été organisée à La Haye. Il est précisé dans l'avis du BEREC publié le 23 mai 2012 que l'ARCEP a pu assister à une partie de cette rencontre et a pu y présenter ses vues[35]. Dans son avis du 23 mai 2012, l'ORECE a partiellement validé la position de la Commission européenne et invité l'ARCEP à retirer une portion du plafond dont devaient bénéficier les nouveaux entrants. Poursuivant l'exercice, l'ORECE saisit l'occasion pour mettre en exergue les doutes qu'il porte quant à l'application d'un des points, le point 10[36], de la recommandation de 2009 précitée et inviter la Commission européenne à éclairer son application.

Après la publication de cet avis, une réunion s'est tenue le 8 juin 2012 entre la Commission, l'ORECE et l'ARCEP. Faisant suite au projet de mesures modifié transmis par l'ARCEP, la Commission européenne a levé ses doutes le 20 juillet 2012[37]. Le 27 juillet 2012, elle a finalement adopté sa décision fixant les terminaisons d'appel concernées. Après deux périodes de transition, allant du 1er juillet 2012 au 30 décembre 2012, puis du 1er janvier 2013 au 1er juillet 2013, tous les opérateurs ont trouvé une symétrie à 0,8 centime d'euro pour la voix et à 1 centime d'euro pour les SMS. Désormais, l'expérience procédurale acquise ne servira donc plus qu'aux prochains acteurs désireux d'intégrer le marché de la communication mobile.

Oméa Télécom en France. Ouverture de la deuxième phase d'enquête conformément à l'article 7bis de la directive 2002/21/CE telle que modifiée par la directive 2009/140/CE, SG-Greffe (2012) D/ 6631, 13 avril 2012, p. 9.

[35] ORECE, *BEREC Opinion. Phase II investigation pursuant to article 7a of Directive 2002/21/EC as amended by Directive 2009/140/EC. Case : FR/2012/1304: Wholesale market for voice call termination on individual mobile networks (market 7) – new entrants*, 23 mai 2012.

[36] « S'il peut être démontré qu'un nouveau venu sur le marché de la téléphonie mobile, dont l'activité est en deçà de l'échelle minimale efficace, encourt des coûts différentiels unitaires plus élevés que l'opérateur modélisé, les ARN peuvent, après avoir déterminé qu'il existe des obstacles sur le marché de détail qui entravent l'entrée sur le marché et l'expansion, autoriser la récupération de ces coûts les plus élevés par des tarifs réglementés de terminaison d'appel, pendant une période transitoire. Cette période ne doit pas dépasser quatre ans après l'entrée sur le marché. »

[37] Commission européenne, *Décision de la Commission concernant l'affaire FR/2012/1304 : terminaison d'appel vocal sur les réseaux mobiles individuels de Free Mobile, Lycamobile et Oméa Télécom en France. Décision de lever les réserves conformément à l'article 7bis de la directive 2002/21/CE telle que modifiée par la directive 2009/140/CE*, 20 juillet 2012.

Historiquement, la réglementation des tarifs de la terminaison d'appel mobile par l'ARCEP a d'abord subi le contrôle du juge de l'excès de pouvoir officiant au plus près de son rôle de régulateur de l'action administrative. Par la suite, la terminaison d'appel mobile a fait l'objet d'un contrôle conjoint de la Commission européenne et de l'ORECE permettant, au surplus, l'intervention répétée des parties intéressées lors de diverses consultations publiques. Tandis que le contrôle du Conseil d'État intervient ultérieurement à la prise de décision, le contrôle des autorités de l'Union permet de corriger en amont la direction empruntée par l'ARCEP. Dans l'hypothèse où, comme ce fut le cas en 2012, les autorités nationales et européennes tombent d'accord sur un modèle de tarification, le contrôle juridictionnel a posteriori perd de sa pertinence face à l'expertise technique produite du concert interinstitutionnel européen et au consensus émergeant de la procédure « article 7 ». À l'inverse, dans l'hypothèse où l'ARCEP refuserait de corriger son projet de tarification malgré les critiques qui lui seraient adressées, le contrôle du Conseil d'État retrouverait, en seconde détente, un rôle prédominant.

Stabilité financière et banques centrales : de l'interrégulation masquée à la supervision assumée

Francesco MARTUCCI[1]

De l'anecdote à l'« évènement monstre », il n'est parfois qu'un pas, décisif pour la construction d'un système. Lors du deuxième week-end de mai 2010, des chefs d'État ou de gouvernement de la zone euro reçoivent un appel. L'heure est grave : si rien n'est fait pour sauver la Grèce du défaut auquel elle est destinée, si aucun mécanisme d'assistance n'est mis en place dans la zone euro, la monnaie unique risque de disparaître. L'interlocuteur des chefs d'État ou de gouvernement est suffisamment convaincant pour que, dès le 10 mai 2010, le Conseil Ecofin et les États de la zone euro prennent les mesures nécessaires pour sauver la monnaie unique. Cet interlocuteur n'était autre que Jean-Claude Trichet qui, avec la discrétion qui singularise les banquiers centraux, est parvenu à convaincre les politiques. Cet « évènement monstre » de la construction financière européenne confirme deux conclusions. En premier lieu, il y a une affinité élective entre le monétaire, le budgétaire et le financier : la politique monétaire, les finances publiques et la stabilité financière sont interdépendants, à tel point que l'expression d'« interrégulation macroéconomique » ne serait pas galvaudée ; ce serait toutefois étendre à outrance la notion de régulation. Il demeure que le risque systémique et la surveillance macro-prudentielle, qui sont au cœur de la régulation financière, implique de se placer à une échelle macro-économique. En second lieu, la BCE jouit d'une légitimité telle qu'elle est devenue un acteur incontournable dans la stabilité financière. On l'a vu au niveau macro-prudentiel avec son rôle dans le système européen de surveillance financière et en particulier dans le comité européen du risque systémique. On le voit au niveau micro-financier avec l'Union bancaire.

Juridiquement, rien ne prédestinait les banques centrales à jouer un tel rôle, tout du moins eu égard à la lettre de l'article 127 TFUE. La politique monétaire, dont l'objectif principal est la stabilité des prix, est une compétence exclusive de l'Union pour la zone euro. Cette compétence est exercée par l'Eurosystème,

[1] Professeur à l'université Panthéon-Assas.

c'est-à-dire par la BCE et les banques centrales nationales des États ayant adopté l'euro. Les liens étroits qu'entretiennent politique monétaire et stabilité financière[2] n'impliquent en effet nullement de centraliser dans le chef de la banque centrale les fonctions d'autorité de régulation financière[3]. Au contraire, selon les traditions nationales, ces fonctions sont confiées aux banques centrales et / ou à des autorités plus ou moins spécialisées. Au demeurant, la rédaction de l'article 127, paragraphes 5 et 6, TFUE s'explique par la volonté de préserver ces modèles nationaux, le régime d'exception prévu pour les assurances constituant l'illustration la plus aboutie. Les paragraphes 5 et 6 de l'article 127 TFUE fondent la régulation financière dans l'Union européenne sur deux préceptes. D'une part, l'autonomie institutionnelle est reconnue aux États membres ; les autorités de régulation sont nationales. D'autre part, la régulation financière est spécialisée ; selon les États, elle est confiée soit à la banque centrale, soit à des autorités à compétence générale ou sectorielle ; les modèles de régulation financière varient ainsi selon que l'État confie la surveillance à des autorités à compétence générale ou sectorielle (bancaire, financière, assurancielle)[4]. Patent, le décalage entre la lettre du traité et la réalité des marchés financiers est dès lors incarné par une double fragmentation. Celle-ci est territoriale ; la régulation demeure nationale alors que les opérateurs financiers évoluent dans un espace financier mondialisé. La fragmentation est également fonctionnelle ; la régulation demeure sectorielle, alors que les opérateurs financiers se déspécialisent sur des marchés perméables, allant de la bancassurance aux valeurs mobilières[5].

Par de-là la lettre réductrice de l'article 127 TFUE, l'Union bancaire a été créée. Le 15 octobre 2013, ont été adoptés deux règlements qui établissent le mécanisme de supervision unique[6]. La BCE se voit ainsi confier des « missions

---

[2] C. PFISTER, « Relations entre politique monétaire unique et politiques prudentielles », *Revue économique*, 3/2000, p. 683-692.

[3] V. J.-P. PATAT, « La stabilité financière, nouvelle urgence pour les banques centrales », *Bull. de la Banque de France*, n° 84, décembre 2000, p. 49-61 ; G. SCHINASI, « Les banques centrales doivent-elles veiller à la stabilité des marchés financiers ? », *Bull. du FMI*, 9 février 2004, p. 26-29.

[4] V. BCE, *Recent Developments in Supervisory Structures in the EU Member States*, octobre 2010.

[5] « Les frontières traditionnelles entre les segments de la banque, des assurances et des titres, du système financier, s'estompent de plus en plus, comme le démontre l'émergence des produits financiers hybrides, l'utilisation croissante des instruments de transfert du risque, tels que les dérivés de crédit, entre les secteurs, et le rôle croissant des conglomérats financiers ». BCE, avis CON/2010/4, 8 janvier 2010, point 2.2.

[6] Règlement (UE) n° 1024/2013 du Conseil du 15 octobre 2013 confiant à la Banque centrale européenne des missions spécifiques ayant trait aux politiques en matière de surveillance prudentielle des établissements de crédit, *JOUE*, L 287, 29 octobre 2013, p. 63. Règlement (UE)

spécifiques ayant trait aux politiques en matière de surveillance prudentielle des établissements de crédit ». La périphrase ne trompe pas : la BCE est devenue un superviseur bancaire dans l'Union. « Un », « dans », le choix des termes doit être explicité. Le législateur a en effet limité la compétence de la BCE aux établissements qui « sont importants » en vertu du règlement (UE) n° 1024/2013. Il a également prévu que la compétence de la BCE, obligatoire pour les banques établies dans la zone euro, puisse être acceptée par des États membres n'ayant pas adopté l'euro. Ces derniers peuvent décider de participer au mécanisme de supervision unique en établissant une coopération rapprochée entre les autorités nationales et la BCE. La célérité avec laquelle le législateur de l'Union a adopté le mécanisme de supervision unique surprend puisque la Commission a présenté sa feuille de route sur l'Union bancaire en septembre 2012[7]. À peine treize mois ont suffi pour aboutir à une révolution de la supervision bancaire dans la zone euro. L'explication peut être aisément trouvée : « fenêtre d'opportunité » selon l'heureuse expression des politistes, la crise des dettes souveraines a eu un effet accélérateur particulièrement remarquable sur le processus décisionnel qui a abouti à l'adoption des deux règlements. Que la BCE ait été choisie comme le superviseur bancaire de la zone euro n'est pas un hasard. Au contraire, il faut y voir l'aboutissement d'une stratégie adoptée par la BCE depuis le lancement de la troisième phase de l'Union économique et monétaire.

Comment expliquer que les banques centrales soient devenues des acteurs essentiels de la stabilité financière ? À notre sens, la BCE a promu le rôle des banques centrales qu'elle a considérées les mieux placées pour exercer une interrégulation dédoublée, ainsi que l'a souligné Hubert Delzangles à propos du système européen de surveillance financière dont il a souligné la forme particulièrement aboutie d'interrégulation[8] et dont on ajoute qu'elle est au service d'un principe qualifié de « supérieur » par la Cour de justice : la stabilité financière. L'interrégulation est tout d'abord sectorielle puisqu'interagissent des régulations bancaire, financier, assurances et monétaire. Elle est ensuite territoriale puisque la régulation n'est plus uniquement nationale, elle est également européenne et, nécessairement, mondiale. Quel rôle jouent les banques centrales dans cette interrégulation ? Rôle, le vocable est choisi à bon escient car, dans le discours des banques centrales, on ne constate aucune

---

n° 1022/2013 du Parlement européen et du Conseil du 22 octobre 2013 modifiant le règlement (UE) n° 1093/2010 instituant une Autorité européenne de surveillance (Autorité bancaire européenne) en ce qui concerne des missions spécifiques confiées à la Banque centrale européenne en application du règlement (UE) n° 1024/2013, *JOUE*, L 287, 29 octobre 2013, p. 5.

[7] Commission, *Feuille de route pour une union bancaire*, COM/2012/0510 final.

[8] V. l'intervention d'Hubert Delzangles page 13 de cet ouvrage.

occurrence de l'interrégulation. En revanche, la BCE insiste sur le « rôle » joué dans la stabilité financière. Or, ce rôle s'apparente à ce que l'on désigne comme interrégulation (I). À mesure que ce rôle s'affirme, on constate un glissement vers une régulation par les banques centrales (II).

I. – La promotion du rôle des banques centrales dans la stabilité financière

La BCE se fait la principale promotrice du rôle des banques centrales dans la stabilité financière. Elle déploie un discours orienté (A) tout en n'éludant pas les contraintes inhérentes à un rôle de la banque centrale (B).

A. Le discours orienté

Il convient d'exposer tant les vecteurs (1) que la teneur (2) du discours.

1. Les vecteurs du discours

L'article 127, paragraphe 5, TFUE confère une compétence complémentaire à l'Union en matière de régulation financière. Le respect de la compétence nationale implique que les États membres sont libres de déterminer l'organisation institutionnelle de la régulation financière. En conséquence, le rôle joué par les banques centrales nationales est tributaire du droit interne qui est la traduction juridique d'un choix politique. La BCE n'a pas le pouvoir d'exiger que la fonction de surveillance micro-prudentielle soit confiée à la banque centrale quel que soit le secteur en cause. En revanche, rien ne l'empêche d'inviter les États membres à associer étroitement leurs banques centrales à cette surveillance lorsque celle-ci est exercée par une autre autorité nationale[9]. Pour ce faire, la BCE déploie une stratégie : promouvoir une convergence spontanée de la surveillance micro-prudentielle sans jamais recourir à la contrainte. Par la seule force persuasive d'un discours aux vertus pédagogiques, elle parvient à convaincre les États membres de faire évoluer leur système.

De jure, la BCE a compétence pour émettre un avis en vertu de l'article 127, paragraphe 4, ainsi que de l'article 282, paragraphe 5, TFUE et de l'article 2, paragraphe 1, troisième et sixième tirets, de la décision 98/415/CE du Conseil du 29 juin 1998 relative à la consultation de la Banque centrale européenne par les autorités nationales au sujet de projets de réglementation ayant pour objet les règles applicables aux établissements financiers dans la mesure où elles ont une incidence sensible sur la stabilité des établissements et marchés

[9] V. par exemple à propos de la réforme de 2010 en France, BCE, avis CON/2010/44, 21 mai 2010 ; avis CON/2010/4, 8 janvier 2010. En 2011 à propos de la Belgique : v. BCE, avis CON/2011/5, 28 janvier 2011.

financiers[10]. En vertu de l'article 25.1 des statuts du SEBC, la BCE est habilitée à donner des avis et à être consultée par le Conseil, la Commission et les autorités compétentes des États membres sur la portée et l'application de la législation de l'Union concernant le contrôle prudentiel des établissements de crédit et la stabilité du système financier. Les avis ainsi rendus sont légion ; en substance, la BCE y défend le rôle joué par la banque centrale en matière de stabilité financière. Particulièrement illustrative de l'engagement de la BCE s'avère ainsi la rédaction d'un avis de 2011 sur le système bulgare :

> « The ECB notes that the draft law imposes certain information obligations on Българска народна банка (Bulgarian National Bank) in relation to the Financial Supervision Commission as regards depository banks and banks. The draft law also provides for cooperation between Българска народна банка (Bulgarian National Bank) and the Financial Supervision Commission in the context of administrative enforcement measures. The ECB acknowledges that such arrangements are necessary in view of the supervisory framework in Bulgaria where Българска народна банка (Bulgarian National Bank) is in charge of banking supervision, and the Financial Supervision Commission is competent to supervise financial institutions and markets as laid down in Article 1(2) of the Law on the Financial Supervision Commission. The ECB supports information sharing and cooperation among supervisory authorities as it is necessary for efficient supervision. The measures introduced by the draft law will further promote efficient institutional arrangements for cooperation between Българска народна банка (Bulgarian National Bank) and the Financial Supervision Commission[11] ».

Le prosélytisme de la BCE s'exprime enfin dans les rapports de convergence adoptés en vertu de l'article 140 TFUE pour apprécier si l'État membre faisant l'objet d'une dérogation présente l'aptitude économique et juridique requise pour adopter l'euro. Toutefois, la stabilité financière ne fait pas partie des critères de convergence dont le respect est exigé. C'est, plus subtilement, au titre du critère de la stabilité des prix que le rôle de la banque centrale nationale en matière financière est invoqué[12].

De facto, la BCE s'est montrée particulièrement active dans la promotion du rôle des banques centrales en matière de contrôle prudentiel, question à laquelle elle a consacré une note dès 2001[13]. Sur son site internet, elle réserve

[10] *JOCE*, L 189, 3 juillet 1998, p. 42.

[11] BCE, avis CON/2011/52, 22 juin 2011.

[12] V. par exemple BCE, *Rapport de convergence 2014*, p. 61-62.

[13] BCE, *Le rôle des banques centrales en matière de contrôle prudentiel*, 2001, disponible sur www.ecb.int (Publications on Financial Stability).

une page au « rôle » de l'Eurosystème en matière de stabilité financière. Parmi les missions qu'elle s'assigne, figurent le suivi et l'évaluation de la stabilité financière. « La BCE, conjointement avec les autres banques centrales de l'Eurosystème et du Système européen de banques centrales, suit systématiquement les évolutions conjoncturelles et structurelles au sein du secteur bancaire de la zone euro et de l'UE ainsi que dans les autres secteurs financiers. Il s'agit ainsi d'identifier toute vulnérabilité et de vérifier la résilience du système financier[14] ». Cette mission implique une organisation institutionnelle. Ainsi le suivi et l'évaluation de la stabilité financière sont-ils confiés à des directions générales (directions générales de la stabilité du système financière, des questions économiques, des opérations de marché, des relations internationales et européennes et des Paiements et infrastructure de marché). La BCE promeut également une politique de communication : l'analyse des évolutions dans le domaine de la stabilité financière est présentée dans le *Bulletin mensuel*, dans le *Rapport annuel*, dans des documents publiés sur son site internet que ce soit la *Revue de stabilité financière* (=*Financial Stability Review*) ou des notes plus ponctuelles (*EU banking sector stability* et *EU banking structures*).

On note enfin que le comité européen du risque systémique s'est également exprimé en faveur d'un rôle accru des banques centrales dans la régulation financière en adoptant en 2011 une recommandation[15]. Bien que ce comité constitue un organe à part entière du droit de l'Union, il est étroitement lié à l'Eurosystème. La BCE se fonde expressément sur cette recommandation dans ses avis et apprécie la mesure dans laquelle les États membres en respectent les termes. La recommandation ne lie pas certes ; toutefois, on constate que les États membres ont tendance à s'y référer lorsqu'ils font évoluer leur organisation de la régulation financière[16]. Le comité européen du risque systémique n'a fait toutefois que confirmer le point de vue du législateur de l'Union. En effet, le considérant 24 du règlement (UE) n° 1092/2010 dispose que « les banques centrales nationales devraient jouer un rôle de premier plan dans la surveillance macroprudentielle en raison de leur expertise et de leurs responsabilités existantes en matière de stabilité financière[17] ».

---

[14] http://www.ecb.europa.eu/ecb/tasks/stability/html/index.fr.html

[15] CERS, recommandation CERS/2011/3, 22 décembre 2011, 4 avril 2013, sur les objectifs intermédiaires et les instruments de la politique macroprudentielle, *JOUE*, C 170, 15 juin 2011, p. 1.

[16] BCE, avis CON/2014/2, 18 mars 2014, Estonie, point 2.3 ; avis CON/2013/30, 30 avril 2013, point 2.1 ; avis CON/2013/45, 26 juin 2013, point 2.1 ; avis CON/2013/82, 2 décembre 2013, point 4.2.

[17] Règlement (UE) n° 1092/2010, précité.

2. La teneur du discours

Le discours de la BCE n'est pas neutre. Sa substance est explicite : les banques centrales doivent jouer un rôle en matière de stabilité financière, en général, et en matière de contrôle prudentiel, en particulier. Traduite en dix langues (c'est à dire les dix langues officielles des États membres ayant adopté l'euro en 1999), la note publiée en 2001 demeure, encore aujourd'hui, d'actualité et disponible sur le site internet.

La note débute par le constat d'un « débat dans la zone euro » quant au rôle de la banque centrale en matière de contrôle prudentiel. Elle expose l'organisation prévue dans les différents États membres. Après une « vue d'ensemble des arguments », le conseil des gouverneurs présente les « arguments en faveur de l'intégration », c'est à dire de l'intégration du contrôle prudentiel dans l'activité de banque centrale. Sont ensuite exposés les « arguments en faveur de la séparation », c'est à dire à l'attribution de pouvoirs de surveillance à un organe ne ressortissant pas aux banques centrales. En faveur de l'intégration du contrôle prudentiel dans l'activité de banque centrale, trois séries d'arguments sont avancés : 1) synergies d'information entre les fonctions de surveillance et les missions fondamentales de la banque centrale ; 2) accent particulier mis sur le risque systémique ; 3) indépendance et expertise technique. En faveur de la séparation, la BCE avance également trois séries d'arguments : 1) le risque de conflits d'intérêt entre la surveillance et la politique monétaire et le lien avec l'aléa moral ; 2) l'émergence de conglomérats financiers et l'atténuation des distinctions entre produits financiers et entre institutions financières et 3) la nécessité d'éviter une concentration excessive de pouvoirs dans les mains des banques centrales. Toutefois, la conclusion n'est pas équilibrée : la note vire au plaidoyer en faveur des banques centrales ! Les termes sont explicites :

> « lorsque l'on examine le cadre institutionnel créé par l'introduction de l'euro, l'équilibre des arguments est profondément altéré. Les arguments en faveur de la séparation du contrôle prudentiel et des activités de banque centrale perdent l'essentiel de leur poids, tandis que ceux allant dans le sens d'une combinaison s'imposent davantage encore. En particulier, un cadre institutionnel dans lequel les compétences de l'Eurosystème dans le domaine de la politique monétaire de la zone euro vont de pair avec de larges responsabilités des BCN en matière de surveillance des marchés nationaux et avec une coopération renforcée au niveau de la zone euro semble approprié pour faire face aux changements induits par l'introduction de l'euro. »

La BCE insiste ensuite sur la nécessité d'une « approche systémique » induite par l'Union économique et monétaire. L'intégration monétaire catalyse le risque systémique auquel les banques centrales sont les mieux placées pour répondre. Quant aux conflits d'intérêt et à la concentration de pouvoirs, ils ne constituent pas, estime la BCE, une réelle préoccupation du fait de la séparation institutionnelle entre les champs de compétence monétaire (zone euro) et de la supervision (institutions et marchés nationaux). En effet, les banques centrales nationales « n'exercent plus aucun contrôle indépendant sur la création de monnaie [et l]eur étroite participation au contrôle prudentiel ne serait dès lors à l'origine d'aucun conflit majeur avec les fonctions de politique monétaire, puisque les organes de décision compétents pour les deux types de fonctions ne coïncident plus[18] ». De la même façon, aucune concentration du pouvoir n'est à craindre puisque « les décisions de politique monétaire sont prises en dehors du contrôle exclusif des BCN et sont du ressort de l'Eurosystème. Dans certaines réflexions menées au niveau national, toutefois, la nature institutionnelle particulière des banques centrales nationales, entités indépendantes et composantes de l'Eurosystème, semble être perçue comme un obstacle à leur responsabilité vis-à-vis d'instances nationales. » L'émergence de conglomérats et l'intensification de la concurrence entre les différents secteurs financiers justifie tout autant de confier la surveillance à une agence de surveillance unique que d'impliquer les banques centrales dans le contrôle prudentiel. Outre l'argument systémique, la BCE avance la question de l'égalité de traitement entre opérateurs et, corrélativement, de la protection similaire qu'il convient d'assurer aux investisseurs bénéficiant de services équivalents de la part de différents types d'institutions ou d'institutions dont la complexité est de nature à entraîner des conflits d'intérêts. En conclusion, la BCE est péremptoire :

> « Tous ces éléments confirment que, du point de vue de l'Eurosystème, l'attribution de responsabilités de surveillance étendues (à savoir à la fois de nature micro et macroprudentielle) aux BCN devrait être bénéfique. Cela permettrait d'exploiter les réseaux existant entre les autorités de surveillance de l'Eurosystème, avec pour corollaire une meilleure surveillance des risques pour la stabilité financière dans la zone de monnaie unique et une relation plus étroite avec les missions de banque centrale exercées au niveau de l'Eurosystème. La participation des BCN pourrait en outre dépasser le cadre du secteur bancaire étant donné que les préoccupations d'ordre systémique sont de plus en plus liées à l'existence de grandes organisations actives dans plusieurs secteurs. Si certains des arguments allant dans le sens de la séparation gardaient une part de pertinence dans le contexte institutionnel national, des solutions autres que l'attribution directe

[18] BCE, *Le rôle des banques centrales en matière de contrôle prudentiel*, 2001, p. 9.

de responsabilités aux BCN pourraient se montrer assez efficaces, pour autant que les BCN soient largement impliquées, d'un point de vue opérationnel, dans le contrôle prudentiel. Dans de tels cas, il serait souhaitable d'associer les BCN à d'autres agences à travers des organes de décision conjoints, la mise en commun des ressources, humaines et autres, ainsi que la mise en œuvre d'autres mécanismes de coopération et d'échange d'informations[19]. »

La teneur de ce discours n'a jamais été démentie depuis 2001. La BCE s'est attelée à suivre régulièrement l'évolution de l'organisation de la surveillance en matière de stabilité financière dans les États[20].

B. La contrainte maîtrisée

La contrainte est celle de l'Union de droit intégrée : toute action d'une banque centrale en matière de stabilité financière doit être compatible avec le droit primaire de l'Union aux fins d'immuniser la politique (1) et de protéger le marché (2).

1. Immuniser la politique

En vertu de l'article 3, paragraphe 1, c) TFUE, la politique monétaire est une compétence exclusive de l'Union, alors que la stabilité financière relève de la compétence des États membres. L'article 127, paragraphe 1, TFUE assigne à l'Eurosystème l'objectif principal de stabilité des prix. Il faut donc éviter que les considérations de stabilité financière n'aient un impact sur la politique monétaire ; autrement dit, l'argument est celui du conflit entre les objectifs : la stabilité financière ne saurait justifier qu'entre deux mesures de politique monétaire soit choisie celle qui respecte moins la stabilité des prix. Ce conflit pose la question des interactions normatives puisque, en principe, la stabilité des prix est consacrée par le droit primaire de l'Union alors que la stabilité financière est prévue par le droit national. En conséquence, l'objectif de stabilité des prix implique a priori une séparation organique et fonctionnelle rigoureuse entre la politique monétaire conduite par l'Eurosystème et le contrôle en matière de stabilité financière exercé par les autorités nationales. En ce sens, il conviendrait d'immuniser la politique monétaire en garantissant cette séparation. C'est pourquoi la fonction en matière de stabilité financière ne devrait pas être confiée, à titre exclusif ou partagé, à la banque centrale que celle-ci fût européenne ou nationale. La BCE a bien conscience de cet argument

[19] BCE, *Le rôle des banques centrales en matière de contrôle prudentiel*, 2001, précité, p. 11.

[20] BCE, *Recent Developments in Supervisory Structures in the EU Member States (2007-10)*, octobre 2010 ; BCE, *Recent developments in supervisory structures in EU and acceding countries*, 2006 ; BCE, *Developments in national supervisory structures*, 2003.

dans sa note publiée en 2001[21]. En 2014, le contexte a cependant changé, notamment après la crise financière et la crise des dettes souveraines.

Matériellement, la distinction entre stabilité des prix et stabilité financière n'est pas aisée à établir ; au contraire, il est devenu patent qu'on ne peut garantir une stabilité des prix sans stabilité financière. La BCE a ainsi adopté des mesures non conventionnelles afin de réagir à la crise financière dans l'exercice de ses pouvoirs de politique monétaire. Elle justifie ces mesures en soulignant l'impact de la crise financière sur les mécanismes de transmission de la politique monétaire. Autrement dit, la stabilité financière est intégrée dans la stabilité monétaire.

L'article 130 TFUE et l'article 7 des statuts du SEBC consacrent le principe d'indépendance de la banque centrale. Dans la mesure où l'État membre est compétent en matière de stabilité financière, il lui appartient de désigner les autorités compétentes. À ce titre, il peut confier des prérogatives à la banque centrale nationale ce que la BCE encourage au demeurant. Toutefois, toute implication de la banque centrale nationale doit se faire dans le respect du principe d'indépendance. Le conseil des gouverneurs de la BCE le dit explicitement dans un avis sur le projet de loi français de stabilité bancaire et financière[22]. Après avoir souligné qu'elle soutient l'extension des fonctions macroprudentielles exercées par la Banque de France, la BCE affirme que :

> « la participation de la Banque de France dans l'application de mesures visant à renforcer la stabilité financière doit être compatible avec le Traité. Les fonctions d'une banque centrale nationale doivent être exercées d'une manière entièrement compatible avec son indépendance fonctionnelle, institutionnelle et financière, qui est destinée à sauvegarder la bonne exécution de ses missions en vertu du Traité et des statuts du Système européen de banques centrales et de la Banque centrale européenne. Dans la mesure où la nouvelle législation nationale confère à la Banque de France un rôle qui va au-delà des fonctions consultatives et l'oblige à assumer des tâches additionnelles, il convient de s'assurer que celles-ci ne portent pas préjudice à sa capacité d'accomplir ses missions liées au SEBC d'un point de vue opérationnel et financier. De plus, l'intégration de représentants de la Banque de France au sein des organes collégiaux de contrôle et de décision ou d'autres autorités telles que le conseil de stabilité financière ou l'Autorité de contrôle prudentiel et de résolution impliquerait d'accorder toute l'attention nécessaire à la

---

[21] BCE, *Recent Developments in Supervisory Structures in the EU Member States (2007-10)*, précité, point 2.2.

[22] BCE, avis CON/2012/106, 12 décembre 2012.

protection de l'indépendance personnelle des membres des organes de décision de la Banque de France[23]. »

L'indépendance ainsi garantie vise à immuniser la politique monétaire de toute influence extérieure et, par-là même, contribuer à réaliser l'objectif de stabilité des prix.

2. Protéger le marché

L'article 123 TFUE prohibe le financement monétaire. Il est interdit à la BCE et aux banques centrales nationales « d'accorder des découverts ou tout autre type de crédit aux institutions, organes ou organismes de l'Union, aux administrations centrales, aux autorités régionales ou locales, aux autres autorités publiques, aux autres organismes ou entreprises publics des États membres ». Est également interdite pour la BCE et les banques centrales nationales l'acquisition directe des instruments de leur dette auprès des institutions, organes ou organismes de l'Union, aux administrations centrales, aux autorités régionales ou locales, aux autres autorités publiques, aux autres organismes ou entreprises publics des États membres. En conséquence, il faut veiller à ce que les fonctions exercées par les autorités compétentes en matière de stabilité financière ne comportent pas de financement monétaire. La BCE a pleinement conscience de cette contrainte. Ainsi, dans un avis en date du 16 février 2011, sur les propositions de directives relatives aux systèmes de garantie des dépôts et aux systèmes d'indemnisation des investisseurs[24], il a insisté sur les difficultés liées aux mécanismes de financement de dernier ressort. Certes, il est nécessaire qu'un système de garantie des dépôts comporte de tels mécanismes. Toutefois, la BCE considère « qu'en ce qui concerne une participation potentielle de banque centrale, les mécanismes de financement des SGD doivent respecter l'interdiction du financement monétaire énoncée dans le traité, et notamment l'interdiction pour les banques centrales nationales d'accorder des découverts ou toute autre facilité de crédit au sens de l'article 123 du traité, telle que précisée par le droit dérivé de l'Union et les lignes directrices établies de la BCE[25] ». On retrouve une préoccupation comparable dans l'avis rendu à propos des règlements ayant institué les autorités européennes de surveillance (AES) en 2011[26]. Dans un paragraphe

---

[23] *Ibid.*, point 5.

[24] BCE, avis CON/2011/12, 16 février 2011, sur une proposition de directive du Parlement européen et du Conseil relative aux systèmes de garantie des dépôts (refonte) et sur une proposition de directive modifiant la directive 97/9/CE du Parlement européen et du Conseil relative aux systèmes d'indemnisation des investisseurs.

[25] *Ibid.*, point 9.3.

[26] BCE, avis CON/2010/5, 8 janvier 2010, sur trois propositions de règlements du Parlement européen et du Conseil instituant une autorité bancaire européenne, une autorité européenne des assurances et des pensions professionnelles, ainsi qu'une autorité européenne des marchés

intitulé « Les AES et le respect de l'interdiction du financement monétaire », la BCE estime que si la banque centrale nationale peut, en vertu de la législation nationale, être une autorité compétente dans le domaine de la surveillance des établissements de crédit et/ou des établissements financiers, la mise en œuvre de cette mission par ladite banque centrale nationale ne peut pas constituer un financement monétaire[27]. Néanmoins, estime la BCE, aucun problème ne découle du fait que le financement de chaque AES est notamment assuré par des contributions obligatoires des autorités nationales compétentes dans le domaine de la surveillance des établissements de crédit et/ou des établissements financiers[28]. En effet, la contribution d'une banque centrale aux recettes de l'AES respecte le principe de l'interdiction du financement monétaire dès lors que, dans de telles circonstances, cela reviendrait uniquement pour la banque centrale nationale à financer ses propres missions de surveillance[29].

L'autre contrainte du marché tient à l'aléa moral, devenu avec la crise un argument essentiel. L'aléa moral désigne le fait que l'opérateur de marché se montre d'autant moins prudent qu'un tiers couvre le risque encouru. Ainsi, le fait qu'une banque centrale intervienne en dernier ressort serait de nature à alimenter l'aléa moral « se traduisant par la prise de risques excessifs par les entités sous surveillance, qui pourraient supposer que la banque centrale se porterait à leur aide[30] ». Toutefois, l'argument ne tient pas en fait ; on ne voit pas en quoi l'intervention d'une banque centrale serait de nature à davantage favoriser l'aléa moral que celle de toute autre autorité de surveillance. En invoquant l'aléa moral sans discernement, on en vient à contester toute régulation du système financier. Au contraire, la BCE considère qu'en limitant la fonction de la banque centrale à des préoccupations purement systémiques, il y a un risque d'alimenter l'aléa moral. En effet, la banque centrale serait plus encline à accepter la défaillance d'un intermédiaire, du moins lorsque celle-ci n'est pas de nature à provoquer une réaction en chaîne, limitant ainsi le phénomène d'aléa moral alors que des conflits pourraient survenir lorsque les fonctions microprudentielles sont exercées concurremment avec les activités liées à la protection des investisseurs. Ainsi, l'organisme de surveillance pourrait être tenté de s'écarter de sa fonction de garant de l'exactitude des informations diffusées par les sociétés cotées si elles révélaient la situation réelle d'un intermédiaire en difficulté, et cela dans l'espoir de gagner du temps pour gérer la crise.

---

financiers, *JOUE*, C 13, 20 janvier 2010, p. 1.

[27] *Ibid.*, point 7.

[28] *Ibid.*

[29] *Ibid.*

[30] Le rôle des banques centrales en matière de contrôle prudentiel, 2001.

Et ce sera la crise qui catalysera la mutation de la régulation financière au profit des banques centrales.

II. – La mutation de la régulation financière au profit des banques centrales

Les banques centrales ont joué un rôle croissant en matière de stabilité financière. On constate ainsi leur implication progressive (A) et, avec l'Union bancaire, la fonction de supervision bancaire est, en partie, centralisée hâtivement dans le chef de la BCE (B).

A. L'implication progressive

1. La diversité des modèles de régulation

Dans l'Union européenne, plusieurs modèles de régulation financière coexistent, ainsi que Tommaso Padoa-Schioppa l'avait souligné dès les débuts de l'euro[31]. Les États membres sont libres de choisir le modèle de surveillance micro-prudentielle qui leur paraît le plus adapté. Par la suite, la réflexion sur ces modèles s'est affinée par un effort de systématisation. Le rapport Deletré de l'Inspection générale des finances dégage quatre modèles d'architecture pour la supervision des activités financières[32]. Dans le premier (modèle de supervision sectorielle), la supervision est assurée par des autorités spécialisées par branche d'activité (banque, assurance, services d'investissement) ; dans le deuxième (modèle de supervision intégrée), la supervision est ici assurée par une autorité unique qui regroupe les différents secteurs financiers et qui assume les deux responsabilités précédemment décrites ; dans le troisième (modèle de supervision par objectif « *twin peaks* »), l'objectif prudentiel (tous secteurs financiers confondus) confié à une autorité est distinct de l'objectif commercial (tous secteurs financiers confondus également) confié à une autre autorité ; dans le quatrième (autres modèles), on retrouve ceux que l'on ne parvient pas à classer dans les trois catégories précédentes[33]. Le rapport du groupe des 30 dégage également quatre modèles : « *Institutional Approach* » (le régulateur est désigné en fonction du statut juridique de l'opérateur), « *Functional Approach* » (le régulateur est désigné en fonction de l'activité de l'opérateur indépendamment de son statut juridique), « *Integrated Approach* »

---

[31] T. PADOA-SCHIOPPA, *EMU and Banking Supervision*, Lecture at the LSI, 24 février 1999, www.ecb.int. Sur la question, v. P. SMAGA, *Assessing Involvement of Central Banks in Financial Stability*, Center for Financial Stability Policy Paper, 2013.

[32] Rapport de la mission de réflexion et de propositions, *sur l'organisation et le fonctionnement de la supervision des activités financières en France*, B. DELETRÉ, MINISTÈRE DE L'ÉCONOMIE, DE L'INDUSTRIE ET DE L'EMPLOI, Paris, La documentation française, 2009.

[33] *Ibid.*, p. 11.

(le régulateur est unique et universel) et « *Twin Peaks Approach* » (deux régulateurs se partagent les fonctions, le premier en charge du système – « *safety and soundness supervision* » - et le second du « *conduct-of- business regulation* »)[34]. Le Conseil d'analyse économique retient trois grands types d'organisation : modèles « sectoriel », « intégré » ou « *twin peaks* » dont les définitions recoupent celles qui ont été précédemment données[35]. Enfin, la BCE distingue quant à elle trois modèles de surveillance micro-prudentielle : le modèle sectoriel (« *each sector (banking, securities and insurance) is supervised by one authority* »), le modèle « *twin peaks* » (« *responsibilities are allocated on the basis of the supervisory objectives, with prudential supervision and conduct of business regulation attributed to two different authorities* ») et le modèle du « superviseur unique » (« *all the supervisory functions are allocated to a single authority, which covers both prudential supervision and investor protection* »)[36]. Dans ces typologies construites *in abstracto*, les banques centrales n'apparaissent pas. En pratique cependant, on constate une participation croissante.

Les banques centrales jouent un rôle croissant dans la surveillance micro-prudentielle sans néanmoins provoquer un effacement des autorités nationales de surveillance[37]. Ainsi que l'a affirmé le rapport La Rosière, la volonté est de favoriser une « proximité » entre la banque centrale et l'autorité de surveillance et d'associer la première aux activités de la seconde[38]. La proximité se concrétise progressivement dans les États membres. La diversité demeure certes, et chaque État se dote d'une organisation qui lui est propre. Pour les États ayant choisi le modèle intégré, l'autorité de surveillance peut être la banque centrale

---

[34] The Group of Thirty, *The structure of Financial Supervision Approaches and Challenges in a Global Marketplace*, 2008, p. 24.

[35] CAE, *Banques centrales et stabilité financière*, Paris, La Documentation française, 2010, p. 171-173.

[36] BCE, *Recent Developments in Supervisory Structures in the EU Member States*, 2006, p. 6. Un auteur évoque trois modèles : *three pillar model (banking, insurance and securities) ; two pillar model (prudential v. conduct of business) ; an integrated model (all types of supervision under one roof)*. V. E. Wymeersch, *The Structure of Financial Supervision in Europe. About Single, Twin Peaks and Multiple Financial Supervisors*, 2006, http://papers.ssrn.com.

[37] V. sur ce point une étude sur les nouveaux États membres : BCE, « The Role of National Central Banks in Banking Supervision in selected Central and eastern European countries a case-study on Bulgaria, the Czech Republic, Estonia, Hungary, Latvia, Poland and Slovakia », *Legal working paper series*, n° 11, 2010.

[38] The High Level Group on Financial Supervision in the EU, préc., p. 178-179.

nationale comme en Irlande[39], en Slovaquie[40], en République tchèque[41]. En Allemagne[42] ou en Pologne[43], l'autorité de surveillance est distincte de la banque centrale. Pour les États membres relevant du modèle « twin peaks », à l'instar de l'Autriche[44], de la Belgique[45], de l'Italie[46] ou des Pays-Bas[47], on constate un partage des prérogatives de surveillance entre la banque centrale et une autorité de surveillance. Dans le troisième modèle, la surveillance est confiée à des autorités sectorielles comme on le voit en Espagne[48], en Grèce, en Slovénie[49] ou en Roumanie[50]. Aucune organisation n'est cependant figée ; au contraire, on assiste à une très forte évolution, ainsi qu'on l'a vu en France ou au Royaume-Uni. La tendance est ainsi à l'implication croissante de la banque centrale[51]. Il ressort des avis de la BCE de 2013 et de 2014 deux explications à cette implication croissante. En premier lieu, une partie des États membres ont suivi les recommandations du comité européen du risque systémique selon lesquelles il convient d'« assurer que la banque centrale joue un rôle de premier plan dans la politique macroprudentielle et que la politique macroprudentielle ne mette pas en cause son indépendance conformément à l'article 130 du traité[52] ». En second lieu, la transposition et l'exécution du droit dérivé de la stabilité financière conduit à renforcer les prérogatives des banques centrales nationales dans le contrôle prudentiel[53]. Quel que soit le

---

[39] Central Bank Reform Act, 2010. BCE, avis CON/2009/89, 4 novembre 2009.

[40] Act n° 747/2004 Coll. On Supervision of the Financial Market, as amended and the Act on the National Bank of Slovakia (Act of the National Council of the Slovak Republic n° 566/1992 Coll. On the National Bank of Slovakia, as amended). BCE, avis CON/2005/26, 4 août 2005.

[41] Act n° 57/2006. BCE, avis CON/2005/39, 28 octobre. 2005.

[42] 8 octobre 2008, Financial Market Stabilisation Fund Act, 2008. BCE, avis CON/2001/35, 8 novembre 2001 ; avis CON/2008/57, 21 octobre 2008.

[43] BCE, avis CON/2007/31, 9 octobre 2007.

[44] BCE, avis CON/2007/33, 5 novembre 2007 ; avis CON/2010/57, 16 juillet 2010.

[45] BCE, avis CON/2011/5, 28 janvier 2011.

[46] BCE, avis CON/2007/17, 18 juin 2007.

[47] BCE, avis CON/2006/20, 25 avril 2006.

[48] BCE, avis CON/2001/12, 31 mai 2001.

[49] BCE, avis CON/2013/70, 18 septembre 2013.

[50] BCE, avis CON/2013/39, 3 juin 2013. BCE, *Recent Developments in Supervisory Structures in the EU Member States*, octobre 2010, p. 4.

[51] BCE, avis CON/2013/54, 24 juillet 2013.

[52] Recommandation CERS/2011/3, précitée, point B ; BCE, avis CON/2013/70, 18 septembre 2013 ; avis CON/2013/54, 24 juillet 2013 ; avis CON/2014/18, 18 février 2014 ; avis CON/2014/21, 18 mars 2014.

[53] Règlement (UE) n° 575/2013 du Parlement européen et du Conseil du 26 juin 2013 concernant les exigences prudentielles applicables aux établissements de crédit et aux entreprises d'investissement et modifiant le règlement (UE) n° 648/2012, *JOUE*, L 176, 27 juin 2013, p. 1 ; directive 2013/36/UE du Parlement européen et du Conseil du 26 juin 2013 concernant l'accès à l'activité des établissements de crédit et la surveillance prudentielle des établissements de crédit

modèle choisi, on remarque donc, conformément aux souhaits de la BCE[54], une implication croissante des banques centrales nationales dans les activités de régulation[55].

2. L'implication variable des banques centrales

L'implication des banques centrales dans le contrôle prudentiel s'avère variable.

En premier lieu, la banque centrale participe à l'échange d'informations nécessaire à toute supervision. Ainsi, le Comité de Bâle sur le contrôle bancaire a souligné :

> « Les superviseurs devraient échanger des informations, au plan national et international, avec les autres superviseurs et les autres autorités compétentes, telles les banques centrales, pour renforcer l'efficacité de la coopération en matière de surveillance et de contrôle de la gestion du risque de liquidité. Ces échanges d'information devraient avoir lieu périodiquement en situation normale et, selon les besoins, s'intensifier, en termes de fréquence des échanges et de nature de l'information communiquée, en période de tensions[56]. »

Ce comité ajoute que « la coopération et les échanges de renseignements entre ces autorités (notamment superviseurs bancaires, banques centrales et régulateurs des marchés de valeurs mobilières ainsi qu'agences d'assurance des dépôts) peuvent accroître l'efficacité de ces instances ans leurs rôles respectifs[57] ». En effet, ces échanges permettent « aux superviseurs de mieux évaluer le profil général d'une banque et les risques qui pèsent sur elle » – autrement dit, d'améliorer la surveillance microprudentielle –, « et aux autres autorités de jauger ceux pesant sur le système financier dans son ensemble » – autrement dit, de favoriser la surveillance macroprudentielle[58]. Le droit

---

et des entreprises d'investissement, modifiant la directive 2002/87/CE et abrogeant les directives 2006/48/CE et 2006/49/CE, *JOUE*, L 176, 27 juin 2013, p. 338 ; BCE, avis CON/2014/40, 30 mai 2014 ; avis CON/2014/34, 16 mai 2014 ; avis CON/2014/21, 18 mars 2014.

[54] V. par exemple BCE, avis CON/2006/15, 6 mars 2006.

[55] CAE, *Banques centrales et stabilité financière*, *op. cit.*, p. 174-178.

[56] Comité de Bâle sur le contrôle bancaire, *Principes de saine gestion et de surveillance du risque de liquidité*, principe n° 17.

[57] *Ibid.*, point 144.

[58] *Ibid.* Le Comité de Bâle donne comme exemple le fait que « les superviseurs pourraient communiquer aux banques centrales leur avis sur le risque de liquidité des établissements sous leur responsabilité, et les banques centrales les aider à mieux comprendre la situation courante sur les marchés et les risques qui menacent le système financier dans son ensemble. Les informations sur les conditions de marché peuvent être particulièrement utiles pour les superviseurs dans leur évaluation de la validité des hypothèses formulées par les banques dans les scénarios de simulation de crise et les plans de financement d'urgence. Dans leur rôle de surveillance des systèmes de paiement et de règlement, les banques centrales peuvent aider les superviseurs à

national peut ainsi régir l'échange d'informations. Il se limite parfois à concilier obligation de confidentialité de la banque centrale et échange d'informations avec les superviseurs[59] ou à autoriser la banque centrale à transmettre ou à obtenir des informations de ces derniers[60]. Des accords peuvent être conclus entre la banque centrale et le régulateur sectoriel en vue favoriser l'échange d'informations, comme c'est le cas en Pologne[61].

En deuxième lieu, le droit national peut prévoir une coopération entre la banque centrale et le régulateur. Par exemple, des obligations de consultation sont prévues par la loi en Slovaquie, en Suède ou en République tchèque[62]. Au Danemark, la coopération est organisée par deux *Memoranda of Understanding* conclus entre la banque centrale et les autorités de régulation[63]. C'est également un *Memorandum of Understandig* que les autorités de régulation et les banques centrales finlandaises et suédoises ont conclu[64]. La coopération peut également être institutionnalisée au moyen d'un comité comme c'est le cas en Belgique, au Danemark, en Finlande, en République tchèque ou en Pologne.

En troisième lieu, l'autorité de supervision peut être intégrée dans la banque centrale tout en maintenant une autonomie. Ainsi, en Estonie, l'autorité de régulation financière est rattachée à la banque centrale, mais jouit d'une autonomie, en particulier budgétaire. Elle est dirigée par un organe en partie composée de membres désignés par la banque centrale. On retrouve une solution analogue avec le comité européen du risque systémique. Le règlement (UE) n° 1096/2010 confie ainsi à la BCE des missions spécifiques relatives au fonctionnement du CERS. Celles-ci s'avèrent spécifiquement opérationnelles puisqu'elles sont d'ordre « analytique », « statistique », « administratif » et « logistique » ; concrètement, la BCE se charge du secrétariat du CERS[65]. Ces « missions spécifiques » contrastent avec le rôle « proéminent » confié au SEBC dans le CERS[66]. Les banquiers centraux jouent « un rôle de premier

---

mieux comprendre les relations entre établissements et les possibilités que les perturbations se propagent au système financier tout entier. Les banques centrales et autres autorités peuvent aussi faciliter la communication avec d'autres parties prenantes non réglementaires, tels que les opérateurs des systèmes de paiement et de règlement. Ce dialogue et cette coopération en temps normal contribuent à forger des relations de travail qui permettent une communication et une coopération plus efficaces en période de tensions, qu'elles soient propres à l'établissement ou généralisées à tout le marché. »

[59] Article 56 des statuts de la Banque nationale de Belgique.

[60] Article 6 Law on Latvijas Banka (Lituanie). Section 26 Law on Suomen Pankki (Finlande).

[61] *Recent developments in supervisory structures*, 2010, p. 19.

[62] BCE, avis CON/2011/49, 10 juin 2011.

[63] BCE, *Recent developments in supervisory structures*, 2010, p. 10.

[64] *Ibid.*, p. 12.

[65] Considérant 9 du règlement (UE) no 1092/2010, précité.

[66] Comm. UE, MEMO/09/405, 23 septembre 2009. Ce qui a suscité la réaction des régulateurs

plan dans la surveillance macro-prudentielle en raison de leur expertise et de leurs responsabilités existantes en matière de stabilité financière[67] ». Sous-estimée, l'influence des banques centrales dans la supervision financière est déterminante[68]. Régi par le principe « un homme, une voix[69] », le conseil général est dominé par les membres du SEBC puisqu'y siègent avec droit de vote le président et le vice-président de la BCE, les vingt-huit gouverneurs des BCN, un membre de la Commission, les présidents des AES, le président des comités consultatifs et les vice-présidents du comité scientifique consultatif. La composition du comité directeur reflète également la prédominance du SEBC. Enfin, le président et le vice-président de la BCE assurent respectivement la présidence et la vice-présidence du CERS afin d'en asseoir la crédibilité sur la notoriété du SEBC[70].

B. La substitution fulgurante

La crise des dettes souveraines catalyse l'action de la BCE qui, après être intervenue avec des mesures non conventionnelles (1), est devenue un superviseur dans l'Union bancaire (2).

1. Les mesures non conventionnelles de la BCE

Les mesures conventionnelles consistent à adopter les décisions de politique monétaire traditionnelles pour une banque centrale, en arrêtant les taux d'intérêt. Ces décisions sont nécessairement tributaires du mandat assigné à la banque centrale. En 2008, les banques centrales ont ainsi été confrontées à la difficulté de concilier deux phénomènes économiques appelant chacun des mesures de politique monétaire contradictoires. Alors que l'inflation demeurait élevée, la croissance s'affaiblissait ; les banques centrales ont peiné à trouver une réponse adaptée, de sorte que les taux d'intérêt n'ont pas permis de soutenir l'activité, tout en n'empêchant pas des poussées inflationnistes. Cette première phase de la crise a ainsi été marquée par des taux d'intérêt qui soit sont demeurés constants, soit ont été relevés. Il faut attendre la faillite de Lehman Brothers en septembre 2008 pour qu'un changement de politique monétaire s'accomplisse. Dès le 8 octobre, une action concertée de six banques centrales[71] – parmi lesquelles la BCE et la Réserve fédérale américaine – a été menée : une baisse des taux directeurs d'un demi-point a

---

micro-prudentiels, v. par ex. B. Spitz, *La composition du Comité européen du risque systémique est une aberration*, EurActiv.fr, 26 octobre 2009.

[67] *Ibid.*, cons. 24.

[68] J.-V. Louis, *L'Union européenne et sa monnaie*, Bruxelles, ULB, 2010, p. 164-166.

[69] Article 10 § 1 du règlement (UE) n° 1092/2010, précité.

[70] *Ibid.*, considérant 12.

[71] Ont également été associées la Banque du Canada, la Banque d'Angleterre, la Banque nationale suisse et la Banque de Suède.

été décidée, décision réitérée dans la zone euro le 6 novembre 2008. Cette deuxième phase de la crise est ainsi marquée par le recours à l'instrument du taux d'intérêt. On comprend dès lors que les taux directeurs aient atteints à la fin du premier semestre 2009 des niveaux proches de zéro par la *Bank of England*, la Banque du Japon, la *Federal Reserve* ou encore la Banque nationale suisse[72]. Les politiques de taux d'intérêt ont cependant atteint leurs limites. Cet instrument perd de sa vigueur à mesure que l'on s'approche du taux plancher de 0 %. Or, avec des taux proches de 0 %, il existe un risque que les mesures de politique monétaire soient neutralisées par les établissements bancaires qui, dans la mesure où ils prêtent aux entreprises et aux ménages à un taux inférieur aux taux des marchés bancaires, doivent veiller à conserver une marge. Parallèlement, l'accès au crédit s'est resserré du fait d'un durcissement des conditions d'endettement, alors que les primes de risque de crédit et de liquidité ont augmenté. Entre septembre 2008 et mai 2009, la BCE a baissé ses taux de 4,25 % à 1 %, niveau le plus bas alors atteint depuis la création de l'Union économique et monétaire. Elle a ainsi eu recours aux mesures conventionnelles pour réagir face à la crise financière.

Le Conseil des gouverneurs de la BCE a fondé son action en temps de crise sur le principe d'une séparation stricte entre les mesures non conventionnelles et les mesures conventionnelles[73]. En effet, tenu par le mandat que lui confère l'article 127, paragraphe 1, du TFUE, la BCE doit mener la politique monétaire aux fins de réaliser l'objectif prioritaire de stabilité des prix. Ce n'est que si cet objectif est réalisé qu'elle peut soutenir, à titre secondaire, les politiques économiques générales dans la zone euro. En conséquence, les taux d'intérêt sont toujours déterminés de manière à assurer la stabilité des prix à moyen terme. Pour le gouverneur de la BCE, « alors que la crise nécessitait une action rapide et sans précédent, nous n'avons jamais perdu de vue notre objectif principal, à savoir le maintien de la stabilité des prix à moyen terme au profit des 331 millions de citoyens de la zone euro. Toutes – j'insiste sur ce terme – toutes les décisions de politique monétaire que nous avons prises au cours des douze dernières années et demie visaient à se conformer à cet engagement[74] ». C'est donc en pleine conformité avec son mandat que la BCE a diminué ses taux d'octobre 2008 à mai 2009. Il faut attendre avril 2011 pour que le Conseil des gouverneurs décide de relever les taux d'intérêt toujours

---

[72] En Hongrie, en Islande et en Russie, les banques centrales n'ont pas pu abaisser leurs taux directeurs.

[73] J.-C. Trichet, « La politique monétaire de la BCE pendant la crise financière », Intervention, Montréal, 6 juin 2011.

[74] *Ibid.*

aux fins de garantir la stabilité des prix, la hausse des cours du pétrole et des matières premières ayant des effets inflationnistes.

La politique des taux d'intérêt ne suffit cependant pas. Aussi des mesures non conventionnelles, bien distinctes des mesures conventionnelles, ont-elles été décidées.

Pendant la crise, les banques centrales ont eu recours à des mesures non conventionnelles. Celles-ci sont définies comme toutes les mesures permettant d'exercer une influence sur le coût et le financement des établissements bancaires, des entreprises et des particuliers[75]. Pour ce faire, les banques centrales conduisent des opérations de gestion de la liquidité[76]. En période normale, celles-ci sont uniquement destinées à accompagner les décisions de politique monétaire fixant les taux d'intérêt. En effet, pour mettre en œuvre les orientations de politique monétaire, les banques centrales procèdent à des opérations de refinancement, dans le but d'allouer un montant de liquidité garantissant la corrélation entre les taux d'intérêt décidé les taux à court termes du marché monétaire. Les banques centrales sont cependant libres d'utiliser les opérations de gestion de liquidité de façon active, en dehors de l'accompagnement des mesures de politique monétaire. C'est ainsi qu'elles ont eu recours à ces opérations que le G7 avait appelé de ses vœux en février 2009[77]. La fourniture de liquidité peut avoir des effets stabilisateurs sur les marchés par deux canaux[78]. D'une part, la banque centrale peut jouer sur un effet d'annonce ; elle communique sur les opérations de sorte que celles-ci sont anticipées par les agents. Concrètement, si les opérations portent sur des actifs présentant un défaut de liquidité, l'annonce de la banque centrale peut suffire à redonner confiance aux investisseurs dans les actifs en cause. D'autre part, la banque centrale peut intervenir sur les marchés, ce qui a un effet sur les actifs composant les portefeuilles du secteur privé. Au cours de la crise, les banques centrales sont ainsi intervenues de deux façons, ainsi que la BRI l'a souligné dans son 79e rapport[79]. En premier lieu, elles ont adopté des « initiatives d'allégement des tensions sur les marchés interbancaires » destinées à abaisser les primes de risque sur ces marchés ; de façon directe, il s'agit de fournir plus de financements à terme pour rééquilibrer offre et demande sur le marché ; de façon indirecte, le but est d'assurer l'accès aux financements de la banque

---

[75] L. Bini-Smaghi, *Conventional and Unconventional Monetary policy*, Keynote lecture at the International Center for Monetary and Banking Studies (ICMB), 28 avril 2009.

[76] FMI, *Rapport sur la stabilité financière dans le monde*, avril 2009, p. 13.

[77] CAE, *Banques centrales et stabilité financière*, *op. cit.*, p. 4 et 7.

[78] V. sur ce point BRI, *79e Rapport annuel BRI*, 2009, p. 102-105.

[79] Les propos qui suivent sont inspirés de ce rapport, v. BRI, *79e Rapport annuel BRI*, p. 102-111.

centrale. En second lieu, les banques centrales ont soutenu les marchés de la dette spécifiques en assouplissant les conditions d'emprunt dans le secteur non bancaire ; elles fournissent des fonds à ce secteur pour augmenter la liquidité ; elles achètent des titres du secteur public. La qualité de prêteur en dernier ressort de la BCE est débattue. Fonction relevant des missions fondamentales de toute banque centrale pour les uns[80], elle aurait perdu de son intérêt en pratique pour d'autres[81]. Pour être plus précis, la fonction de prêteur en dernier ressort n'est pas centralisée ; c'est à toutes les autorités, c'est-à-dire les banques centrales et les autorités de supervision, qu'il revient de fournir de la liquidité aux institutions financières et, de manière plus générale, de faciliter leur financement[82]. L'Eurosystème s'est doté du mécanisme de la « fourniture de liquidité d'urgence » (FLU ou *emergency liquidity assistance* ELA en anglais) afin de remédier à la pénurie temporaire de liquidité[83]. En tout état de cause, les articles 127, paragraphes 2 et 5, TFUE et 25.1 des statuts, confèrent à la BCE un pouvoir opérationnel. D'une part, ils permettent à la BCE de promouvoir la conclusion de protocoles d'accords[84]. D'autre part, l'Eurosystème peut procéder à des mesures non conventionnelles. Au cours de la crise[85], la BCE a ainsi eu recours à toute une série de mesures en tant que « réponse exceptionnelle à une situation exceptionnelle[86] ». Nécessairement temporaires, ces mesures s'adressent principalement au secteur bancaire et prennent différentes formes. Premièrement, il peut s'agir de fourniture de liquidité à taux fixe ; en période normale, la BCE fournit des liquidités au secteur bancaire par des appels d'offres ; en période de crise, elle peut décider

---

[80] R. SMITS, « The Role of the ESCB in banking Supervision », in *Legal Aspects of the European System of Central Banks, Liber Amicorum Paolo Zamboni*, Garavelli, Francfort, BCE, 2005, p. 205.

[81] J.-V. LOUIS, « Mondialisation, marchés monétaires et institutions financières », précité, p. 548-549.

[82] Conseil européen, 15-16 octobre 2008, concl. de la Présidence, doc. 14368/08, points 2 et 4.

[83] Lorsqu'une BCN décide d'accorder la FLU à une institution relevant de son domaine de compétence, elle en assume la responsabilité et en supporte le coût. Système interne à l'Eurosystème, la FLU n'affecte ni les accords conclus entre banques centrales et autorités de surveillance au niveau national, ni la coopération bilatérale et multilatérale entre autorités de surveillance ainsi qu'entre ces dernières et l'Eurosystème. Sur la FLU, v. BCE, *Rapport annuel 1999*, p. 108-109 ; BCE, *Financial Stability Review*, décembre 2006, p. 171-172 ; J.-V. LOUIS, « Mondialisation, marchés monétaires et institutions financières », précité, p. 549.

[84] *Memorandum of Understanding on co-operation between the Banking Supervisors*, Central Banks and Finance Ministries of the European Union in Financial Crisis, 1er June 2008, ECFIN/CEFCPE(2008)REP/53106.

[85] BCE, Press release, 10 mai 2010, ECB decides on measures to address severe tensions in financial markets.

[86] BCE, *Rapport 2010*, p. 19. V. aussi COMMISSION EUROPÉENNE, *Rapport 2010 sur la stabilité et l'intégration financière européenne*, 8 avril 2011, document de travail, SEC(2011) 489, p. 14.

de satisfaire toutes les offres à un taux d'intérêt fixe en allouant ainsi la totalité de la liquidité demandée par les banques. En mars 2010, il a été décidé de revenir à une procédure d'appel d'offres à taux variable pour les opérations de refinancement à plus long terme d'une durée de trois mois. Deuxièmement, la liste des actifs admis en garantie peut être étendue ; lorsque les banques se refinancement auprès de la banque centrale, elles doivent fournir des garanties qui relèvent d'une liste établie par la BCE. L'extension de cette liste a pour effet de rendre plus aisé l'accès des banques aux opérations visant à allouer de la liquidité. À ce titre, le 3 mai 2010, la BCE a suspendu l'application du seuil minimum de notation du crédit requis pour l'éligibilité au titre des garanties de l'Eurosystème des obligations émises ou garanties par le gouvernement grec[87]. Troisièmement, celle-ci peut être apportée par des opérations de refinancement à plus long terme en augmentant la fréquence et la durée de ces opérations. Par exemple, le Conseil des gouverneurs a décidé une opération de refinancement à plus long terme d'une durée de douze mois en 2009 et d'une durée de six mois en mars 2010. Quatrièmement, la BCE aide les banques à accéder à des liquidités en devises, généralement en se concertant avec d'autres banques centrales. Jusqu'en février 2010, elle effectuait ainsi des opérations temporaires d'apport de liquidité en devises. Cinquièmement, elle effectue des achats fermes d'obligations sécurisées directement sur les marchés. Sixièmement, des interventions sur les marchés de titres de dette publique ou privée de la zone euro font l'objet de « Programme pour les marchés de titres ». En juin 2010, s'est achevé le « Programme d'achat d'obligations sécurisées » qui, d'une durée d'un an, a permis à l'Eurosystème d'acquérir près de 60 milliards d'euros d'obligations sécurisées. En revanche, le 10 mai 2010, le Conseil des gouverneurs a lancé le « Programme pour les marchés de titres » (*Securities Markets Programme*) afin de procéder sur les marchés secondaires à des achats de titres de dette souveraine des États membres de la zone euro éprouvant des difficultés (Grèce, Espagne et Italie).

2. Le superviseur de l'Union bancaire

À la manière de la poésie de monsieur Jourdain, tout se passe un peu comme si les banquiers centraux faisaient de la régulation financière et de la supervision bancaire sans le savoir. On comprend dès lors l'accélération induite par l'Union bancaire qui, proposée par la Commission en septembre 2012[88], aboutit avec

[87] BCE, 3 mai 2010, *ECB announces change in eligibility of debt instruments issued or guaranteed by the Greek government*, Press release ; BCE, décision 2010/268/UE (BCE/2010/3), 6 mai 2010, relative à des mesures temporaires concernant l'éligibilité des titres de créance négociables émis ou garantis par le gouvernement hellénique, *JOUE*, L 117, 11 mai 2010, p. 102.

[88] COM(2012) 511 final, 12 septembre 2012.

le mécanisme de supervision unique fondé sur deux règlements entrés en vigueur dès le 30 octobre 2013[89]. Adopté sur le fondement de l'article 127, paragraphe 6, du TFUE, le règlement (UE) nº 1024/2013 confie à la BCE des missions spécifiques ayant trait aux politiques en matière de surveillance prudentielle des établissements de crédit. Le second règlement modifie le règlement (UE) nº 1093/2010 instituant l'Autorité bancaire européenne afin de tirer les conséquences des missions de surveillance confiées à la BCE. Que le MSU ait vu si rapidement le jour s'explique aisément puisqu'il s'est agi de tirer les conséquences de la crise des dettes souveraines et, plus précisément, du cercle vicieux qui existe entre banques et finances publiques nationales. Les propositions de la Commission n'en ont pas été pour le moins débattues en raison du choix initial de limiter le mécanisme à la seule zone euro. Les États membres n'ayant pas adopté la monnaie se sont offusqués de l'avantage compétitif ainsi conféré aux banques de la zone euro au détriment des établissements bancaires établis sur leur territoire. Il n'est point de doutes qu'un établissement de crédit relevant de la surveillance de la BCE jouit d'une réputation plus solide que celle des autres établissements. Les États membres n'ayant pas adopté l'euro ont obtenu de participer au MSU à la condition d'en exprimer la volonté en établissant avec la BCE une « coopération rapprochée ». Au sein même de la zone euro, ce sont les Allemands qui ont, paradoxalement, contesté les velléités expansionnistes de la BCE dont la Commission avait le dessein d'étendre la juridiction à l'ensemble des banques de la zone euro. Au final, seuls relèvent de la surveillance de la BCE les établissements de crédit les plus importants, c'est-à-dire ceux dont la défaillance représenterait un risque systémique ou encore ceux ayant une activité internationale. Aussi, seules les banques d'importance significative qui font l'objet de la supervision unique ; par importance significative, il faut entendre les banques dont l'actif s'élève à plus de 30 milliards d'euros ou bien représente au moins 20 % du PIB de leur pays d'origine ou encore si l'établissement présente un intérêt important pour l'économie nationale. 130 établissements relèvent de la surveillance de la BCE sur les 8 300 banques que compte l'Union.

L'article 4 du règlement (UE) nº 1024/2013 définit les missions de surveillance prudentielle de la BCE. Celle-ci est chargée d'agréer les établissements de crédit (et retirer les agréments) et d'évaluer les notifications d'acquisitions et de cessions de participations qualifiées dans les établissements de crédit. Il lui revient également de veiller au respect des actes qui imposent des exigences prudentielles aux établissements de crédit (exigences de fonds propres, de titrisation, de limites applicables aux grands risques, de liquidité, d'effet de levier

---

[89] Règlement (UE) nº 1024/2013, précité ; Règlement (UE) nº 1022/2013, précité.

ou de déclarations d'informations et des informations à destination du public sur ces sujets) ainsi qu'au respect des actes qui imposent aux établissements de crédit des exigences en matière de gouvernance (exigences d'honorabilité, de connaissances, de compétences et d'expérience nécessaires à l'exercice des fonctions des personnes chargées de la gestion des établissements de crédit, de processus de gestion des risques, de mécanismes de contrôle interne, de politiques et de pratiques de rémunération ainsi que de procédures efficaces d'évaluation de l'adéquation du capital interne, y compris des modèles fondés sur les notations internes). La BCE mène par ailleurs des contrôles prudentiels par la réalisation de tests de résistance, visant à déterminer si les dispositifs, stratégies, processus et mécanismes mis en place par les établissements de crédit et les fonds propres qu'ils détiennent garantissent la bonne gestion et la couverture de leurs risques. Sur la base de ce contrôle prudentiel, la BCE peut imposer aux établissements de crédit des exigences spécifiques de fonds propres supplémentaires, des exigences spécifiques de publicité et de liquidité et d'autres mesures lorsque les dispositions pertinentes du droit de l'Union permettent expressément aux autorités compétentes d'agir. Il revient à la BCE d'assurer la surveillance sur la base consolidée des sociétés mères des établissements de crédit établies dans l'un des États membres participants, et de prendre part à la surveillance complémentaire d'un conglomérat financier en ce qui concerne les établissements de crédit. La BCE exécute des missions de surveillance concernant les plans de redressement et l'intervention précoce lorsqu'un établissement de crédit ou un groupe pour lequel la BCE est l'autorité à laquelle incombe la surveillance consolidée ne répond pas ou est susceptible de ne plus répondre aux exigences prudentielles applicables ainsi que, dans les seuls cas explicitement prévus où les dispositions pertinentes du droit de l'Union permettent aux autorités compétentes d'agir, concernant les changements structurels requis des établissements de crédit pour qu'ils préviennent les difficultés financières ou les défaillances, à l'exclusion de tout pouvoir de résolution.

Afin d'exercer ces missions, la BCE se voit conférer des pouvoirs d'enquête et de surveillance. Elle a le pouvoir de demander des informations nécessaires à l'accomplissement de ses missions et de procéder à toutes les enquêtes nécessaires (demande de transmission de documents, examen des livres et des enregistrements des personnes, etc.). Elle est également en droit d'effectuer des inspections sur place. Des pouvoirs de surveillance spécifiques sont également confiés à la BCE : l'agrément, l'évaluation d'acquisitions de participations qualifiées auxquels il faut ajouter les pouvoirs de surveillance. La BCE est enfin dotée d'un pouvoir de sanction administrative ; les sanctions sont de nature pécuniaire et « d'un montant maximal correspondant au double des gains retirés de l'infraction ou des pertes qu'elle a permis d'éviter, si ceux-ci peuvent être déterminés, ou d'un montant maximal correspondant à 10 % du chiffre d'affaires annuel total ».

D'un point de vue institutionnel, le règlement (UE) n° 1024/2013 énonce les « principes organisationnels » de la BCE. Conférer une mission de supervision bancaire à la BCE implique en effet des précautions institutionnelles en vue de préserver la politique monétaire et l'objectif de stabilité des prix, contraintes que l'on a mises en évidence en I B. Indépendante (article 19), la BCE n'en doit pas moins rendre des comptes (article 20), les Parlements nationaux jouant un rôle (article 21). C'est alors la séparation organique au sein de la BCE qui s'avère déterminante : les fonctions de supervision bancaire sont confiées au conseil de surveillance du mécanisme (article 26) qui est distinct du conseil des gouverneurs. Ces fonctions doivent être séparées de celles de politique monétaire, la supervision bancaire ne devant pas affecter la stabilité des prix (article 25).

Il n'est dès lors plus question d'interrégulation : la BCE assume directement les fonctions de supervision bancaire. Toutefois, il ne convient pas d'exagérer le rôle joué par la BCE. En effet, l'Union bancaire est conçue par l'article 6 du règlement (UE) n° 1024/2013 comme un système composé de deux niveaux, la BCE et les autorités nationales compétentes en matière prudentielle. Ces dernières sont promues par le règlement dans une fonction de droit de l'Union puisqu'elles sont en charge de la surveillance de droit commun des banques, définie comme la surveillance ne relevant pas de la compétence de la BCE. L'interrégulation refait ainsi surface sous la forme d'une coopération promue entre la BCE et les autorités nationales compétentes. Le 16 avril 2014, la BCE a ainsi adopté un règlement établissant le cadre de la coopération au sein du mécanisme de surveillance unique entre la BCE, les autorités compétentes nationales et les autorités désignées nationales[90]. L'interrégulation ne s'efface pas avec l'Union bancaire ; elle demeure tout autant verticale, dans la relation avec les autorités nationales, qu'horizontale, dans la relation avec les autorités européennes de surveillance.

Cette étude n'a eu d'autre prétention que de montrer le rôle croissant des banques centrales dans la promotion et la préservation de la stabilité financière. Dans l'Union européenne, par-delà la répartition des compétences prévue par le traité, la BCE et les banques centrales nationales sont impliquées

[90] Règlement (UE) n° 468/2014 (BCE/2014/17) de la Banque centrale européenne du 16 avril 2014 établissant le cadre de la coopération au sein du mécanisme de surveillance unique entre la Banque centrale européenne, les autorités compétentes nationales et les autorités désignées nationales, *JOUE*, L 141, 14 mai 2014 p. 1.

à des échelles variables dans la régulation financière. Alors que le secteur des assurances demeure à l'écart, la supervision bancaire est devenue une prérogative des banques centrales. Avec l'Union bancaire, elle est centralisée dans le chef de la BCE pour les établissements de crédit les plus importants. En matière financière, les banques centrales sont plus ou moins impliquées, d'un État à l'autre. Il n'est cependant pas certain que l'implication des banques centrales dans la régulation soit la panacée. Ainsi, l'association des inspecteurs de la Banque d'Espagne a publié un rapport critique sur l'organisation et les procédures de supervision de la banque centrale espagnole dont elle conteste le prétendu « laxisme » à l'égard des établissements qu'elle supervise[91]. Quelques mois plus tôt, l'ancien gouverneur de la Banque du Canada faisait part de ses doutes quant à l'opportunité pour cette banque centrale d'exercer la supervision du système financier canadien[92]. Le débat est ouvert et l'interrégulation financière a encore de beaux jours devant elle.

---

[91] MoU FSPC – *Informe de la Comisión Interna, Análisis de los procedimientos supervisores del Banco de España y recomendaciones de reforma*, 16 octobre 2012.

[92] J. Crow, *Seeking Financial Stability : The Best Role for the Bank of Canada*, C.D. HOWE Institute, Commentary, 2012, n° 369.

CONCLUSIONS GÉNÉRALES

Différenciation des régulations et interrégulation Rapport de synthèse

Gérard MARCOU[1]

L'expression « interrégulation » ne peut manquer de provoquer un certain embarras. La notion de régulation est comprise de manière différente selon la perspective dans laquelle se placent les auteurs ; qu'en sera-t-il alors de l'interrégulation ? La complexité du sujet de se reflète dans les intitulés du colloque et des communications qui sont reproduites. Si on envisage les rapports « entre les autorités de concurrence et de régulation » cela signifie que le régime général de la concurrence se distingue de la régulation, même si celle-ci vise à organiser et assurer le fonctionnement d'un marché. On distingue de même l'« interrégulation sectorielle » et en envisage séparément la « régulation bancaire et financière ».

Disons toute de suite que ces distinctions nous paraissent fondées, du point de vue fonctionnel comme du point de vue des pouvoirs auxquels ces fonctions donnent lieu. Mais elles supposent quand même que l'on utilise la notion de régulation simultanément dans deux sens différents : celui de la régulation générale, pour désigner des fonctions assurées par l'ensemble des institutions qui ont pour objet de veiller au bon fonctionnement du marché, et celui de la régulation sectorielle. Mais, dans le domaine bancaire et financier, une autre expression s'est imposée, celle de « supervision », et pour mieux dire en français, de « surveillance ». Autrement dit, on ressent le besoin à la fois d'une approche globale et celui de la prise en compte d'une différenciation qui s'affirme entre les fonctions, ainsi qu'entre les institutions qui les exercent. Cette double exigence s'impose d'autant plus que, selon les pays, différenciations et regroupements fonctionnels et organiques ne se recoupent pas exactement. C'est dire que ce colloque était nécessaire, et il a tenu ses promesses par les résultats auxquels il a permis de parvenir.

On aperçoit mieux, tout d'abord, que la régulation générale recouvre en réalité des fonctions qu'il est préférable de différencier, en dépit des liens qui les unissent et justifient leur coopération (I). Mais les institutions qui les prennent en charge peuvent avoir des profils différents. Sur le plan organique aussi, les tendances déjà relevées à la différenciation et au regroupement

[1] Professeur à l'université Paris 1 Panthéon-Sorbonne.

sont à l'œuvre, mais elles peuvent être inspirées par des objectifs différents, liées à des données institutionnelles et non à des exigences fonctionnelles (II). Enfin, la régulation ne peut être isolée de son contexte politique et institutionnel. Il est remarquable que la nature administrative de la régulation soit peu discutée, alors qu'on voit souvent dans l'intervention du juge un prolongement de la régulation (III). On distinguera ainsi, dans ce qui suit, une approche fonctionnelle, une approche institutionnelle (ou organique) et enfin une approche contextuelle de l'interrégulation.

I. – Approche fonctionnelle

L'expression même « interrégulation » porte l'attention sur les relations plutôt que sur ce qu'elles unissent, mais il est bien évident que les éléments mis en relation ne peuvent être ignorés. C'est leur diversité qui rend inévitable et nécessaire l'interrégulation.

A. Essai de définition de l'interrégulation

C'est à Hubert Delzangles que revenait la lourde tâche de dire ce qu'est l'interrégulation. Néologisme, bien sûr, né du constat des insuffisances de la régulation imputables à la faiblesse des liens entre les régulateurs. Sur ce point, pourtant, la législation française a peut-être été pionnière, puisque, déjà, le décret du 29 décembre 1986 prévoyait que le Conseil de la concurrence devait communiquer à la COB, à la CNCL (ancêtre du CSA) et à la Commission bancaire les saisines les concernant.

De manière très pragmatique, H. Delzangles part de l'idée que la régulation est une activité prise en charge par une autorité de régulation tendant à garantir le marché, en tenant compte le cas échéant d'autres objectifs d'intérêt général, et cumulant des pouvoirs diversifiés, exercés de manière indépendante, au moins vis-à-vis des agents économiques qui font l'objet de la régulation. La régulation a connu une certaine différenciation entre la régulation sectorielle, la régulation de la concurrence et la régulation bancaire et financière. On a aussi cherché à conceptualiser les relations entre la régulation et les agents économiques : l'autorégulation suppose un accord des agents économiques sur des lignes directrices communes ; la corégulation suppose une coopération, notamment la consultation, avec les agents économiques concernés. Mais il s'agit ici de s'intéresser aux relations entre autorités chargées de la régulation. Cela conduit H. Delzangles à définir l'interrégulation comme « la capacité pour une autorité de régulation de nouer une relation avec une autre autorité pour produire une décision interrégulée » ; toutefois, l'interrégulation en raison des évolutions institutionnelles dont il sera question, peut aussi prendre place au sein d'une même institution qui cumule plusieurs fonctions.

Mais l'interrégulation est rendue nécessaire par la différenciation croissante des régulations.

B. La différenciation des régulations

On avait cru trouver, au début de la longue phase de libéralisation dans laquelle nous nous trouvons encore, un conception à la fois simple et dynamique : les autorités de concurrence assurent une régulation *ex post*, c'est-à-dire qu'elles font cesser et sanctionnent a posteriori les infractions aux règles générale de concurrence, tandis que les régulations sectorielles imposent des conditions aux activités des opérateurs économiques, pour l'essentiel les conditions d'accès aux réseaux, et se caractérisent par une intervention permanente (régulation *ex ante*). On imaginait aussi qu'à la longue, avec la maturité du marché, la régulation *ex ante* pourrait disparaître tandis que la régulation *ex post* suffirait à garantir le bon fonctionnement du marché. Dans ce monde idéal il n'y aurait plus besoin d'interrégulation ! Guillaume Dezobry montre qu'il a fallu déchanter. L'expérience a montré l'inanité de cette distinction et le caractère illusoire de la représentation d'une économie dont le marché libre assurerait, sans distinction majeure entre les secteurs, l'équilibre sous la seule réserve de la correction des infractions aux règles de concurrence. D'une part, comme l'expérience américaine l'a montré depuis longtemps, c'est l'insuffisance des instruments du droit de la concurrence qui a rendu nécessaire la mise en place de régulations sectorielles. Ajoutons que l'on aperçoit dans de nombreux secteurs que l'évolution technologique fait sans cesse apparaître de nouveaux obstacles structurels à la concurrence, qui appellent à leur tour de nouvelles régulations, et que de multiples objectifs de politique publique conduisent à la mise en place d'autorités ou d'arrangements institutionnels permettant leur réalisation[2]. D'autre part, l'analyse des législations fait apparaître que les périmètres d'intervention des différentes autorités ne sont pas définis par des critères clairs. Par ses compétences en matière d'avis sur la situation concurrentielle sur un marché, l'autorité de concurrence intervient *ex ante*, tandis que, par leurs pouvoirs de sanction, les régulateurs sectoriels interviennent aussi *ex post*, et surveillent les marchés, loin de se limiter à contrôler l'accès aux réseaux.

D'ailleurs, Carole Champalaune, rapporteur général adjoint de l'Autorité de la concurrence confirme ce brouillage des limites en rappelant que l'Autorité de la Concurrence estime être une autorité de régulation, et elle se réfère à un arrêt de la cour d'appel de Paris de 1998 qui avait qualifié le Conseil de la concurrence

---

[2] R. Rambaud, *L'institution juridique de régulation. Recherches sur les rapports entre droit administratif et théorie économique*, Paris, L'Harmattan, 2012, (Logiques juridiques), notamment p. 215 s. et p.359 s.

de « régulateur du marché ». D'accord avec cette analyse, Laurence Idot a proposé de substituer à la distinction entre régulation *ex ante* et régulation *ex post* une distinction entre concurrentielle et régulation sectorielle, confirmant à son tour la pérennité de la régulation sectorielle. Peut-on pour autant opposer la « régulation sectorielle », qui utiliserait des « moyens économiques », et la « régulation concurrentielle », celle exercée par l'Autorité de la concurrence, qui n'utiliserait que des « moyens juridiques », les entreprises des secteurs régulés étant soumises aux deux types de réglementation ? On peut en douter ; dans les deux fonctions, les autorités qui en sont chargées utilisent des moyens juridiques soutenus par des données économiques.

Stéphane Hoynck (directeur général adjoint de l'ARCEP au moment du colloque) insiste sur la place des analyses de marché, au centre de l'action de l'ARCEP, pour la définition des marchés pertinents, en fonction desquels des mesures de régulation sont adoptées. À la différence de l'Autorité de la concurrence qui sanctionne des manquements aux règles de concurrence, l'ARCEP règle des différends, et les pouvoirs de sanction sont subordonnés à une mise en demeure préalable, ce qui, selon M. Hoynck, n'est pas la consécration de l'impunité mais la conséquence de vérifications en continu sur les entreprises du secteur, avec un encadrement tarifaire. L'ARCEP vise à peser sur l'avenir, elle « ne régule pas le passé ».

Le secteur de l'audiovisuel s'est profondément transformé depuis son ouverture à la concurrence au début des années 80. Le numérique et l'universalité des supports ont bouleversé la diffusion des produits audiovisuels, transformé la chaîne de valeur et par voie de conséquence les objectifs comme les outils de la régulation que le CSA doit mettre en œuvre. Selon Michel Combot (directeur général adjoint du CSA), la régulation doit avoir pour objectif, l'accès équitable aux services de communication audiovisuelle, l'éducation par rapport aux nouveaux contenus et le service public de l'audiovisuel, dont les mutations actuelles obligent à redéfinir le contenu. La régulation doit aussi faire évoluer ses instruments (règlement des différends, depuis 2004 ; conventions avec les chaînes ; gestion des fréquences).

Olivier Béatrix (directeur des affaires juridiques de la CRE) pointe l'évolution en cours des missions de la CRE : si son rôle était à l'origine centré sur les problèmes de tarification et de règlement des différends relatifs à l'accès au réseau, la loi a élargi son rôle au contrôle du marché de gros, et l'importance croissante, dans le fonctionnement du système énergétique, de l'effacement de consommation, qui devient un marché spécifique, engage de plus en plus la CRE dans une mission plus globale. M. Béatrix indiquait cependant la possibilité d'un conflit entre régulation concurrentielle et régulation sectorielle dans le cas de l'énergie, dans la mesure où le code de l'énergie impose le respect d'un principe de non discrimination qui peut conduire à écarter des pratiques que la droit de la concurrence tolérerait.

Enfin, on note un fort particularisme du secteur financier : banques, marchés financiers, assurances. Ce particularisme, il faut le souligner, est plus ancien que la libéralisation du secteur. Les établissements sont certes soumis aux règles générales de concurrence, comme toutes les entreprises, mais la description qui est donnée de la régulation s'écarte de ce qu'on entend généralement par cette expression : selon Fabrice Pesin (secrétaire général adjoint de l'ACPR), on doit distinguer au moins trois régulations différentes en ce qui concerne les banques et les assurances : la régulation prudentielle, les dispositifs anti-blanchiment et la régulation des pratiques commerciales du secteur, laquelle est commune avec l'AMF ; celle-ci est en revanche exclusivement compétente en ce qui concerne les instruments financiers. Pour Nathalie Lemaire (directrice de la relation avec les épargnants à l'AMF), il est bien difficile d'assurer aux épargnants l'information qui leur permettrait de prendre des décisions de placement en toute connaissance de cause face à une publicité agressive et à des produits financiers complexes dont les risques n'apparaissent même pas à ceux qui sont chargés de les placer. Des progrès ont cependant été faits par le travail commun de l'ACPR et de l'AMF pour définir et évaluer la complexité des produits.

Comme le relevait Jérôme Lasserre-Capdeville, les liens entre les autorités du secteur financier n'ont cessé de se resserrer, suivant en cela l'évolution du secteur. La pratique est allée au-delà de la réforme de 2010, qui ne prévoyait que la coordination des contrôles, pour mettre en œuvre des contrôles communs. Depuis, la loi bancaire du 26 juillet 2013 a validé à la fois la différenciation des fonctions et l'intégration de leur exercice. En imposant que les activités de marché accroissant l'exposition aux risques soient exercées par des filiales dédiées des établissements de crédit, elle justifie la distinction entre le contrôle de ces établissements et le contrôle des marchés financiers, ainsi que les liens de coopération qu'ils doivent entretenir. Les pouvoirs de l'ACP, devenue Autorité de contrôle prudentiel et de résolution (ACPR), et de l'AMF ont été considérablement augmentés, notamment par les pouvoirs de résolution de l'ACPR et les pouvoirs d'enquête, de police et de sanction de l'Autorité des marchés financiers ; l'intégration des fonctions est réalisée par la participation de l'ACPR et de de l'AMF au Haut Conseil de stabilité financière, qui définit la politique macro-prudentielle et peut adresser des recommandations aux institutions de l'Union européenne. La coopération avec l'autorité administrative de la concurrence et de la consommation a également été renforcée.

Il est évidemment impossible de présenter ici cette loi, qui doit en outre être rattachée à la mise en place de l'Union bancaire. Mais la question se pose de savoir s'il s'agit vraiment de régulation ou d'autre chose. La prévention des risques systémiques, les pouvoirs de résolution de l'ACPR, une relation plus étroite avec l'autorité politique, l'importance donnée à la répression pénale par la définition de délits spécifiques suggèrent d'y voir une fonction distincte. Comme le remarquait M. Pesin, l'ACP contrôle les établissements, tandis que l'AMF est une autorité de marché. Mais leurs fonctions se distinguent assez nettement aussi bien de celles de l'Autorité de la concurrence que de celles des autorités de régulation sectorielle. On est bien plutôt en présence en présence d'une fonction de surveillance, à la fois générale et continue du secteur financier, visant à protéger la stabilité (relative) du système économique et les intérêts légitimes des épargnants. On peut, certes, préférer y voir un cas particulier de la régulation, mais cela ne saurait masquer l'essentiel, qui est la volonté des États de se prémunir contre le risque d'une nouvelle crise financière, et la forte intégration de la fonction de surveillance au niveau européen avec la mise en place de l'Union bancaire.

C. La nécessité de l'interrégulation

En définitive, la base de l'interrégulation est à rechercher dans la différenciation plus marquée des différentes fonctions exercées par la puissance publique en vue de garantir que les marchés servent l'intérêt général de l'économie et de la société. On peut sans doute reconnaître deux sources à cette différenciation : la nature des fonctions et les politiques publiques qui accompagnent, par secteur, l'ouverture à la concurrence.

Le rôle spécifique de l'Autorité de la concurrence doit être identifié comme tel. Il concerne tous les secteurs, régulés ou non régulés, les entreprises non financières comme les entreprises financières. Il s'agit d'une police générale de la concurrence qui vise à garantir l'ordre public économique sur lequel repose désormais le fonctionnement de l'économie, et qui repose lui-même sur le marché et la concurrence[3]. Cet ordre public, dont le Conseil constitutionnel a reconnu l'existence[4], est, comme tout ordre public, l'espace normatif dans lequel s'exerce une liberté, et dans ce cas la liberté économique ; la police de la concurrence a pour fonction d'assurer l'exercice de cette liberté dans le cadre juridique ainsi posé. C'est seulement dans le cadre du contrôle des concentrations que le pouvoir politique a la faculté de faire prévaloir un autre « intérêt général » que celui d'une concurrence libre et non faussée. Au

[3] G. Marcou, « L'ordre public économique aujourd'hui. Un essai de redéfinition », *Annales de la Régulation,* 2009, Institut de Recherche Juridique de la Sorbonne, p. 79-103.

[4] CC n° 2012-280 QPC, 12 octobre 2012, *Groupe Canal Plus et autres.*

contraire, dans ce qu'on appelle les régulations sectorielles, la situation est très différente. Certes, les autorités de régulation concourent aussi à l'établissement et à la sauvegarde de l'ordre public économique, mais elles se distinguent du rôle de l'Autorité de concurrence de deux manières : d'une part, elles sont les organes d'une régulation visant à établir un régime concurrentiel là où il n'existait aucun marché, et même où les caractéristiques du secteur paraissaient l'exclure (chemins de fer, électricité...) ; d'autre part, la régulation intègre les objectifs de politiques publiques qu'il serait impossible d'atteindre par le seul fonctionnement du marché et qui déterminent la mise en œuvre d'obligations ou d'incitations applicables aux entreprises. La diversité des secteurs, sur le plan technique et industriel, et la diversité des politiques publiques expliquent la diversité des législations qui organisent ces régulations, qu'elles relèvent ou non d'autorités distinctes (par exemple, les législations mises en œuvre par l'ARCEP pour les communications électroniques et pour les services postaux sont différentes). C'est bien la volonté d'affirmer une politique publique distincte en matière d'audiovisuel qui explique l'issue du débat qui a eu lieu sur le rapprochement des législations et des régulations entre les communications électroniques et l'audiovisuel, malgré la possibilité de diffuser les mêmes contenus sur tous les supports (Jean Cattan) : le maintien du CSA, transformé en autorité publique indépendante, ce qui souligne son autonomie, et non la fusion du CSA et de l'ARCEP (loi du 15 novembre 2013 sur l'indépendance de l'audiovisuel public).

Mais les rapports entre police de la concurrence et régulation sectorielle varient considérablement d'un pays à l'autre. En France, les compétences de l'Autorité de la concurrence et les autorités de régulation sectorielle sont exclusives les unes des autres ; en Allemagne, cela dépend des secteurs (la compétence de la *Bundesnetzagentur* exclut celle du *Bundeskartellamt* en ce qui concerne le réseau, y compris le contrôle de la position dominante, dans les domaines de l'énergie et des communications électroniques, mais compétences concurrentes pour le ferroviaire) ; au Royaume-Uni la concurrence de compétence domine, mais le *Competition and Market Authority* et les régulateurs sectoriels se dessaisissent mutuellement pour éviter le cumul de poursuites et procèdent à des échanges d'information sur les affaires donnant lieu à une procédure (Thomas Perroud). Enfin, aux États-Unis, le partage des rôles avec la justice n'est pas le même dans le domaine de la concurrence et dans celui des régulations sectorielles (id.).

Enfin, il ne semble pas qu'on puisse analyser la régulation du secteur financier comme une régulation sectorielle particulière. Régulation, si l'on veut, au sens général du terme, certes, mais en substance il s'agit d'une fonction assez différente : beaucoup plus intrusive, désormais, que la régulation sectorielle ;

exercée en continu sur tous les établissements comme sur les marchés, à la différence du rôle joué par l'Autorité de concurrence ; la déclaration finale du G20 de Pittsburgh en 2009 l'avait qualifiée de « *supervision* », c'est-à-dire de surveillance, et appelait à un renforcement de la réglementation et des contrôles, en s'appuyant sur les banques centrales. Elle s'adresse à un secteur à la fois essentiel pour l'ensemble de l'économie et susceptible de l'exposer à des risques systémiques ; elle vise aussi à prévenir les abus dont peuvent être victimes des épargnants et des entreprises. C'est la sécurité et la protection des propriétés des autres agents économiques qu'il s'agit de garantir. De tels buts sont traditionnellement ceux de la police, et ici d'une police spéciale. En effet, c'est toujours l'existence de risques particuliers pour l'ordre public qui justifient les contraintes supplémentaires qui caractérisent toujours une police spéciale par rapport à la police générale. Il en va de même en ce qui concerne l'ordre public économique d'aujourd'hui. Et pourtant, cette surveillance est très dépendante d'accords et de systèmes de relations qui s'établissent au niveau mondial dans un certain flou juridique : accords Bâle II et Bâle III qui fixent, et ont renforcé, les règles prudentielles pour les établissements financiers ; l'OICV, association de droit privé entre marchés financiers, sans compter la pression américaine (loi Dodd-Franck de 2010 et menace de créer une autorité nationale supérieure). Paradoxalement, « l'interrégulation internationale spontanée implique une interrégulation nationale organisée », car c'est ce qui permet de peser vraiment sur les mouvements des marchés financiers (Régis Bismuth).

Mais parce que l'ordre public économique est un, police de la concurrence, régulations sectorielles et surveillance du secteur financier doivent coopérer. Telle est bien la matière de l'interrégulation. Celle-ci et les trois fonctions que l'on est conduit à distinguer relèvent, certes, de la régulation générale, mais leurs buts, et comme le colloque a permis de l'apercevoir, leurs moyens, sont sensiblement différents.

II. – Approche institutionnelle

L'interrégulation appelle des relations entre des institutions, mais celles-ci ne sont que la conséquence de relations entre des fonctions, qui sont elles-mêmes déterminées par des législations. En ce sens, l'interrégulation dérive des rapports qui existent entre des législations sectorielles (É. Muller). La diversité institutionnelle de l'organisation de la régulation dans les différents pays étudiés le confirme. Mais l'étude des différents modèles institutionnels de l'interrégulation permet de conclure à la pérennité de la régulation sectorielle (A). L'interrégulation doit aussi s'entendre des relations entre régulation nationale et régulation européenne, voire de niveau mondial (B).

A. Les modèles institutionnels de l'interrégulation

Hubert Delzangles et Étienne Muller se rejoignent dans la distinction de deux modèles : l'interrégulation exogène et l'interrégulation endogène. L'interrégulation exogène suppose une spécialisation de la régulation selon les secteurs et les législations, mais les liens économiques et technologiques entre les marchés imposent aux institutions chargées de ces régulation de coopérer. L'interrégulation endogène suppose qu'une seule institution intègre plusieurs régulations, et donc l'application de plusieurs législations ; mais l'observation nous montre que l'intégration n'est jamais totale, et on ne peut trouver aucun exemple d'une autorité unique qui assurerait toutes les régulations.

Les situations correspondant à ces différents modèles offrent elles-mêmes une assez grande diversité. Les relations entre autorités de régulation peuvent être cloisonnées ou décloisonnées (H. Delzangles), et dans ce dernier cas elles sont organisées par la loi selon des procédures de consultation réciproque, ou de coordination lorsque la matière implique des décisions successives (par exemple en matière de communications électroniques, entre l'ARCEP et le CSA), ou une coopération en fonction de la connaissance des marchés et des problèmes en cause (ainsi entre autorité sectorielle et autorité de concurrence). L'interrégulation endogène est toujours partielle, mais plus ou moins étendue. Quelques pays se sont orientés vers le regroupement de l'autorité générale de concurrence et d'autorités sectorielles au sein d'une seule autorité de régulation. C'est la voie qui a été choisie par les Pays-Bas et l'Espagne. Aux Pays-Bas, la loi du 28 février 2013 a créé l'Autorité du consommateur et du marché (*Autoriteit Consument en Markt*), qui regroupe l'autorité de concurrence, l'autorité de régulation des communications électroniques et l'autorité de protection des consommateurs[5]. En Espagne, après avoir établi un régime commun pour certaines autorités de régulation en 2011, le législateur a fusionné en 2013 huit autorités par la création de la Commission nationale des marchés et de la concurrence (loi du 4 juin 2013)[6]. En revanche, l'Allemagne, comme la France, le Royaume-Uni et l'Italie maintiennent une différenciation institutionnelle entre l'autorité chargée de la police de la concurrence et les autorités sectorielles. Le cas de l'Allemagne est particuièrement intéressant : interrégulation endogène pour la régulation sectorielle (*Bundesnetzagentur*), mais séparation de la police de la concurrence (*Bundeskartellamt*) ; quant au secteur financier, la surveillance est partagée entre le pouvoir fédéral pour les marchés financiers (BAFin) et les *Länder* pour les banques (Julien Walther).

[5] *Staatsblad van het Köninkrijk der Nederlanden*, 2013, nº 102.
[6] *Boletín Oficial del Estado*, 5 juin 2013, sec. I, p. 42191.

Toutefois, l'interrégulation est toujours exogène avec la surveillance du secteur financier. Celui-ci comporte de trop fortes particularités, du point de vue économique comme du point de vue de la législation. La tendance est aussi à dissocier la surveillance des marchés financiers de celle des établissements de crédit, ce que reflète la réglementation de l'Union européenne depuis 2010, laquelle a mis en place trois autorités européennes de surveillance (pour les marchés financiers, pour les banques et pour les assurances – R. 1093 à 1095/2010). Cette dissociation s'accompagne, depuis la crise de 2008, de la mise en place d'une coopération renforcée visant à prévenir une crise systémique, comme, en France, le Haut Conseil de stabilité financière de la loi du 26 juillet 2013, qui remplace un organisme de même nature que la loi du 22 octobre 2010 avait institué ; il en va de même au niveau de l'Union européenne avec le règlement 1092/2010 et surtout avec la mise en place de l'Union bancaire. S'il s'agit d'une interrégulation exogène, selon la distinction proposée plus haut, elle est aussi caractérisée par un dispositif puissamment intégré, qui se traduit par la mise en place d'un pôle commun de contrôle ACP-AMF, des mesures de coordination, des procédures qui lient les deux autorités (l'agrément de l'ACP délivré à une entreprise d'investissement nécessite l'avis conforme de l'AMF), et par des contrôles communs de l'AMF et de l'ACP (É. Muller ; J. Lasserre-Capdeville).

L'interrégulation est également nécessaire lorsque la régulation des secteurs libéralisés donne naissance à de nouveaux marchés réglementés (le marché de gros de l'électricité, par exemple) ou permet l'émission de titres spécifiques, comme les certificats d'économie d'énergie ou les certificats d'émission de CO_2, qui s'échangent sur les marchés financiers.

Enfin, si les procédés de l'interrégulation exogène ne réservent guère de surprise par rapport aux procédés connus en matière de coordination plus ou moins forte entre autorités administratives, l'interrégulation endogène est plus riche d'enseignements (É. Muller). On constate en effet qu'à l'intérieur d'une même autorité, s'organisent des régulations distinctes, en fonction de la législation applicable. L'intégration institutionnelle ne transforme donc pas l'interrégulation en une régulation unique. Cela s'observe dans les pays qui ont intégré la régulation des communications électroniques et celle de l'audiovisuel (Italie, Royaume-Uni), en Allemagne au sein de la *Bundesnetzagentur*, ou en France au sein de l'ACPR, qui comprend un collège des assurances et un collège des établissements de crédit.

Le système institutionnel de chaque pays influence aussi l'interrégulation. Tel est le cas du fédéralisme en Allemagne (Julien Walther). La régulation nationale des communications électroniques doit être conciliée avec la régulation de l'audiovisuel exercée par les *Länder* (*Landesmedienanstalt*) ;

la régulation du secteur de l'énergie est partagée entre la Fédération et les *Länder* ; la BAFIN doit composé avec les autorités boursières des *Länder*. Ce problème se retrouve aux États-Unis, où il existe une commission de régulation des *public utilities* dans chaque état, mais les décisions des régulateurs fédéraux priment sur celles des régulateurs locaux dans les secteurs où ils sont compétents.

B. L'interrégulation au niveau européen et au niveau mondial

Mais l'interrégulation ne s'impose pas seulement dans le cadre national ; elle s'impose de plus en plus au niveau européen et international. Hubert Delzangles distingue ainsi l'« interrégulation solidaire », l'interrégulation sectorielle au niveau européen et l'« interrégulation institutionnalisée ». L'interrégulation solidaire désigne la coopération entre autorités nationales de régulation sectorielles qui échangent des informations. L'interrégulation institutionnalisée désigne les régulations dans lesquelles ont été créés des modes institutionnalisés de coopération entre autorités au niveau européen.

Mais il y a lieu, à notre avis, de procéder encore à des distinctions entre ceux-ci. Le domaine le plus typique d'interrégulation institutionnalisée est celui de la police de la concurrence. Les règlements de 2003 (sur les ententes et l'abus de position dominante) et 2004 (sur le contrôle des concentrations) mettent en place un véritable réseau d'autorités de concurrence unies par des règles de compétence et de renvoi. Rien de tel dans les régulations sectorielles. Il est vrai que les directives de 2009 dans les domaines des communications électroniques (R. 1211/2009 sur l'Organe des régulateurs européens des communications électroniques – ORECE) d'une part, de l'électricité et du gaz (R. 713/2009 sur l'Agence de coopération des régulateurs de l'énergie – ACRE) d'autre part, instituent des agences européennes qui vont au-delà des réseaux d'autorités qui s'étaient formés sur une base volontaire dans les années antérieures. Mais ces organes n'ont qu'un rôle consultatif, d'étude ou de proposition à l'égard des régulateurs nationaux et de la Commission européenne, à l'exception des pouvoirs que l'ACRE peut exercer dans certains cas, en cas d'impossibilité pour les régulateurs nationaux de s'entendre sur les conditions d'échanges transfrontaliers de gaz ou d'électricité. Alors qu'il existe bien une police de la concurrence au niveau de l'Union européenne, on est loin d'une régulation sectorielle européenne. Toutefois, dans le domaine des communications électroniques, comme le remarque H. Delzangles, la procédure instituée par les amendements de 2009 à la directive 2002/21 subordonne à une évaluation de la Commission les mesures envisagées sur un marché donné par une autorité nationale en présence d'une position dominante « significative ». Il s'agit d'une coordination des régulations en matière de communications électroniques, plutôt que du premier pas vers une régulation européenne.

Le secteur financier nous révèle en outre une évolution importante du rôle de la Banque centrale européenne (Francesco Martucci). Avec la mise en place de l'Union bancaire, la BCE n'est plus seulement chargée de la politique monétaire et de la stabilité des prix ; elle est aussi responsable de la stabilité financière. Cette fonction figurait bien dans le traité mais n'avait pas été mise en place ; cependant, la Cour de Justice en avait reconnu l'existence dans un arrêt de 2012. La fonction de stabilité financière place la BCE au centre d'une « double interrégulation », selon les termes de F. Martucci, une interrégulation intersectorielle et une interrégulation territoriale, et elle conduit à introduire une responsabilité de la BCE dans cette fonction devant le Parlement européen.

Une approche sectorielle montre la complexité de la question au niveau européen et mondial. Avec des acteurs et des problématiques différentes, chaque secteur semble donner naissance à un système particulier de régulation. En ce qui concerne le gaz, de nombreux accords internationaux relatifs aux gazoducs sont à prendre en compte. Les directives sur le gaz et l'électricité de 2009 font aussi apparaître les divergences entre États membres et avec la Commission européenne : divergences sur la séparation des réseaux, voulue par la Commission et promue par les directives mais refusée par la France et l'Allemagne qui ne consentent qu'à une gestion indépendante de ceux-ci ; divergences sur les tarifs, réglementés ou libres pour les usagers domestiques... Comme le note Frédérique Berrod, l'Union européenne fixe les principes généraux et un cadre commun mais « les États restent souverains ». L'Union européenne réagit en favorisant la mise en réseaux des différents acteurs en vue de rapprocher les positions : réseau des opérateurs de réseaux, réseau des régulateurs sectoriels, forums de Florence sur l'électricité, de Madrid sur le gaz, de Londres pour les consommateurs. Les codes techniques contribuent aussi à rapprocher les normes. Il s'agit, par la multiplication de ces instances, de « déterminer l'évolution vers une culture commune, préalable indispensable à des normes communes » (F. Berrod). Cette évolution semble valider l'hypothèse de la formation d'une « communauté épistémique », expression qui désigne l'émergence au niveau international de coopérations fondées sur l'harmonisation de l'expertise[7], laquelle détermine ensuite des orientations dont les gouvernements deviennent dépendants. Le problème, alors, ne serait plus celui de l'indépendance des régulateurs par rapport aux autorités politiques, mais celui de la dépendance des États – et de l'Union

[7] P. M. HAAS, « Introduction : epistemic communities and international policy cooperation », *International Organisation*, 1992, vol. 46, n° 1, p. 1-35.

européenne – envers la communauté épistémique de la régulation d'un secteur, et donc de la responsabilité des régulateurs[8]. L'exemple des communications électroniques montre cependant que les risques de cette autonomie croissante de la régulation sont parfois corrigés, par l'interrégulation elle-même ou par le juge. Jean Cattan signale que l'ORECE a soutenu l'ARCEP contre la Commission, en juin 2012, pour la tarification des terminaisons d'appel à la suite de l'entrée sur le marché du quatrième opérateur.

Cependant, la régulation des communications électroniques a peu de prise sur l'Internet, dont le développement déborde les frontières. Certes, les États ont toujours la possibilité d'interrompre les communications, comme cela s'est déjà produit de la part de gouvernements autoritaires, mais ce n'est pas de la régulation. Seul un traité international pourrait instituer une régulation mondiale de l'Internet pour prévenir des pratiques abusives ou contraires aux droits fondamentaux dans les contenus qui ont accessibles, mais un tel traité n'a actuellement aucune chance de voir le jour. Cependant, la directive de 2009 renforce les pouvoirs des autorités nationales de régulation en ce domaine, et l'ARCEP dispose ainsi de pouvoirs nouveaux, notamment en ce qui concerne les différends entre fournisseurs d'accès à l'Internet et éditeurs de contenu, les interconnexions de données, le pouvoir de marché de fournisseurs d'accès au niveau mondial, et de pouvoirs d'enquête effectivement exercés (S. Hoynck).

III. – L'environnement institutionnel de l'interrégulation

Enfin, l'interrégulation ne peut pas être considérée isolément de son environnement institutionnel. Ses relations avec la justice, ordinaire ou administrative, et avec les autorités politiques ne peuvent être ignorées.

A. Interrégulation et justice

Les rapports entre régulation et justice peuvent être abordés sous deux aspects : les juges participent-ils à la régulation ? La régulation évolue-t-elle vers une nouvelle forme de justice administrative spéciale ?

À propos de la régulation des communications électroniques, Jean Cattan souligne l'évolution du contrôle exercé par le Conseil d'État : contrôle certes restreint sur les décisions de l'ARCEP relatives à la tarification des terminaisons d'appel dans l'arrêt du 5 décembre 2005, mais presque entier dans l'arrêt du 24 juillet 2009, à lire ses motifs sur l'analyse économique des coûts pris en compte. Peut-on cependant aller jusqu'à considérer que le juge est le régulateur des régulateurs ? Sans doute, si l'on admet un sens très large du mot régulation ; mais cela ne doit pas faire oublier les différences fondamentales

[8] Pour le développement de cette hypothèse, voir : G. MARCOU, « Les régulateurs sont-ils responsables ? », *Mélanges en l'honneur du professeur Laurent Richer*, Dalloz, 2014, p. 397-420.

entre le contrôle du juge et le rôle de la régulation : le juge ne statue qu'en droit et s'il est saisi ; la régulation est continue et prend en compte les données économiques et techniques, lesquelles ne sont pas toujours, ni immédiatement, traduites dans des normes juridiques ; la dimension contentieuse ne correspond qu'à une partie de la fonction de régulation, et elle ne s'exerce pas seulement en droit. Le fait que le Conseil d'État ait étendu et approfondi son contrôle sur les actes administratifs émis dans l'exercice de la fonction de régulation, en dehors du pouvoir de sanction ou de règlement des différends, distingue sans doute la France des autres pays comparables, où la régulation donne lieu à un certain retrait du juge. Au Royaume-Uni, l'approche des régulateurs est plus managériale et technique que juridique, et les juges évitent de s'immiscer dans les appréciations portées par les régulateurs dans leurs décisions, raison pour laquelle l'appel contre une décision du *Competition Appeal Tribunal* sur la décision d'un régulateur n'est admis qu'exceptionnellement ; les cours de *common law* s'en remettent en général à ce qui ressemble beaucoup à une juridiction administrative spéciale[9]. Aux États-Unis, le contrôle de la concurrence se distingue des régulations sectorielles du point de vue du rôle de la justice. En matière de concurrence, le rôle essentiel revient aux tribunaux et à la division de la concurrence du parquet fédéral, laquelle engage les poursuites en cas d'infraction au droit de la concurrence ; son rôle est plus important aujourd'hui que celui de la *Federal Trade Commission* (commission antitrust). La police de la concurrence aux États-Unis est essentiellement judiciaire. En revanche les autorités sectorielles ont des compétences plus larges et des objectifs plus nombreux ; elles ont un caractère administratif et sont soumises aux règles de procédure de l'*Administrative Procedure Act* (Thomas Perroud).

D'un autre côté, en France, la législation comme la jurisprudence ont eu tendance à juridictionnaliser la fonction contentieuse des autorités de régulation : séparation d'une formation chargée de prononcer les sanctions, voire d'assurer le règlement des différends et formée de hauts magistrats (mais aussi de professionnels à l'Autorité des Marchés Financiers), séparation des fonctions de poursuite et d'instruction d'une part, et de la fonction de jugement d'autre part. Le Conseil constitutionnel, dans sa décision du 5 juillet 2013 sur une QPC, a déclaré contraires à la Constitution, les dispositions législatives attribuant au président de l'ARCEP la compétence pour nommer le rapporteur chargé d'instruire une affaire pouvant conduire au prononcé d'une sanction. À la suite de cette décision, l'ARCEP a été réorganisée pour respecter le principe, désormais constitutionnalisé, de séparation entre fonctions de poursuite et

[9] Cf Th. Perroud, *La fonction contentieuse des autorités de régulation en France et au Royaume-Uni*, Dalloz, 2013, n° 1623 et suiv.

fonctions de jugement, considéré comme applicable à toute procédure en « matière pénale », au sens de la jurisprudence de la Cour européenne des droits de l'homme, fût-elle une procédure administrative. L'ambiguïté de la fonction contentieuse des autorités de régulation est soulignée par la jurisprudence de la Cour de cassation qui exclut que l'ARCEP soit entendue dans une procédure contre une de ces décisions devant la Cour d'appel de Paris, au motif qu'elle a rendu une décision au terme d'une procédure de nature juridictionnelle, alors que la nature administrative de l'ARCEP (qui était encore l'Autorité de régulation des télécommunications) a été consacrée par le Conseil constitutionnel.

Mais la France n'a pas le monopole des incohérences en ce qui concerne les relations entre la régulation et la justice. En Allemagne aussi les contentieux sont éclatés, selon la législation, entre le juge administratif (transports ferroviaires), le juge civil ordinaire (communications électroniques et concurrence) et le tribunal supérieur (*Oberlandesgericht* – équivalent de la cour d'appel) de Düsseldorf (énergie), alors même que les décisions en cause sont qualifiées d'actes administratifs par la loi, et les autorités qui les émettent d'autorités administratives (J. Walther).

B. L'interrégulation et les autorités politiques

L'interrégulation se manifeste aussi dans les relations entre les autorités indépendantes de régulation et les autorités politiques. On sait que la régulation n'est jamais la compétence exclusive des autorités indépendantes, même si, sur le plan institutionnel, la notion de régulation est associée à l'apparition des autorités administratives indépendantes. L'interrégulation implique un partage de la fonction de régulation, et une question essentielle est de déterminer comment s'opère le partage, non seulement entre autorités indépendantes impliquées dans la même régulation, mais également entre autorités indépendantes et autorités politiques.

Sans doute fallait-il rappeler, comme l'a fait Étienne Muller, que la régulation ne doit pas remplacer la politique, c'est-à-dire que les autorités indépendantes ont, dans l'exercice de leurs compétences, à mettre en œuvre une législation qui exprime une politique publique déterminée par les corps politiques. Les autorités indépendantes n'ont donc pas à déterminer la politique à mettre en œuvre dans leur secteur. Les restrictions juridiques relatives à l'exercice d'un pouvoir réglementaire par les autorités indépendantes de régulation, lorsque la loi leur attribue un tel pouvoir, reflètent cette volonté de limiter la compétence de ces autorités à la mise en œuvre. Enfin, il est possible que, du point de vue de ses rapports avec le politique, la régulation soit attentive aux enjeux de politique industrielle du secteur en cause (François-Gilles Le Theule).

Mais cette distinction entre détermination et mise en œuvre de la politique ne correspond pas exactement à la réalité. Les autorités indépendantes concentrent une expertise dont les ministères se sont souvent défaits en faveur de ces dernières, et elles participent par leurs avis ou propositions à la détermination des politiques comme des positions de leur gouvernement défendra dans les négociations internationales relatives à leur secteur. Par leur participation à la « communauté épistémique » de leur secteur, elles acquièrent une indépendance et une influence significatives sur les autorités politiques.

On le voit, l'interrégulation n'est pas une fonction nouvelle ; c'est l'une des manifestations de la fonction de régulation, nouvelle fonction de la puissance publique apparue avec l'orientation des politiques économiques vers le marché. Elle est la conséquence de sa complexité croissante, en raison des évolutions technologiques et économiques, et de la poursuite d'objectifs parfois divergents entre les différentes régulations. Parce qu'elle est une manifestation de la régulation, l'interrégulation ne saurait avoir d'objectifs propres ; elle est au service des objectifs des différentes régulations auxquelles elle concourt.

Table des matières

Préface

Introduction

Première partie Approche transdisciplinaire

DEUXIÈME PARTIE APPROCHE TRANSSECTORIELLE

Conclusions générales

Questions juridiques aux éditions L'Harmattan

Dernières parutions

ÉTHIQUE (L') DE L'AVOCAT PÉNALISTE
Rude-Antoine Edwige - Préface de Jean Danet
L'avocat est représenté, dans la fiction, sous les traits d'un être ambigu, sans cesse sur le fil... ce livre tente d'en approcher la réalité, qui est tout autre. Quelles relations d'ordre éthique l'avocat entretient-il avec lui-même mais aussi avec l'autre : son client, qu'il soit prévenu ou accusé, les jurés, les magistrats ? Peut-on parler du rapport de l'avocat à la vérité ? Comment peut-il construire des lignes de défense tout en restant partenaire de justice ?
(Coll. Éthique en contextes, 21.00 euros, 208 p.)
ISBN : 978-2-343-05222-9, ISBN EBOOK : 978-2-336-36460-5

NAISSANCE DE L'OBSERVATOIRE DE LA RÉCIDIVE ET DE LA DÉSISTANCE
Un long processus inachevé
Tournier Pierre V.
L'analyse de la récidive aurait logiquement dû relever de la compétence de l'Observatoire national de la délinquance et des réponses pénales placé sous l'autorité du Premier ministre. Mais sous l'impulsion de Christiane Taubira le choix s'est porté sur la création d'un observatoire *ad hoc* de plus, dépendant du ministère de la Justice : l'Observatoire de la récidive et de la désistance (août 2014). Ne s'est-on pas ainsi privé des outils d'une évaluation indépendante de la loi du 15 août 2014 sur la contrainte pénale et la libération sous contrainte ?
(Coll. Criminologie, 19.00 euros, 184 p.)
ISBN : 978-2-343-05118-5, ISBN EBOOK : 978-2-336-36387-5

ÉLÉMENTS DE PRÉVENTION DU CRIME
Lemaître André
Cet ouvrage montre la diversité des modèles de prévention de la délinquance, leur spécificité mais aussi leur nécessaire complémentarité. Il insiste également sur l'obligation de veiller aux aspects éthiques des politiques de prévention mises en place. En effet, l'utopie d'une société débarrassée de toute forme de criminalité contient la disparition de toute liberté.
(Coll. Sciences criminelles, série Controverses, 15.50 euros, 160 p.)
ISBN : 978-2-343-04666-2, ISBN EBOOK : 978-2-336-36324-0

SEXUALITÉ (LA) À L'ÉPREUVE DU COUPLE
Les révélations d'une avocate
Dalbin Agnès
Dans la majorité des divorces, les difficultés d'ordre sexuel sont souvent pointées du doigt comme une cause majeure de la rupture. S'appuyant sur les confidences recueillies lors de ses entretiens avec les couples qui divorcent, l'avocate Agnès Dalbin tente d'apporter son éclairage personnel sur cette problématique. Ce livre évolue comme une véritable histoire humaine, du mariage au divorce, en passant par la parentalité et l'après-divorce.
(Coll. La justice au quotidien, 13.50 euros, 118 p.)
ISBN : 978-2-343-04938-0, ISBN EBOOK : 978-2-336-36399-8

DROIT (LE) DU HANDICAP ET LA GESTION DU PATRIMOINE CULTUREL
Vers un modèle européen ?
B. Degros Eric
La rencontre entre le droit du handicap et le droit du patrimoine peut conduire à une confrontation d'intérêts contradictoires, nécessitant de trouver un équilibre entre le principe de l'accessibilité et le respect de l'authenticité, en faveur d'une conservation durable du patrimoine culturel. Il apparaît essentiel de trouver un équilibre entre «le droit des gens» et celui «des pierres».
(40.00 euros, 424 p.)
ISBN : 978-2-343-04418-7, ISBN EBOOK : 978-2-336-36269-4

DROIT BANCAIRE ISLAMIQUE
Notions, mécanismes et protections pénales
Jafari Amin
Conçu comme un manuel de droit, l'ouvrage étudie trois thèmes principaux : la notion de finance islamique et son fonctionnement, les instruments bancaires islamiques et enfin la protection du système bancaire dans l'ensemble de ses instruments et fonctionnements. La 3e partie propose un regard classique de droit pénal des affaires en matière de droit bancaire de finance islamique. Les branches chiite et sunnite de la finance islamique ont été distinguées dès le départ, permettant ainsi une comparaison tout au long du livre.
(Coll. Sciences criminelles, 33.00 euros, 326 p.)
ISBN : 978-2-343-04637-2, ISBN EBOOK : 978-2-336-36380-6

DROIT (LE) INTERNATIONAL. ASPECTS POLITIQUES (Volume 1)
Sous la direction de Jacques Bouineau
Textes réunis par Burt Kasparian
Ces contributions invitent à réfléchir sur la recomposition contemporaine de l'espace méditerranéen et sur le droit international qui s'y applique, à partir d'exemples tirés des plus grandes civilisations méditerranéennes aux époques antique et médiévale. Elles invitent le lecteur à s'interroger sur les piliers de la Méditerranée dans le jeu des relations entre les hommes et les institutions, et à découvrir l'essence des réponses juridiques et politiques.
(Coll. Méditerranées, 16.50 euros, 158 p.)
ISBN : 978-2-343-04661-7, ISBN EBOOK : 978-2-336-36366-0

DROIT (LE) INTERNATIONAL. ASPECTS POLITIQUES (Volume 2)
Bouineau Jacques - Sous la direction de Jacques Bouineau
Textes réunis par Burt Kasparian
Ce volume offre une réflexion sur la recomposition de l'espace méditerranéen contemporain à partir de l'histoire ou de l'actualité. L'histoire est traitée de la période qui s'étend de la Renaissance à la fin du XIXe siècle. En ce qui concerne l'actualité, le jeu des emprunts et des modèles juridiques transparaît aussi bien dans la fiscalité internationale actuelle que dans les transpositions constitutionnelles du droit français en Égypte ou dans l'observation du fonctionnement de l'Europe.
(Coll. Méditerranées, 19.00 euros, 184 p.)
ISBN : 978-2-336-30904-0, ISBN EBOOK : 978-2-336-36367-7

SECRETS (LES) DU DROIT
Secret, droit et cinéma
Sous la direction de Stéphane Boiron, Nathalie Goedert et Ninon Maillard
Notre société du visible, pour savoir, exige de tout voir et tout montrer, sans délai, au risque de confondre espaces privés et espaces publics. Parce qu'on l'accusait de dissimuler les abus, de servir l'arbitraire, de diviser les hommes entre initiés et profanes, le secret a été condamné comme contraire au pacte démocratique. Pourtant, c'est aussi au nom de la liberté que, face à une transparence érigée en dogme, certains osent faire l'éloge du secret. C'est pourquoi, il appartient au droit d'orchestrer l'équilibre et de distinguer le bon du mauvais secret.
(Coll. Presses Universitaires de Sceaux, 24.00 euros, 248 p.)
ISBN : 978-2-343-04670-9, ISBN EBOOK : 978-2-336-36326-4

TABLES (LES) DE LA LOI : DE L'ARGILE AU NUMÉRIQUE
La diffusion de la règle de droit à travers les âges
Evrard Sébastien
On parle aujourd'hui de «culture digitale» ou culture numérique et de diminution du papier. Est-ce un bien ou un mal ? Comment les textes, la jurisprudence et toutes les normes juridiques sont-ils diffusés aujourd'hui ? Enfin, quelles sont les spécificités de l'édition dite juridique par rapport à l'édition générale ? Répondre à ces questions nécessite d'envisager l'histoire de la connaissance puis de la diffusion de la règle de droit, ce qui fait l'objet de ce livre.
(Coll. Logiques Juridiques, 13.00 euros, 122 p.)
ISBN : 978-2-343-04478-1, ISBN EBOOK : 978-2-336-36201-4

ARTICULATION (L') DES VOIES DE DROIT DANS LE CONTENTIEUX DE LA COMMANDE PUBLIQUE À L'INITIATIVE DES TIERS AU CONTRAT
Tallet-Preud'homme Laura - Préface de Paul Cassia
Parallèlement à la formation progressive d'un «droit de la commande publique», le contentieux à l'initiative des tiers au contrat a muté, à tel point que le changement de paradigme opéré tend à faire émerger un «contentieux de la commande publique». Diverses voies de droit ont été instituées, engendrant «l'embarras du choix» voire «l'embarras tout court» du tiers concurrent évincé. La complexité de ce contentieux est telle qu'il faut détruire pour reconstruire ce paysage contentieux.
(Coll. Logiques Juridiques, 49.50 euros, 536 p.)
ISBN : 978-2-343-04827-7, ISBN EBOOK : 978-2-336-36265-6

APPRÉHENSION (L') DES PRATIQUES RESTRICTIVES PAR LES AUTORITÉS FRANÇAISES ET EUROPÉENNES DE LA CONCURRENCE
Analyse des pratiques contractuelles abusives entre professionnels à l'épreuve du droit des pratiques anticoncurrentielles
Mallen Guillaume - Préface de Linda Arcelin-Lécuyer
Définies au sens de l'étude comme des comportements contractuels unilatéraux et abusifs dans les rapports commerciaux entre professionnels, les « pratiques restrictives » peuvent être réprimées au titre du droit des pratiques anticoncurrentielles (abus de domination et entente). L'ouvrage permet d'exposer l'office des autorités de concurrence lorsqu'elles sont confrontées à ces pratiques contractuelles abusives et d'envisager des solutions concrètes en vue de perfectionner le droit positif actuel.
(Coll. Logiques Juridiques, 65.00 euros, 874 p.)
ISBN : 978-2-343-04739-3, ISBN EBOOK : 978-2-336-36189-5

PROTECTION (LA) DES MINEURS ET DES MAJEURS EN CURATELLE ET EN TUTELLE EN MATIÈRE PERSONNELLE
Da Silva Valérie
La loi du 5 mars 2007 énonce le principe de l'autonomie du majeur protégé en matière personnelle et exclut tout assistance ou représentation dans la sphère strictement personnelle, quel que soit l'état du majeur concerné. Le recul de l'incapacité en faveur d'une protection non incapacitante se constate également pour le mineur. L'idée de protection et non plus d'incapacité amène à constater le principe de l'incapacité contractuelle et à proposer une réforme du droit de la responsabilité.
(Coll. Logiques Juridiques, 51.50 euros, 574 p.)
ISBN : 978-2-336-30261-4, ISBN EBOOK : 978-2-336-36230-4

DE LA FAUTE AU CRIME
Natures et cultures
Sous la direction de Jean dit Falisse Motte
Ce livre revient sur les liens entre les notions connexes de faute, de délit et de péché et leurs prolongements dans l'expérience humaine de la culpabilité et de la responsabilité ? La philosophie hellénique, la tradition biblique et les commentaires talmudiques, la pensée coranique, les Églises chrétiennes, les conceptions laïques de la Libre Pensée ont donné à cette question de la

transgression et de la faute une signification spécifique et continuent d'animer notre propos et de donner sens à nos actes.
(Coédition ICES (Institut Catholique d'Études Supérieures), Coll. Criminologie, 35.00 euros, 346 p.)
ISBN : 978-2-343-04377-7, ISBN EBOOK : 978-2-336-35994-6

CRÉANCE (LA) DE SALAIRE
Pallantza Dimitra
Si la créance du salarié porte sur la réception d'une prestation, la dette de l'employeur ne se limite pas au versement du salaire mais s'étend également au respect des obligations accessoires, c'est-à-dire des dispositions légales, contractuelles et conventionnelles afférentes à la fixation de son montant et de son paiement. Ce livre approfondit cette figure juridique opaque à cause de son cadre juridique fluctuant et de sa position à un carrefour interdisciplinaire.
(Coll. Thèses et Travaux universitaires, 61.00 euros, 776 p.)
ISBN : 978-2-343-04256-5, ISBN EBOOK : 978-2-336-36025-6

ÉTAT ET JEUX D'ARGENT
Les jeux sont-ils faits ?
Sous la direction de Jean-Baptiste Vila
Au terme d'un processus à la fois législatif, réglementaire et jurisprudentiel, les jeux sont entrés et demeurent aujourd'hui sous l'égide de la *res publica*. Pouvait-il en être autrement ? L'État pouvait-il et devait-il consacrer un principe général d'interdiction des jeux d'argent et de hasard sans, dans le même temps, instituer un droit aux jeux mais organisé à son seul profit ? Les externalités négatives de ce marché sont-elles ainsi toutes maîtrisées ? Ces divers éclairages contribuent à un état des lieux des différents régimes juridiques.
(38.50 euros, 388 p.)
ISBN : 978-2-343-03632-8, ISBN EBOOK : 978-2-336-36144-4

DROIT DE L'INFORMATIQUE (nouvelle édition)
Éléments de droit à l'usage des informaticiens
Bismuth Yves
À travers l'étude des grands thèmes du droit de l'informatique (protection des logiciels et des données, contrats informatiques, protection des libertés, gestion du risque informatique), cet ouvrage permet au lecteur d'établir lui-même un diagnostic juridique des problèmes rencontrés à l'occasion de la mise en place d'un système informatique. Il est complété par des extraits de code, une bibliographie, un index et un lexique, et est à jour des dernières lois et décrets intervenus en la matière.
(46.00 euros, 464 p.)
ISBN : 978-2-343-04784-3, ISBN EBOOK : 978-2-336-36120-8

UN ART, UN DROIT, UNE QUESTION
Triptyque juridico-artistique
Boustani Diane, Chabri Dalida, Combe Marion, Farhi Sarah, Lasserre Marie-Cécile
Sous la direction d'Yves Strickler
Cet ouvrage présente des contributions de juristes, tous de droit privé et sciences criminelles, intéressés par la transposition à leur champ de recherches de questions liées à un art déterminé. Les arts explorés sont à la fois «classiques», tels la peinture, la musique, le cinéma ou la littérature, d'autres sont plus «atypiques», tels l'art urbain, l'art thérapie ou culinaire. Pour chacun d'entre eux, l'auteur s'est saisi de la question de droit qui lui paraît la plus importante dans le domaine étudié.
(Coll. Droit privé et sciences criminelles, 22.00 euros, 212 p.)
ISBN : 978-2-343-04712-6, ISBN EBOOK : 978-2-336-36147-5

L'HARMATTAN ITALIA
Via Degli Artisti 15; 10124 Torino

L'HARMATTAN HONGRIE
Könyvesbolt ; Kossuth L. u. 14-16
1053 Budapest

L'HARMATTAN KINSHASA
185, avenue Nyangwe
Commune de Lingwala
Kinshasa, R.D. Congo
(00243) 998697603 ou (00243) 999229662

L'HARMATTAN CONGO
67, av. E. P. Lumumba
Bât. – Congo Pharmacie (Bib. Nat.)
BP2874 Brazzaville
harmattan.congo@yahoo.fr

L'HARMATTAN GUINÉE
Almamya Rue KA 028, en face
du restaurant Le Cèdre
OKB agency BP 3470 Conakry
(00224) 657 20 85 08 / 664 28 91 96
harmattanguinee@yahoo.fr

L'HARMATTAN MALI
Rue 73, Porte 536, Niamakoro,
Cité Unicef, Bamako
Tél. 00 (223) 20205724 / +(223) 76378082
poudiougopaul@yahoo.fr
pp.harmattan@gmail.com

L'HARMATTAN CAMEROUN
BP 11486
Face à la SNI, immeuble Don Bosco
Yaoundé
(00237) 99 76 61 66
harmattancam@yahoo.fr

L'HARMATTAN CÔTE D'IVOIRE
Résidence Karl / cité des arts
Abidjan-Cocody 03 BP 1588 Abidjan 03
(00225) 05 77 87 31
etien_nda@yahoo.fr

L'HARMATTAN BURKINA
Penou Achille Some
Ouagadougou
(+226) 70 26 88 27

L'HARMATTAN SÉNÉGAL
10 VDN en face Mermoz, après le pont de Fann
BP 45034 Dakar Fann
33 825 98 58 / 33 860 9858
senharmattan@gmail.com / senlibraire@gmail.com
www.harmattansenegal.com

L'HARMATTAN BÉNIN
ISOR-BENIN
01 BP 359 COTONOU-RP
Quartier Gbèdjromèdé,
Rue Agbélenco, Lot 1247 I
Tél : 00 229 21 32 53 79
christian_dablaka123@yahoo.fr

645386 - Mars 2016
Achevé d'imprimer par

1livre.com
du rêve à la réalité !

www.ingramcontent.com/pod-product-compliance
Lightning Source LLC
LaVergne TN
LVHW011006061026
849535LV00006B/1733